DOM IOAO IIIREY
DE PORTVGAL

Aucun guide de voyage n'est parfait. Des
erreurs, des coquilles se sont certainement
glissées dans celui-ci, malgré toutes nos
vérifications. Les informations pratiques,
adresses, numéros de téléphone, heures
d'ouverture, peuvent avoir été modifiés ;
certains établissements cités peuvent avoir
disparu. Nous serions très reconnaissants
à nos lecteurs de nous faire part de leurs
commentaires, de nous suggérer des
corrections ou des compléments qui pourront
être intégrés dans la prochaine édition.

Insight Guide, Portugal
© Apa Publications GmbH & Co Verlag KG, 1989
© Éditions Gallimard, 1990, pour la traduction française.

1ᵉʳ dépôt légal : avril 1990
Dépôt légal : juin 2002 (*septième réimpression*)
N° d'édition : 13707
ISBN : 2-07-071899-9

Imprimé à Singapour

BIBLIOTHÈQUE DU VOYAGEUR

LE GRAND GUIDE DU PORTUGAL

Traduit de l'anglais et adapté
par Alexis Galmot et Sandra Labastie

GALLIMARD

CEUX QUI ONT FAIT CE GUIDE

Publié pour la première fois en 1990, le *Grand Guide du Portugal* paraît aujourd'hui dans une nouvelle édition revue et augmentée.

Initialement conçu par **Alison Friesinger Hill**, diplômée de Harvard qui collabore à de nombreuses publications, notamment au *New York Times Book Review*, le présent ouvrage a été supervisé par le responsable d'édition, **Andrew Eames**.

A.F. Hill

La mise à jour a été affinée par les connaissances de **Marion Kaplan**, auteur de plusieurs ouvrages sur le Portugal. Elle a découvert Lisbonne en 1974, lors de la révolution des Œillets, et s'y est installée définitivement en 1980. On lui doit la mise à jour des informations pratiques ainsi que les pages consacrées aux Açores. Elle est d'ailleurs l'auteur de la plupart des photographies de l'archipel.

Les chapitres historiques ainsi que celui intitulé « Les Portugais » sont l'œuvre de **Thomas Hill**, diplômé de Harvard et spécialiste en histoire et en littérature.

T. Hill

C'est **Peter Wise**, Anglais installé dans le pays et marié à une Portugaise, expert en politique portugaise, qui a écrit le chapitre sur les arbres et les villages de pêcheurs.

Scott Carney, œnologue new-yorkais, s'est attaché à décrire les vins portugais, et c'est à **Jean Anderson**, auteur de nombreux livres de cuisine, que l'on doit le chapitre sur la cuisine portugaise.

Howe

Marvine Howe, qui a longtemps vécu à Lisbonne avant de rejoindre l'équipe du *New York Times*, était tout indiquée pour décrire la capitale et ses environs. Elle a aussi rédigé les pages consacrées aux régions viticoles.

Sharon Behn est journaliste. Née au Pérou, elle a vécu aux États-Unis, en Angleterre, au Brésil et, bien sûr, au Portugal. Elle a collaboré avec de nombreux journaux dont *The Los Angeles Times* et *The Independant*. C'est elle qui a écrit le chapitre sur les *pousadas* et les manoirs.

L'Anglaise **Deborah Brammer**, qui a présenté l'Alentejo, vit actuellement à Lisbonne avec son mari portugais.

Brammer

Le chapitre sur l'art et l'architecture a été conçu par **Ruth Rosengarten**. Née en Israël, elle a commencé ses études à Johannesburg et les a terminées à Londres. Artiste elle-même, elle est professeur à l'école des Beaux-Arts de Lisbonne.

Wise

Jeremy Boultbee, canadien d'origine, vit à Sintra, où il pratique des activités aussi diverses que la comédie, la céramique ou l'écriture. Il a autrefois travaillé comme correspondant du magazine canadien *Maclean's*. Sa connaissance et son amour du pays lui ont permis de présenter les belles régions du Trásos-Montes, de la Beira Alta et de la Beira Baixa.

C'est à **Jenny Wittner**, auteur des informations pratiques pour la première édition que l'on doit les pages sur la région de Coimbra. Diplômée de Harvard, elle a contribué à de nombreux guides de voyage. Elle a vécu successivement à Coimbra et à Lisbonne, où elle enseigne l'anglais.

Katherine Barrett Swett, auteur du chapitre « Voyageurs d'hier » est journaliste, elle collabore à de nombreux magazines de voyage et a contribué au *Grand Guide de l'Italie*.

C'est sous le nom d'**António Dos Santos** qu'un académicien portugais a fait paraître le chapitre « Religion et piété populaire ».

Anderson

Pour cette nouvelle version, les éditions Apa ont fait appel à l'un des membres de la grande famille du porto, **Martin Symington**, qui s'est intéressé à la richesse maritime du Portugal et l'évoque dans le chapitre intitulé « Les bateaux portugais ».

Enfin, c'est à **Nigel Tisdall**, un habitué de cette collection, que l'on doit le chapitre sur Madère.

Arruza

La plupart des nombreuses photographies qui illustrent ce livre sont de **Tony Arruza**, photographe cubain collaborateur des éditions Apa, et de **Bill Wassman**, New-Yorkais amoureux de la péninsule ibérique.

Pour l'édition française, la traduction et la mise à jour ont été menées à bien par **Alexis Galmot** et **Sandra Labastie**.

TABLE

TABLE

TABLE

BIENVENUE
AU PORTUGAL

L'histoire de ce pays est la rencontre fructueuse d'un continent et de l'océan. De cette union naîtront de grands explorateurs dont les figures de proue sont Vasco de Gama ou Henri le Navigateur. Les découvertes furent d'ordre spirituel autant que géographique ; la conquête de terres nouvelles engendrera une culture particulière, une vision du monde perpétuellement remise en question par l'approche de territoires inconnus.

Le Portugal, qui borde l'Atlantique, a un climat tempéré et ses paysages sont aussi variés que somptueux : des plages sans fin, comme celle de Dona Ana, près de Lagos ; des chaînes montagneuses escarpées, comme la Serra da Estrêla ; les immenses plaines parsemées de chênes-lièges dans le sud et le centre. Toutes ces régions bénéficient d'un ciel le plus souvent bleu. Les archipels de Madère et des Açores, conquis dès le XVe siècle, sont constitués d'îles volcaniques, luxuriantes ou désolées, sèches ou humides, toutes également accueillantes car toutes riches de mystères géographiques et de légendes.

De nos jours, le Portugal souffre du conflit engendré par une nécessaire modernisation et la technologie imposée entre autres par sa récente adhésion à la Communauté européenne, et le désir de conserver les modes de vie traditionnels (la pêche et l'agriculture). Il est victime de graves problèmes économiques et d'une inflation grandissante qui engendrent une forte émigration. Ses 92 000 km², qui comprennent les Açores et l'archipel de Madère font vivre moins de dix millions d'habitants.

Les subtilités qui distinguent les différentes régions permettent d'élaborer une description nuancée des habitants, de leurs coutumes et de leurs joies quotidiennes. Ces spécificités découlent des différents climats (littoral, montagneux, boisé, désert) et, en partie, des influences étrangères subies ou recherchées par ce peuple au fil des siècles : culture de la vigne (aussi bien dans la péninsule qu'à Madère), du sucre (Madère), commerce sur le littoral et le long des fleuves (aménagement des ports, des fleuves et de la technique navale). Le désir de faire partager ses richesses a poussé le gouvernement à aménager des demeures séculaires afin d'y accueillir les visiteurs. Ces *pousadas* permettent de rencontrer le Portugal ancestral, grandiose et audacieux. Le passé et le présent se mêlent au point d'être parfois complices, parfois antinomiques. Cette ambiguïté n'altère cependant jamais l'unité d'un peuple bercé par la *saudade*. Mais le peuple de la mélancolie est aussi celui du soleil et du bonheur quotidien, celui qui cuisine avec délice des plats venus d'ailleurs, et les savoure avec des vins qu'il cultive avec passion.

Pages précédentes : ancien blason royal de Portugal ; plafond du palais royal de Sintra ; paysage près de Vila Viçosa ; les falaises de Sagres, extrême sud-ouest de l'Europe ; proue d'un bateau d'Aveiro ; le port de Cascais ; façade colorée de Lisbonne ; fête de Viana do Castelo. A gauche, le dieu Bacchus représenté sur un «azulejo» du XVIIe siècle.

1147 1227

1497 1762

1385

1834

L'ANTIQUE LUSITANIE

Le Portugal occupe une place étrange sur la carte de l'Europe. Comme aucune frontière naturelle ne le sépare de l'Espagne, son indépendance semble un défi à la géographie. Chaque région du Portugal (à l'exception de la baie de Lisbonne et de sa plaine alluviale) correspond trait pour trait à une autre, du côté espagnol. La province du Minho, au nord, est liée à la Galice, l'Algarve et l'Alentejo sont le prolongement de l'Andalousie, et ainsi de suite. Le Tage, le Douro et les montagnes de la Beira Baixa ont leurs «racines» en Espagne. Si l'histoire avait suivi la géographie, la péninsule ibérique ne serait pas divisée du nord au sud mais d'est en ouest, ce qui aurait distingué climats et cultures de l'Atlantique de ceux de la Méditerranée. Cependant, le Portugal est bel et bien indépendant politiquement et culturellement. Ce pays a même été le premier en Europe à réaliser son unité nationale, au XIIIe siècle. Il a également été le précurseur de la constitution d'un empire colonial avant de perdre peu à peu sa souveraineté sur les régions colonisées.

Des fouilles ont permis aux chercheurs de mettre au jour des sites préhistoriques. On trouve en effet quantité de mégalithes disséminés sur le territoire. Le peuplement précoce de la péninsule se serait effectué par voie maritime. D'autres spécialistes affirment que, les sites mégalithiques étant toujours éloignés de la côte, les premiers habitants du Portugal seraient arrivés par les grandes routes naturelles qui ont servi plus tard à toutes les invasions : le fleuve Minho, au nord, et les plaines de l'Alentejo, au sud.

Quoi qu'il en soit, l'organisation sociale au IIe millénaire avant notre ère dépendait de *castros* (collines fortifiées qui servaient de repaires aux tribus belliqueuses) dispersés. L'économie reposait sur l'élevage, avec une agriculture rudimentaire. Dès le Ier millénaire avant J.-C., ces peuplades ont été en contact avec les civilisations médi-terranéennes des Phéniciens puis des Grecs. C'est de cette époque que daterait l'apparition de la pêche, grâce, peut-être, à l'arrivée de bateaux susceptibles de mieux résister aux turbulences de l'Atlantique. Au cours du Ve siècle av. J.-C., les Carthaginois prirent le contrôle de la péninsule ibérique avant de céder devant les Romains.

Les guerres de conquête

Les Romains appelaient la péninsule *Hispania ulterior* et, après l'avoir conquise, ils employèrent les mêmes méthodes que dans le reste de leur empire : construction de cités fortifiées et de routes, implantation d'une administration. Ils instaurèrent également un gouvernement central et un système très autoritaire.

Une telle domination engendra, pendant deux siècles, de grands mouvements de résistance parmi la population. Le groupe le plus important et le plus intransigeant fut celui des Lusitaniens, qui vivaient au nord du Tage et qui donnèrent au Portugal actuel le nom de Lusitanie. Ils avaient pour chef un berger nommé Viriathe qui dirigea de multiples attaques jusqu'en 139 av. J.-C., date à laquelle il fut assassiné par trois traîtres à la solde des Romains.

A partir de 60 av. J.-C., Jules César gouverna cette province de l'empire à partir d'Olisipo (Lisbonne), la capitale. De nombreuses cités avaient déjà été établies sur les sites qu'occupent actuellement Évora, Beja, Santarém, etc. Des voies reliaient le nord au sud, facilitant le développement du commerce et la réalisation de l'unité territoriale. Avant le déclin et la chute de l'empire, les Romains eurent largement le temps de transmettre aux peuplades de la péninsule leur culture, leur langage, leurs techniques, leur droit. L'organisation des *latifundia*, fondée sur l'exploitation de très vastes domaines, fut marquante, particulièrement dans le Sud. Les villes et les axes routiers établis par les Romains eurent une importance variable au cours des siècles mais, de nos jours, la plupart d'entre eux sont encore des entités géographiques très actives (Lisbonne).

Avec la conversion au christianisme des derniers empereurs romains, les dogmes et l'organisation de cette nouvelle Église se répandirent dans l'Empire déjà moribond.

Pages précédentes : cavaliers de diverses époques montrant l'évolution du drapeau portugais. Ci-contre, bornes romaines dans le nord du Portugal.

Plusieurs évêchés furent fondés, parmi lesquels ceux de Braga et d'Évora. Au fur et à mesure que l'Église s'organisait, son pouvoir prit le relais de celui de l'administration romaine. Toutefois, la situation géographique particulière du Portugal favorisa les dissidences religieuses, et des doctrines chrétiennes hérétiques virent le jour aux IIIe et IVe siècles.

Profitant du déclin politique et militaire de l'empire romain, plusieurs tribus barbares conquirent des parcelles de territoire. Les Vandales s'installèrent dans la péninsule au début du Ve siècle, relayés en 419 par les Suèves, qui eurent beaucoup de

d'ailleurs à l'origine d'une crise déterminante pour le monde chrétien, discutée au concile de Nicée). Le roi suève fut tué en 457, mais le royaume survécut, dirigé par Masdra. En 465, le fils de Masdra, Recchismundus, adhéra lui aussi à la doctrine de l'arianisme afin de se rapprocher des Wisigoths.

A partir de 550, la puissance croissante de l'Église provoqua un nouveau cycle de conversions, conduit par saint Martin de Dume. Les Wisigoths et les Suèves ne purent résister à ce mouvement. A partir de 585, il n'exista presque plus de trace du pouvoir politique des Suèves.

facilité à se mêler à la population hispano-romaine. Les Suèves constituèrent un royaume qui allait du Tage aux monts Cantabriques (au nord-ouest de l'actuelle Espagne). Toutefois, les Wisigoths s'étaient rendus maîtres du Sud et ne cessaient d'étendre leurs conquêtes. Peu à peu, les Suèves perdirent du terrain ; l'avancée des Wisigoths se traduisit par une vague de conversions religieuses. En 448, Rechiarius, roi des Suèves, se convertit au christianisme, probablement dans l'espoir de trouver à Rome un soutien militaire contre les Wisigoths. Ces derniers étaient chrétiens mais adhéraient à une doctrine hérétique, l'arianisme (qui fut

Les invasions du sud

Le système de gouvernement des Wisigoths était une monarchie élective, dont le pouvoir resta entier jusqu'à l'arrivée des Maures. Ces derniers débarquèrent sur la côte méridionale en 711 et commencèrent leur expansion vers le nord. Le sud du Portugal, dirigé à distance par le calife de Cordoue, devint alors une partie de l'Espagne musulmane. Cette nouvelle région de leur territoire fut baptisée *Al-Garbh*, «l'Ouest», qui a donné l'«Algarve» que l'on connaît aujourd'hui. Les musulmans s'emparèrent bientôt de l'ensemble du Portugal et les chrétiens durent se retrancher au nord du Minho pour rassembler leurs forces et préparer la *Reconquista*.

Pendant des siècles, les Maures vécurent en bonne intelligence avec les juifs et les chrétiens. En 868 apparut le premier signe d'une volonté d'indépendance vis-à-vis de l'Espagne. Un riche propriétaire terrien, originaire d'une famille espagnole convertie à l'islam et surnommé le Galicien, orchestra une révolte ; après trois tentatives infructueuses, il parvint, en 885, à fonder un petit État semi-indépendant. A sa mort, son fils prit le relais mais sans montrer autant d'acharnement, si

double conséquence : l'extension des possessions chrétiennes au nord et l'émergence de sectes musulmanes fanatiques, les Almoravides et les Almohades.

Après s'être constitué un empire en Afrique, les Almoravides remontèrent au nord. Ils commencèrent par aider les chefs de l'islam à repousser les chrétiens, puis ils tentèrent de prendre le pouvoir en unifiant les *taifas*. Ils y parvinrent dès 1095. Ils mirent alors en place un gouvernement très sévère auquel le fanatisme encore plus grand des Almohades succéda. Dès lors, la *Reconquista* qui se préparait eut des allures de guerre sainte, autant pour les chrétiens

bien qu'en 930 le calife récupéra cette possession. Pourtant, durant les dix années qui suivirent, l'autorité du calife ne cessa de décroître et de petits royaumes, les *taifas*, se constituèrent librement pour répondre à un désir d'autonomie. Cette décentralisation provoqua des dissensions internes, dues en partie à l'émergence du soufisme, secte mystique dont les adeptes combattaient le formalisme et le rationalisme de l'islam. Le succès du soufisme eut une

que pour les musulmans. Cette lutte contre l'islam rapprocha parfois l'Espagne et le Portugal. Les premiers signes du retour de la chrétienté se manifestèrent au milieu du VIIIᵉ siècle par des attaques de maraudeurs venus des Asturies. Tout le nord du Portugal devint un champ de bataille ; les villes tombèrent les unes après les autres entre les mains des armées chrétiennes : Porto en 868, Coimbra en 878 et, à partir de 955, le roi de León, Ordona III, organisa l'attaque de Lisbonne. La plupart des victoires remportées au sud du Douro furent pourtant éphémères car les campagnes ne duraient jamais plus d'une ou deux saisons.

A gauche, le temple romain d'Évora, probablement dédié à Diane, déesse de la chasse ; ci-dessus, chapiteau de colonne wisigothique à Serpa.

La rupture avec l'Espagne

Ferdinand Ier, roi de León, joua un rôle prépondérant dans la consolidation des frontières du nord de l'Espagne au cours du XIe siècle. Dans sa politique de centralisation du pouvoir, il essaya de démanteler le Portugal et le divisa en provinces placées sous l'autorité de gouverneurs. Son successeur, Alphonse VI se proclama empereur des royaumes de León, de Castille, de Galice et du Portugal.

Henri de Bourgogne faisait partie des chevaliers venus en renfort à la fin du XIe siècle pour combattre les infidèles, tout comme son cousin Raymond. Après avoir fait montre de bravoure au combat, Raymond se vit offrir la main d'Urraque, fille d'Alphonse VI, et il reçut les terres de Galice et de Coimbra. Henri épousa Thérèse, fille illégitime et néanmoins préférée d'Alphonse VI, qui lui donna le comté de Portugal. A la mort de Raymond et d'Alphonse VI, Urraque devint reine de Castille et de León et se remaria avec Alphonse Ier d'Aragon. Cette union marqua le début d'une période de guerres civiles pour le contrôle du Portugal. Dans ces mêmes années, Henri lui avait fait faire de grands pas vers l'autonomie, notamment en obtenant l'érection de Braga en archevêché, contre la décision du pape qui avait accordé à l'archevêque de Tolède l'autorité sur l'ensemble de la péninsule ibérique. Le soutien d'Henri servit à consolider les frontières politiques du Portugal. En 1126, à la mort d'Urraque, son fils Alphonse fut couronné roi de Castille et de León sous le nom d'Alphonse VII. En 1135, il devint empereur. Henri mort, Thérèse assurait la régence du Portugal pour son fils Alphonse Henriques. En 1127, après une défaite de son armée contre celle d'Alphonse VII, elle se soumit à l'empereur. Un an plus tard, Alphonse Ier Henriques se révolta avec l'appui de plusieurs nobles et remporta la bataille de São Mamede, près de son château de Guimarães. C'est donc dans le cadre de la guerre contre l'islam qu'Henri, soutenu par ses barons et son clergé, s'érigea contre son cousin Raymond, comte de Galice. Ce mouvement fut amplifié par Alphonse Ier Henriques, véritable fondateur du royaume de Portugal.

Le couronnement du roi

L'ambitieux Alphonse Ier Henriques devait laisser à sa mort un royaume deux fois plus grand qu'à son arrivée au pouvoir. Pendant les dix premières années de son règne, il entra en conflit avec l'empereur, son cousin, pour le contrôle du Portugal.

Après avoir remporté une brillante victoire sur les Maures lors de la bataille d'Ourique, en 1139, il fut proclamé roi par ses soldats sur le champ de bataille. Alphonse VII n'accepta cependant de lui reconnaître ce titre qu'en 1143, par le traité de Zamora. En échange, Alphonse Ier

Henriques acceptait de devenir vassal de l'empereur.

Devenu le premier roi de Portugal, Alphonse Ier Henriques chercha à asseoir la légitimité de son titre. Dans ce but, il s'adressa à Rome afin que le pape, à son tour, reconnût le titre royal. Luc II, obéissant à une politique d'unité de la péninsule ibérique (destinée à favoriser le combat des chrétiens contre l'islam), refusa. Il fallut attendre 1179 pour que le pape Alexandre III accède à la demande d'Alphonse Ier en échange de privilèges et d'un tribut annuel.

Cette légitimité formelle accordée par Rome ne fit qu'entériner l'existence d'une entité bien établie et en pleine expansion. Alphonse Ier Henriques avait reçu l'aide des croisés et mené activement la Reconquête contre les Maures. Santarém et Lisbonne tombèrent en 1147, la première grâce à une attaque surprise ; la seconde, en revanche, ne tomba qu'à l'issue d'un long siège soutenu par une flotte de croisés français, anglais, germaniques et flamands longeant les côtes du Portugal en chemin vers la Terre sainte, où la guerre se poursuivait pour l'accès aux lieux saints. On n'hésita pas à détourner les croisades en route pour la Terre sainte afin de mieux vaincre les musulmans du Sud.

à la Reconquête. Ces ordres recevaient des terres en échange de leur participation aux combats contre les Maures. Ils s'enrichirent ainsi et prirent du pouvoir jusqu'à représenter une menace aux yeux des rois à venir.

En 1170, Alphonse Ier livra bataille à Badajoz puis se battit contre Alphonse VII en 1180. Il arrêta les Almohades à Santarém en 1184 malgré l'aide que ces derniers avaient reçue de Ferdinand II de León, qui redoutait qu'en chassant les Maures, les Portugais ne s'approprient ses terres (les guerres intestines de la péninsule avaient servi les intérêts musulmans).

La croisade occidentale

Les rois portugais se lancèrent avec l'Église dans des disputes théologiques pour faire reconnaître que la «croisade occidentale» était aussi méritante que le combat en Terre sainte. Après les croisés, des ordres de chevalerie comme les templiers ou les hospitaliers apportèrent leur soutien

A gauche, Alphonse Ier Henriques, premier roi de Portugal ; ci-dessus, gravure du XVIIIe siècle qui représente Alphonse Ier sur le front de ses troupes lors de la conquête de Lisbonne, en 1147.

Le capitaine le plus célèbre de l'armée d'Henriques, Geraldo Geraldes, aventurier surnommé *O Sem-Pavor* («le sans peur») pour ses batailles remarquées en territoire musulman, prit la tête de ce combat. Ce héros national avait remporté de nombreuses victoires mais, à Badajoz, les Maures s'étant alliés aux armées de León, il subit une cuisante défaite. Alphonse Ier Henriques fut capturé. Il ne fut libéré qu'après avoir cédé les châteaux et les territoires à l'ennemi. La défaite d'Alphonse Ier Henriques repoussa d'un siècle le succès final de la *Reconquista*. Cependant, en même temps que la monarchie, un pays était né.

UNE NATION EST NÉE

Après la mort d'Alphonse Ier Henriques, survenue en 1185, la préoccupation première des Portugais fut de chasser définitivement les Maures.

La croisade occidentale restait une idée fragile : en Palestine, les camps respectifs des chrétiens et des musulmans étaient nettement démarqués ; au sud de la péninsule ibérique, au contraire, les chrétiens, les musulmans et les juifs étaient étroitement mêlés. En 1197, le pape promit même des indulgences dans une guerre contre Alphonse IX de León, roi chrétien qui avait conclu une alliance avec les musulmans. Dès le début, la *Reconquista* fut une affaire d'héritage en même temps que de foi.

La guerre des frontières se déroula de façon ininterrompue, même si les conquêtes furent limitées de part et d'autre. Le fils d'Alphonse Ier Henriques, Sanche Ier (1185-1211), réussit une incursion jusqu'aux environs de Séville et s'empara d'Albufeira, sur la côte de l'Algarve, avant d'être refoulé aux abords du Tage. Alphonse II (1211-1223) occupa Setúbal et Alcacer do Sal en 1217. Sous le règne de Sanche II (1223-1248), les chrétiens mirent la main une fois pour toutes sur l'Alentejo. Enfin, Alphonse III (1248-1279) réussit à reprendre l'Algarve occidental, comme en témoignent des cités aussi importantes que Silves et Faro. Il décida en 1256 de faire de Lisbonne la capitale du Portugal. Les frontières du royaume, reconnues par la Castille à la signature du traité d'Alcañices en 1297, étaient presque celles d'aujourd'hui.

Le succès de la *Reconquista* eut plusieurs conséquences significatives : un accroissement du territoire, une consolidation politique de la monarchie portugaise, enfin des transformations du paysage social. Quand les terres du Sud eurent été reprises, il fallut les repeupler. Pour ce faire, les rois portugais durent mettre en question leur pouvoir centralisé, essentiel-

Le roi Denis Ier, fondateur de l'université de Lisbonne, transférée à Coimbra, représenté sur un paravent chinois du XVIIe siècle.

lement militaire, afin d'obtenir le soutien populaire qui leur faisait défaut. Ce besoin de légitimité allait de pair avec un souci financier et poussa les monarques à consulter les *cortes*, assemblées locales où siégeaient des membres de la noblesse, du clergé et, plus tard, de la bourgeoisie commerçante. Alphonse III concéda, par exemple, aux *cortes* de Leiria, en 1254, le privilège de lever des impôts et de légiférer pour les questions économiques. La plupart du temps le roi ne les convoquait que lorsqu'il désirait obtenir des subsides. Quand les souverains réussirent à trouver des fonds directement, soit par le commerce, soit grâce aux ordres militaires, les *cortes* perdirent leur raison d'être.

Autre conséquence de la *Reconquista*, l'extension des propriétés augmenta la mobilité des couches les plus pauvres de la population, qui cherchaient à sortir de la misère en proposant leurs services dans les nouvelles exploitations. Les distinctions qui existaient auparavant entre les différents échelons de servage disparurent, du fait que la main-d'œuvre se raréfiait, et que le nouveau « statut » féodal de paysan devint une position sociale moins méprisée. Les cultures du Nord et du Sud ne tardèrent pas à se rencontrer. Celle du Sud était plutôt marquée par le raffinement, l'urbanité et la tolérance. La culture du Nord était celle des vainqueurs, dominée par des valeurs viriles et conquérantes ; c'était une classe guerrière pour qui les faits d'armes l'emportaient sur l'ancienneté du lignage et sur la fortune.

L'Église bénéficia amplement de la *Reconquista*. Les souverains dotèrent de vastes domaines les nombreux ordres religieux qui y prirent part, sans pour autant les assujettir aux taxes perçues par la Couronne, et il leur fut permis de lever la dîme. Le pouvoir de l'Église fut bientôt si grand qu'il ne tarda pas à porter ombrage à la monarchie. Alphonse II fut le premier souverain portugais à vouloir mettre un frein à l'expansion des domaines du clergé. Ses efforts échouèrent, comme ceux de son successeur, Sanche II, qui finit par se faire excommunier et détrôner en 1248, à cause de son insistance à accroître les prérogatives royales.

Mais c'est Denis Ier (1279-1325) qui parviendra à consolider l'indépendance du royaume.

CENT ET UN CHÂTEAUX

On dit qu'il y a cent un châteaux au Portugal, dont la plupart furent construits ou rénovés entre les XIIᵉ et XIVᵉ siècles. Le roi Denis Iᵉʳ (1279-1325) fut décidément un roi aux qualités multiples car, en plus de ses grandes initiatives (maritimes, intellectuelles et agricoles) et de ses œuvres poétiques, il fit procéder à la construction ou à l'agrandissement de plus de cinquante places fortes au cours de son règne. Elles sont disséminées sur l'ensemble du territoire portugais, mais une grande partie se

concentre dans la Ribacoa, région qui longe la frontière espagnole. Il décida de fortifier les villes de Guarda, Penedo, Penamacor, Castelo Mendo, Pinhel et d'autres, afin de protéger la région contre la menace de la Castille. Il en fut récompensé puisque la Ribacoa revint au Portugal à la signature du traité d'Alcañices en 1297.

Denis Iᵉʳ ne se contenta pas d'apporter les fonds nécessaires à la réalisation des châteaux, il fournit même les mesures des murs et des remparts qu'il fallait respecter. Ces édifices étaient des constructions parfaitement originales, tant par leur architecture que par leur aménagement intérieur.

Denis Iᵉʳ donna aussi aux structures une grandeur et un caractère nouveaux ; par exemple les quinze tours construites à Numão, ou encore la superbe Torre do Galo heptagonale, située à Freixo de Espada-a-Cinta.

De nombreux châteaux furent élevés sur le site d'anciens forts mauresques, wisigothiques, romains, ou d'époque plus éloignée encore (bien sûr, les défenses naturelles avaient été utilisées au mieux, et il était tentant de profiter de ces atouts).

Ces châteaux furent tout d'abord en bois recouverts de peaux d'animaux pour les protéger contre les flèches enflammées, puis en pierre à partir de la fin du XIIIᵉ siècle. On vit alors apparaître au sommet des murailles des chemins de ronde bordés de mâchicoulis, ainsi que des tours très ouvragées d'une élégance remarquable. Les chemins de ronde étaient construits en encorbellement au sommet des murailles fortifiées. Ils remplacèrent les hourds, protections en bois suspendues en haut des murs des châteaux à partir desquelles on résistait à l'ennemi en lui jetant des pluies de pierres ou de l'huile bouillante.

L'architecture a bien entendu évolué en même temps que le matériel de guerre, et lees murailles elles-mêmes ne furent plus à même de protéger les châteaux quand l'artillerie lourde se développpa. L'usage des canons imposa la construction de murs plus épais et pentus. Il impliqua aussi l'établissement de larges remparts capables de résister au poids de ce matériel. Les meurtrières pratiquées pour les archers devinrent rondes pour laisser passer les armes à feu, puis furent délaissées.

Parmi les plus beaux châteaux, il faut citer celui d'Almeida, à l'est de Guarda ; Almourol, peut-être le plus romantique de tous, est situé sur une petite île du Tage et entouré de nombreuses légendes ; il ne faut bien entendu pas oublier Guimarães, château dans lequel naquit le premier roi de Portugal. Il est l'un des plus vieux châteaux du pays, construit au Xᵉ siècle et restauré depuis à de nombreuses reprises. Au début du XIXᵉ siècle, il a même servi de prison (on y incarcérait ceux qui avaient contracté des dettes).

La plupart des châteaux sont ouverts aux visiteurs ; d'autres ont été transformés en hôtels, d'autres sont abandonnés. Si l'on visite des ruines, il faut prendre garde car leur état est très précaire.

Celui qui fut surnommé le «roi laboureur» ou le «roi poète» contribua à améliorer l'administration et les richesses économiques du pays. Après une guerre éclair aux côtés de l'Aragon contre la Castille, Denis Ier réussit à maintenir la paix. Il encouragea l'essor de l'éducation et de la littérature, en fondant la première université (1288), implantée à Lisbonne puis transférée à Coimbra.

Le portugais, qui s'était distingué du latin et du castillan, devint la langue officielle de l'État et de la justice. Il fut adopté par les troubadours, qui le répandirent dans le royaume. Avec l'héritage de la tra-

Le règne de Denis Ier connut également de remarquables succès politiques et économiques avec l'établissement des frontières (traité d'Alcaiñes, signé par la Castille en 1297) et l'obtention d'un accord avec l'Église (concordat de 1289). Ce dernier point représentait une nette victoire de la juridiction royale en matière de propriété. Une cinquantaine de châteaux furent construits le long de la frontière. En outre, Denis Ier mit sur pied la première organisation maritime en recourant aux compétences de navigateurs génois. En 1308, il signa avec l'Angleterre un traité assurant la liberté du commerce entre les

dition française et mauresque, les troubadours contribuèrent à former une littérature unique. Les chants poétiques étaient souvent composés par des nobles, parmi lesquels «le roi poète». Les troubadours pouvaient être également maures, juifs, nobles de basse extraction ou paysans libres. Les autres genres littéraires, comme l'histoire et la prose, eurent une audience restreinte jusqu'au xve siècle.

A gauche, le château d'Almourol; ci-dessus, le couvent de Tomar, construit par les chevaliers de l'ordre du Temple et donné ensuite à l'ordre du Christ.

deux royaumes, accord qui fut prolongé à de nombreuses reprises. Le «roi laboureur» réorganisa également l'agriculture, ordonnant des reboisements et divers programmes de développement qui permirent au royaume d'exporter du grain, de l'huile d'olive, du vin et d'autres produits. Les foires se multiplièrent et le souverain accorda à plusieurs villes le privilège de foires franches (*feiras francas*) afin de stimuler les échanges et la spécialisation. Le seul secteur qui continua à stagner fut celui de l'industrie. A l'instar d'autres souverains portugais, Denis Ier était réticent à l'idée d'autoriser le système des corporations. De ce fait, les artisans continuèrent à travailler dans l'isolement et à produire en quantité limitée. Les seules activités qui parvinrent à échapper à ce marasme furent la joaillerie, la construction navale et la poterie.

En 1312, Denis Iᵉʳ démantela l'ordre du Temple, d'ailleurs menacé partout en Europe. Il commença par s'approprier l'ensemble de leurs richesses au détriment de l'Église ainsi que de tous les autres ordres religieux qui les revendiquaient. En 1317, il fonda l'ordre du Christ, auquel revint l'ensemble des biens des templiers, et qui fut placé sous l'autorité du roi et non sous celle du pape.

campagnes : les cultures périclitèrent, les exploitations furent de moins en moins nombreuses et le prix des denrées alimentaires augmenta. Les souverains portugais tentèrent d'enrayer ces migrations par la force, mais le résultat de leur action fut presque nul.

Les événements politiques de l'époque furent principalement liés au conflit larvé avec la Castille. Des mariages royaux avaient rapproché les deux dynasties et rendaient possible l'unification des couronnes. Or la ligne portugaise fut toujours de maintenir l'indépendance du royaume. Cette situation délicate, conjuguée avec un

La crise économique

Le règne de son successeur, Alphonse IV (1325-1357), fut beaucoup plus fragile. En premier lieu à cause de conflits intermittents avec la Castille ; ensuite parce que le royaume fut décimé en 1348-1349 par une épidémie de peste noire qui toucha principalement les populations des villes. Au siècle suivant, la peste revint à plusieurs reprises frapper le pays. Le Portugal fut lourdement touché par une crise démographique et économique. L'attraction que les villes continuaient d'exercer sur la population (à cause des richesses qui y circulaient) provoqua la désertification des

climat social explosif, engendra des troubles au cours des règnes de Pierre Iᵉʳ (1357-1367) et de Ferdinand Iᵉʳ (1367-1383), au point de faire tomber la dynastie royale de Bourgogne.

Bien que marié avec Constance de Castille, une princesse espagnole, le futur roi Pierre Iᵉʳ s'éprit de l'une de ses suivantes, Inès de Castro. Cette idylle provoqua la colère de son père, Alphonse IV, et des nobles de la cour, même si Inès appartenait à une grande famille castillane. Bannie en 1340, Inès profita de la mort de la princesse Constance, en 1345, pour revenir auprès de son amant. Elle s'installa à Coimbra et épousa Pierre Iᵉʳ en secret.

Alphonse IV fit assassiner Inès en 1355. Après avoir subi une défaite dans une courte guerre civile, Pierre Ier, surnommé plus tard le Justicier, attendit l'heure de la vengeance. A la mort de son père, en 1357, il monta sur le trône et fit poursuivre les assassins de sa femme. Lorsqu'on les lui amena, il leur fit arracher le cœur avant qu'ils ne fussent conduits au bûcher. En 1361, il fit exhumer le cadavre d'Inès, le para d'une robe royale, de la couronne, et l'installa à côté de lui sur le trône. Tous les membres de la Cour durent venir baiser la main décomposée de la reine. Cette histoire eut des conséquences politiques immédiates, mais elle constitua surtout une source d'inspiration pour les drames historiques, les chroniques romantiques et les poèmes.

En dépit de la folie du roi, les relations avec la Castille allèrent vers l'apaisement. Les conséquences de la peste s'estompèrent, et le climat social s'améliora grâce à une reprise de l'économie jusqu'à l'avènement de Ferdinand Ier, fils de Pierre Ier. Toutefois, le clergé, la noblesse et la bourgeoisie commerçante, représentés dans les *cortes,* manifestèrent un vif mécontentement car Ferdinand Ier, désireux de soumettre la Castille, engagea une série de guerres aussi impopulaires qu'infructueuses. La France et l'Angleterre en profitèrent pour faire de la péninsule ibérique un théâtre de la guerre de Cent Ans. En 1373, Henri II de Castille lança une attaque contre Lisbonne, et Ferdinand Ier fut forcé de se rendre.

De plus, celui-ci ne sut pas appliquer une politique claire et constante lors du « grand schisme » qui frappa l'église catholique en 1378. Son soutien alla tantôt à l'un, tantôt à l'autre des deux papes.

Enfin, des mouvements de révolte apparurent à plusieurs reprises dans le peuple victime des malheurs de la guerre, et la noblesse fut jugée seule responsable de ce fléau.

Ferdinand Ier suscita une fois de plus la colère du peuple en épousant Éléonore Teles, qui représentait, aux yeux de tous, la petite noblesse propriétaire terrienne, classe jugée responsable de la misère dans le royaume. Des émeutes éclatèrent au moment du mariage, en 1383.

A la mort de Ferdinand, Éléonore n'hésita pas à monter sur le trône pour assurer la régence en compagnie de son amant, le comte castillan João Fernandes Andeiro. Quelques semaines plus tard, Andeiro fut assassiné par Jean Ier, frère naturel de Ferdinand Ier et grand maître de l'ordre militaire d'Aviz. Il s'ensuivit une guerre dynastique qui opposa Éléonore, soutenue par une grande partie du clergé et de la noblesse, à Jean Ier, acclamé par la population de Lisbonne et gratifié du titre

de « régent et défenseur du royaume ». Pendant ce temps Éléonore s'était réfugiée à la cour de Castille. L'issue finale de ce conflit se joua à la bataille d'Aljubarrota, le 14 août 1385. Les troupes de Jean Ier remportèrent la victoire grâce au soutien des nombreux bataillons d'archers anglais. Le règne de Jean Ier, fondateur de la dynastie d'Aviz, marqua pour le Portugal le début d'une nouvelle ère politique. Les conflits avec la Castille ne se réglèrent évidemment pas du jour au lendemain, mais ils perdirent en intensité.

L'alliance entre le Portugal et l'Angleterre fut cimentée par le traité de Windsor, en 1386.

A gauche, le tombeau de Pierre Ier, dans le monastère de Santa Maria, à Alcobaça; à droite, le portail des chapelles inachevées de Batalha.

L'ÉDIFICATION D'UN EMPIRE

Jean Ier, qui régna de 1385 à 1433, prit un net avantage sur la noblesse du royaume en plaçant ses fils Édouard, Pierre, Henri, Fernand et Jean à des postes stratégiques, puisqu'ils dirigèrent tous des ordres de chevalerie. Le prince Henri le Navigateur, par exemple, devint le maître de l'ordre du Christ. Le Portugal commençait à se tourner vers la mer pour résoudre ses problèmes politiques et économiques. Le commerce et l'exploration servirent à la fois à combler la nouvelle noblesse (d'origine bourgeoise) et à stimuler l'économie.

Le successeur de Jean Ier, Édouard Ier (1433-1438), commença par poursuivre la politique d'expansion maritime de son père avant d'être brutalement freiné par une défaite militaire à Tanger. Sa mort, en 1438, provoqua une courte guerre civile pour déterminer qui assumerait la régence jusqu'à la majorité de son fils Alphonse V (1438-1481). Pierre, appuyé par la bourgeoisie et les classes populaires, prit l'ascendant sur la reine Éléonore d'Aragon, la veuve d'Édouard, et sur les nobles. Toutefois, lorsque Alphonse V eut atteint l'âge requis, il s'allia avec les opposants de Pierre, qui affronta le jeune roi à Alfarobeira en 1449 et y trouva la mort avec un grand nombre de ses partisans.

Deux des oncles d'Alphonse V passent pour être les véritables inspirateurs de la politique menée sous son règne : Henri le Navigateur, chef de file de la conquête maritime, et Fernand, duc de Bragance, qui se trouvait à la tête d'une noblesse aux forces neuves. Tous deux eurent un réel pouvoir dans le royaume, alors que le roi ne fit que bénéficier des honneurs de sa fonction, servi par administration efficace. Par ailleurs la bourgeoisie commerçante et la petite noblesse détenaient une part de pouvoir grandissante, avec un accroissement régulier des richesses. Le roi prit part à la croisade en Afrique du Nord et, en

1471, s'empara de Tanger. Une autre réalisation d'Alphonse V fut la mise en circulation du premier *cruzado*, pièce d'or qui devint en peu de temps le symbole de la richesse issue des voyages. A la différence des autres monnaies, le *cruzado* était une monnaie très stable qui devint l'instrument de la domination portugaise sur les marchés du monde. Alphonse V eut des visées grandioses en politique étrangère, en particulier du côté de la Castille. En 1475, il épousa Jeanne, prétendante au trône de Castille, et réunit de droit les deux royaumes. Puis il tenta d'envahir la Castille mais perdit la bataille de Toro. Il chercha alors à

obtenir le soutien de Louis XI, qui était engagé dans un conflit contre le duc de Bourgogne. Alphonse V se révéla à cette occasion piètre négociateur, accumulant les maladresses et prenant tour à tour le parti d'un rival puis de l'autre. Ses espoirs ruinés, Alphonse V abdiqua et décida de partir en pèlerinage pour la Terre sainte. Louis XI l'en empêcha et, après l'avoir retenu prisonnier, il le renvoya de force au Portugal.

C'est à cette époque que commença la conquête coloniale. Il est toutefois important de préciser qu'il n'y eut jamais de véritable volonté de bâtir un empire. Les découvertes furent imprévues et limitées.

A gauche, détail d'un paravent japonais (vers 1593), qui commémore l'arrivée des commerçants portugais ; ci-dessus, statue de Henri le Navigateur, à Lagos.

Les schémas politiques qui accompagnèrent ce mouvement étaient un mélange d'idéaux hérités des croisades, de curiosité poétique et d'espoirs de gains. Établir la carte du monde restait une préoccupation secondaire. En revanche, les explorateurs se lancèrent dans la quête de l'étrange et mythique prêtre Jean.

Prêtre et roi légendaire, celui-ci était le chef présumé d'un puissant empire chrétien situé quelque part en Afrique centrale. La légende décrivait son domaine comme un paradis sur terre. Cette histoire eut une influence considérable sur les premières expéditions en Afrique. En 1455, lorsque

encourager les échanges commerciaux. De fait, il est certain que de grosses quantités d'or venues d'Afrique, d'Asie et d'Amérique remplirent les caisses portugaises, et ce but devint rapidement le but principal des voyages.

L'autre motivation décisive était que les voyages, qui donnaient lieu à des combats contre l'islam, permettaient aux aventuriers de mettre leur épée au service de la foi. L'Église contribuait au financement de cette entreprise tout en apportant sa caution spirituelle sous forme d'indulgences. L'arbitrage de l'Église fut d'ailleurs vraiment déterminant lorsque la compétition

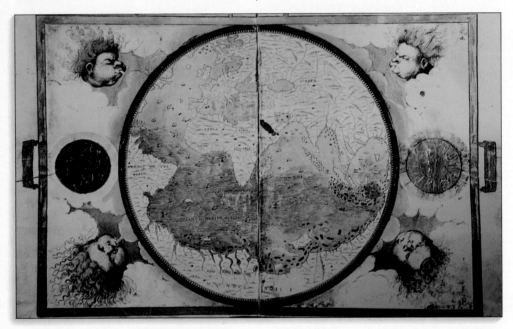

les Portugais établirent leur domination sur la côte nord de l'Afrique, une bulle papale leur donna l'autorisation d'explorer et de conquérir l'ensemble du continent, exception faite des terres placées sous l'autorité du prêtre Jean ! Il fallut attendre le début du XVIe siècle pour que les explorateurs portugais se rendent compte que l'or et les épices étaient des buts plus intéressants que la recherche de ce personnage légendaire.

Les raisons économiques de ces périples étaient réelles. Lorsque les explorations débutèrent, l'Europe se trouvait à court d'or. Le métal précieux était indispensable pour assurer la stabilité des monnaies et

maritime et coloniale devint acharnée entre l'Espagne et le Portugal.

Il fallait avant tout maîtriser les aspects techniques de la navigation. La construction navale portugaise prit exemple sur le savoir-faire mauresque et italien et mit au point la caravelle, idéale pour les longs voyages et le transport des marchandises. Des inventions aussi importantes que celle du compas aidèrent les navigateurs à calculer et à suivre une route. La cartographie faisait elle aussi des progrès. On estime en général que les Portugais connaissaient l'existence du Brésil bien avant le voyage de Cabral et la découverte officielle de cette terre en 1500. L'histoire a souvent fait d'Henri le Navigateur le chef de file des explorateurs. En fait, le prince Henri n'eut jamais d'autre rôle dans ces aventures que d'apporter son concours financier et son enthousiasme. Avec tant de personnes placées à la barre des opérations, les projets étaient mal coordonnés. Personne ne savait exactement quelles étaient les terres où l'on allait accoster. Le seul but avoué était de faire progresser la croisade et, éventuellement, de délivrer Jérusalem ; en fait, les motivations durent être différentes. Les cartes de l'époque étaient assez précises pour qu'on sût que se rendre à Jérusalem *via* le Brésil n'était

Christ ne suffisait pas à combler les énormes dépenses qu'il engageait pour les expéditions militaires en Afrique et pour soutenir son train de vie. Ce ne fut que lorsque les premiers rapports détaillés évoquèrent la perspective de profits considérables que les découvertes retinrent toute son attention.

Des héros d'épopée

Si l'histoire populaire a retenu des personnages comme Henri le Navigateur, c'est parce qu'ils appartenaient à une époque d'aventuriers, de héros, une époque qui

pas le chemin le plus court ! Le Portugal prit donc le monde comme il venait, sans jamais prévoir ce qu'il allait bien pouvoir en faire.

Henri le Navigateur voulait chasser les Maures et coloniser la côte de l'Afrique du Nord. Jamais ce prince ne voyagea plus loin que le Maroc. Il fut beaucoup plus préoccupé par le souci d'accroître sa fortune personnelle, grâce aux monopoles, dîmes et privilèges. Apparemment, l'argent qu'il obtenait grâce à l'ordre du

A gauche, carte de 1519 où les quatre vents soufflent sur les flottes portugaises ; ci-dessus, l'arrivée de Cabral au Brésil.

voyait renaître une forme d'idéal chevaleresque. Le premier héros des découvertes fut Gil Eanes. Les Açores, Madère, le nord de l'Afrique figuraient d'ores et déjà sur les cartes. Les légendes du bout du monde et des mers du Sud se déplacèrent vers le cap Bojador, sur la côte ouest de l'Afrique, qui passait pour être une limite infranchissable. Gil Eanes, marin au service d'Henri le Navigateur, se lança dans l'aventure et réussit à doubler le cap en 1434. L'année suivante, il rembarqua et remonta encore plus loin la côte africaine, ouvrant la voie aux expéditions suivantes (1460 : découverte des îles du Cap-Vert ; 1471 : passage de l'équateur). En 1482, des vaisseaux portugais pénétrèrent dans l'embouchure du Congo. En 1487, Bartolomeu Dias doubla pour la première fois le cap de Bonne-Espérance. En 1494, une intervention du pape régla la rivalité entre l'Espagne et le Portugal par le célèbre traité de Tordesillas, qui répartissait entre les deux royaumes la totalité des terres connues (par exemple : les possessions portugaises cessaient à 370 lieues à l'ouest des îles du Cap-Vert). Le Brésil finalement revint aux Portugais. En 1497-1499, Vasco de Gama rejoignit Calicut (sur la côte de Malabar, en Inde) et lança le Portugal dans la compétition avec les trafiquants d'épices véni-

tiens et musulmans. En 1500, Pedro Alvares Cabral prit possession du Brésil au nom du roi de Portugal.

En 1519-1522, Fernão de Magalhães (le fameux Fernand de Magellan), Portugais au service de l'Espagne, embarqua pour réaliser le premier tour du monde, mais l'explorateur infortuné mourut avant de l'avoir achevé. Les expéditions ouvraient les routes maritimes, mais il fallait ensuite livrer bataille pour établir des ports de commerce. Les Arabes combattirent les Portugais pour préserver leurs propres intérêts. De leur côté, les Portugais restaient plus que jamais attachés à leur lutte contre les infidèles. Ainsi, bien que le Portugal n'eût pas de véritable visée hégémonique sur le monde, ses ambitions économiques et son idéal religieux le placèrent dans un état de guerre permanent.

La colonisation

Le chef de ces campagnes fut le gouverneur général Afonso de Albuquerque, brillant stratège et fondateur de l'empire d'Asie. Ses victoires permirent aux Portugais d'établir des villes de garnison et des forteresses en des endroits stratégiques du globe. La ville de Goa, en Inde, conquise en 1510, devint le centre de ces opérations. Malacca, dans la presqu'île malaise, tomba en 1511 et servit de base pour le commandement de la région de l'Insulinde. Ormuz, pris par les Portugais en 1515, fut la clef du golfe Persique. Plus tard, en 1557, Macao devint une sorte de concession permanente accordée par la Chine, qui ouvrait ainsi au Portugal la porte de l'Extrême-Orient.

Albuquerque choisit d'administrer ces nouvelles possessions selon une politique d'assimilation plutôt que d'appliquer une exploitation aveugle. Les plus grandes villes, Goa en particulier, furent transformées en cités à l'européenne. Les mariages entre colons et indigènes furent encouragés, de même que l'installation de missionnaires catholiques. L'essor de Goa fut extraordinaire. Dès 1540, on comptait plus de dix mille propriétés appartenant à des Européens de souche ainsi qu'un évêché. Albuquerque ouvrit également la route du Japon (1542) et de la Chine (Macao en 1557).

La politique générale de coexistence pacifique avec les indigènes, qui était observée chaque fois que cela était possible, jurait quelque peu avec la violence des combats menés à d'autres endroits du globe. En Afrique, au Brésil, dans plusieurs archipels, les Portugais tentèrent d'établir des comptoirs sans intervenir dans les affaires locales.

Ce sont cependant les exceptions qui furent les plus intéressantes : le Congo notamment, où de nombreuses missions furent envoyées. Les sujets de ce royaume se montrèrent plutôt accueillants avec les voyageurs portugais. De leur côté, les missionnaires se faisaient une haute idée des traditions politique et culturelle du Congo. Lorsqu'ils pratiquèrent devant les Congolais certaines des coutumes portugaises, ils s'aperçurent que ces derniers les adoptaient avec une grande facilité. Les indigènes se convertirent au christianisme et imitèrent un grand nombre de traditions et de comportements de la métropole. Ils adoptèrent même les noms et les titres des Portugais. Le premier monarque chrétien se fit baptiser Jean Ier, et ainsi, jusqu'au XVIIe siècle, le pays fut dirigé par une succession de rois indigènes aux noms occidentaux. Mais le Congo, malgré l'ivoire et les esclaves que les Portugais y exploi-

La naissance soudaine de l'empire commercial portugais et sa lente disparition ne sont pas faciles à analyser. De nombreux aspects de cette période font encore l'objet de débats. Il est cependant permis de déceler des influences certaines. A sa naissance, l'«empire» ne demanda que peu d'efforts de la part de sa minuscule métropole et les premières expéditions ne nécessitèrent que peu d'hommes. Par la suite le Portugal chercha à accroître le monopole des échanges commerciaux, et c'est alors que le manque de population devint un lourd handicap. De plus, écartée des affaires par l'aristocratie, la classe moyenne resta

taient, n'eut pas une grande importance économique. Les épices étaient acheminées des Indes ; l'or provenait du Soudan et d'autres points en Afrique ; le sucre et le vin venaient de Madère ; le sucre et les teintures du Brésil. Tous ces produits assurèrent une grande stabilité à l'économie du Portugal, mais ils n'enrichirent pas le pays. Et même si les grands du royaume s'enrichirent (ils prélevaient un cinquième du revenu de tous les échanges), ce fut de façon assez éphémère.

A gauche, statue de Vasco de Gama à Sines, sa ville natale ; ci-dessus, Afonso de Albuquerque, portrait anonyme (vers 1509).

exclue de toute participation à ces entreprises.

Par ailleurs, la poursuite des musulmans avec lesquels les Portugais avaient vécu pacifiquement et la christianisation des populations indigènes, firent perdre beaucoup de temps et d'énergie. Quelles qu'en fussent les raisons, il est évident que les Portugais n'exploitèrent pas l'ensemble des bénéfices commerciaux qu'ils auraient pu réaliser grâce aux territoires d'outre-mer. L'agriculture portugaise fut victime de son manque de main-d'œuvre, certaines années, les céréales et la viande vinrent à manquer. La couronne elle-même s'endetta, dans la mesure où les gains réalisés par

CAMÕES

Luís Vaz de Camões (Camoëns en français) vécut et mourut pauvre, mais il mena une vie aventureuse et passionnante. Après des études à l'université de Coimbra, l'avenir du jeune poète aurait dû être assuré, mais un concours de circonstances l'éloigna d'une vie tranquille. Une aventure avec l'une des suivantes de la reine provoqua son exil en Afrique du Nord, où il perdit un œil. Revenu à Lisbonne, Camões fut impliqué dans une escarmouche au cours de laquelle un magistrat fut sérieusement blessé. Il fut arrêté, enfermé, avant d'être banni une seconde fois

en 1553. Son lieu d'exil fut la ville de Goa, en Inde. Il ne retourna pas à Lisbonne avant 1570. Après avoir écrit des poèmes et des pièces de théâtre, il publia *Os Lusíadas* (*Les Lusiades*) en 1572. La qualité de cette œuvre (et son caractère « national ») fut immédiatement reconnue et le poète reçut une petite pension royale. Il passa la fin de sa vie dans un hospice et, gravement malade, il mourut en 1580 dans une indifférence totale. Il fut enterré dans une fosse commune.

Le titre de son œuvre fondamentale signifie littéralement « les fils de Luso », Luso étant le fondateur mythique du Portugal : c'est donc ainsi qu'il désigne les Portugais. Ce poème s'inspire, par sa forme, de l'épopée d'Homère, *L'Iliade*, et fait le récit des voyages de Vasco de Gama en y mêlant des images et des thèmes inspirés des traditions autant chrétiennes que païennes. Ce texte fut célébré à travers toute l'Europe, et on put compter, parmi les nombreux admirateurs de Camões, Lope de Vega et Montesquieu. Un tel succès éclipsa d'autres aspects de la littérature portugaise. Symbole de la splendeur nationale et de son rayonnement sur un empire, *Les Lusiades* devinrent la bible du gouvernement de Salazar. Les discours, la propagande officielle furent émaillés de citations empruntées au poème. Ainsi fut perpétué, par un dictateur du XXᵉ siècle, grâce à un poème du XVIᵉ siècle, le mythe de l'impérialisme portugais.

Dès les premières lignes, *Les Lusiades* donnent le ton du chant lyrique, ainsi que l'argument du récit :

« *Les combats et les preux glorieux qui, partis du rivage occidental de la Lusitanie, parvinrent plus loin que Taprobane à travers des mers jamais encore sillonnées, et qui, plus endurcis par les périls et les guerres que ne le laissait prévoir la nature humaine, ont édifié chez des peuples lointains un royaume nouveau, dont ils ont fait monter la gloire jusqu'aux cieux.*

Et aussi les actions dignes de mémoire de ces rois qui, chaque jour, ont reculé les frontières de leur Empire et de la Foi, et dévastèrent sans trêve les contrées de l'Afrique et de l'Asie peuplées par l'Infidèle […]; voilà ce que mes vers iront porter à travers le monde si l'art et le talent me secondent jusque-là. »

Le récit emprunte à l'histoire ; ainsi, il prend la voix de Vasco de Gama pour raconter la prise de Lisbonne :

« *Sanche […] fut porté sur le trône ; il y avait peu d'années qu'il régnait, quand il mit le siège à Silves, dont le Barbare cultivait la campagne. Il fut secondé par les vaillants guerriers de la flotte germanique, qui passait, riche en armes puissantes et en hommes, faisant voile pour reconquérir la Judée perdue.* »

Le modèle homérique n'est jamais oublié, comme en témoignent les références mythologiques qui scandent invariablement les vers de Camões :

« *Il soufflait puissamment dans la grande conque recourbée qu'il tenait à la main. En entendant la forte et grande voix, la mer entière fut parcourue d'un long frémissement. Bientôt tout le peuple des dieux s'apprête et se dirige vers le manoir du dieu qui bâtit les murailles de Troie la Dardanienne, plus tard détruite par la fureur des Grecs.* »

le commerce étaient inférieurs aux coûts engagés. En somme, la naissance de l'empire portugais, au lieu de stimuler l'économie et de l'enrichir, désorganisa les équilibres antérieurs. Les liens commerciaux se poursuivirent pendant plusieurs siècles malgré leur lente détérioration. Au bout du compte, les Portugais durent abandonner les Indes pour concentrer leurs efforts sur le sauvetage du Brésil.

Des changements profonds

Avant ce marasme, les années d'expansion apportèrent leur lot de paix et de prospérité au Portugal qui connut, entre 1384 et 1580, une période florissante. Les nombreuses inventions corrélatives aux conquêtes avaient facilité les échanges dans bien d'autres domaines que la colonisation. Les conquêtes furent en quelque sorte, pour le Portugal, l'entrée dans une nouvelle époque. Ce fut une ère de grands progrès humanistes et artistiques. Jean II, qui avait succédé à Alphonse V en 1481, s'attacha à revivifier la monarchie en reprenant l'œuvre d'Henri le Navigateur, mort en 1460. Jean II se détacha de la noblesse, limitant ses droits, et se tourna vers les *cortes* (assemblées politiques dont le système fut emprunté à l'Espagne, sur le mode castillan en 1212, et qui comprenaient des nobles et des clercs ainsi que des procurateurs élus par les villes ; leur pouvoir était important). Ce brutal changement politique provoqua une conspiration contre lui. Mais il réussit à la déjouer et à en poursuivre les auteurs. Le duc de Bragance fut décapité en 1484. Les titres et les propriétés de tous les nobles qui fuirent le Portugal pour échapper à la vengeance de Jean revinrent à la couronne. Le duc de Viseu organisa un second complot ; il fut poignardé par le roi en personne. Un autre groupe de nobles quitta le pays précipitamment.

Le successeur de Jean II, Manuel Ier (1495-1521), sut trouver un juste milieu entre la férocité pragmatique de Jean II et l'idéalisme aristocratique d'Alphonse V. Les domaines des grandes familles nobles

A gauche, buste de Camões qui servit de figure de proue ; à droite, la bibliothèque de l'université de Coimbra.

leur furent rendus, mais aucun pouvoir politique ne leur fut restitué. Des réformes judiciaires et fiscales permirent au gouvernement de restaurer son autorité, autant sur le plan local que national. La première poste portugaise fut organisée, et l'on institua la centralisation des services publics. En fait, Manuel Ier rehaussa le pouvoir monarchique au détriment de la noblesse et des *cortes*.

L'ouverture culturelle

Manuel Ier favorisa également les contacts avec l'humanisme de la Renaissance qui

s'épanouissait à travers toute l'Europe. Le pays resserra ses relations avec l'Italie. De jeunes Portugais commencèrent à rechercher les enseignements de maîtres différents, dans les universités espagnoles ou françaises. Dès 1487, une imprimerie avait fait son apparition à Lisbonne. A l'aube du XVIe siècle, le pays était en pleine effervescence culturelle. Les nouveaux collèges et les réformes en matière d'éducation, à l'intérieur du royaume, furent les éléments essentiels des progrès enregistrés le siècle suivant. Les méthodes d'instruction furent améliorées et on rallongea la durée des études. Autrefois réservé aux clercs, l'enseignement s'ouvrit désormais à la noblesse et à la grande bourgeoisie. Seule l'université de Lisbonne jouissait une influence politique et culturelle assez forte pour représenter une menace envers l'autorité monarchique.

Le roi fit pression sur l'institution afin d'en réduire l'autonomie. En vain. Jean III (1521-1557) parvint à en étouffer en partie l'influence en la déplaçant définitivement à Coimbra, diminuant son rôle politique. Le conflit culmina avec la décision de confier l'organisation de l'éducation nationale aux jésuites. La monarchie triompha et il n'y eut plus d'université implantée à Lisbonne avant 1911.

Malgré cela, le Portugal connut un siècle d'ouverture culturelle, la contrepartie logique des expéditions maritimes. Les récits de voyages enrichirent considérablement la littérature. Tomé Pires écrivit en 1550 *Suma oriental*, compte rendu de son parcours en Orient. La plupart de ces voyageurs-écrivains étaient des missionnaires jésuites, et la conversion des populations indigènes au catholicisme les amena à effectuer des observations ethnologiques précises. Le plus célèbre voyageur est Fernão Mendes Pinto ; ses *Peregrinação* («pérégrinations») ont apporté au genre littéraire toutes les ressources de l'imagination. Parmi les historiens de cette

époque, il faut citer également Fernão Lopes, auteur d'une chronique du règne de Jean Ier, et João de Barros qui fit le récit des conquêtes asiatiques. Issu de la tradition des troubadours, Gil Vincente fut l'un des fondateurs du théâtre portugais, avec des pièces comiques et satiriques en un acte. Dans la seconde moitié du XVIe siècle apparut un groupe d'écrivains, parmi lesquels António Ferreira, Diego Bernardes, et le plus célèbre de tous, Luís de Camões. Son chef-d'œuvre, *Os Lusíadas* (*Les Lusiades*), est un poème épique relatant les premières découvertes des navigateurs portugais.

Ces grands voyages sont aussi à l'origine d'un art très riche, l'art manuélin (dont le monastère des Jerónimos et la tour de Belém, près de Lisbonne, sont les témoins). En ce qui concerne la peinture, elle subit l'influence des maîtres flamands venus au Portugal, puis bénéficia de la fondation d'écoles comme celles de Lisbonne ou de Viseu. Bien que très influencée par la Renaissance italienne, la peinture portugaise se perpétua dans l'art du portrait.

Quand aux arts décoratifs, leur essor date de la fin du XVe siècle. Les grandes découvertes attirèrent à Lisbonne les joailliers, les orfèvres, les lapidaires de toute l'Europe. Le Portugal était grand importateur, pour l'Europe, de porcelaines de Chine, bientôt imitées à Lisbonne. Il est à noter que la peinture portugaise influa à sa façon sur l'art d'Orient.

La musique, enrichie de sources variées, trouva sa place aussi bien à la cour qu'à l'église ; c'était une tradition puisque Denis, le roi-troubadour, avait fondé une école de musique. Au XVe siècle, les rois appréciaient particulièrement l'art musical, et Alphonse V, durant son règne, orienta de plus en plus celui-ci vers le chant.

La contribution du Portugal au mouvement de la Renaissance concerna également les domaines scientifiques. Les Portugais prirent d'ailleurs part à la mise au point d'une nouvelle approche théorique : la méthode expérimentale. Ces progrès suscitèrent un mouvement de Contre-Réforme, et ce, bien qu'il n'y en ait jamais eu à proprement parler au Portugal. En effet, les catholiques du royaume ont toujours montré à l'égard des thèses protestantes iconoclastes venues d'Europe centrale une antipathie manifeste.

L'Inquisition portugaise

Jean III, qui régna de 1521 à 1557, établit l'Inquisition au Portugal. Il l'avait conçue comme un instrument au service de l'autorité monarchique, ce qu'elle fut, mais un certain temps seulement. Le pape savait que le catholicisme n'était pas menacé au Portugal et que l'Inquisition ne s'imposait pas. Mais il finit par céder aux pressions exercées par le souverain et en approuva l'instauration d'une version très édulcorée, en 1536. En 1547, toutes les limitations apportées tombèrent. Le règne de Jean III s'écarta alors des courants de l'humanisme

rapidement un immense pouvoir et s'en servirent pour excommunier et jeter les coupables dans les bûchers. En quelques années, dès que l'alliance de l'Espagne et du Portugal fut accomplie, l'Inquisition devint le gouvernement réel du royaume.

L'avènement du roi Sébastien (1568-1578, régent de 1557 à 1568) ne fit qu'attiser le feu qui couvait. Le nouveau roi prit sur lui de mener une nouvelle croisade contre les Maures en Afrique du Nord. En 1578, il dépensa tout ce qui lui restait pour embarquer vers le Maroc. Son armée, bien que plus nombreuse que celle de son adversaire, subit la pire défaite de l'histoi-

européen et versa dans le fanatisme religieux. La bureaucratie de l'Inquisition se développa et prit pour cible principale les nouveaux chrétiens (*cristãos novos*), des juifs portugais que Manuel Ier avait forcés à se convertir. On les accusa de pratiquer leurs rites en secret et de comploter contre le royaume. En fait, on leur reprochait surtout leur rôle prépondérant dans le commerce. Les inquisiteurs généraux, qui ne recevaient d'ordres que de Rome, eurent

A gauche, détail d'un portrait de Jean III par Cristovão Lopes; ci-dessus, gravure représentant la procession d'un autodafé.

re du Portugal à la bataille de Ksar el-Kébir (18 000 hommes furent tués). Le roi et une grande partie de la jeune noblesse y perdirent la vie ; une centaine de soldats seulement échappèrent à la mort ou à la capture. Cette catastrophe mit fin à l'indépendance du Portugal pour une soixantaine d'années.

De 1578 à 1580, la régence fut confiée à Henri le Cardinal, le grand-oncle de Sébastien, dont la tâche principale fut de réunir les fonds pour payer les rançons des prisonniers de Ksar el-Kébir. En 1580, Philippe II d'Espagne envahit le royaume et devint, au bout d'un an, Philippe Ier de Portugal (1581-1598).

LE DÉCLIN
DE LA MONARCHIE

Après la défaite de Ksar el-Kébir, il y eut plusieurs prétendants à la couronne de Portugal. Bien qu'il fût celui qui avait les liens les plus lointains avec la dynastie d'Aviz, Philippe II d'Espagne était favori : petit-fils de Manuel Ier, il bénéficiait du prestige de son illustre ancêtre. Chose étonnante, les opposants les plus farouches au couronnement de Philippe II furent les classes possédantes espagnoles, qui craignaient la concurrence économique des Portugais. Ces derniers furent rassurés par les promesses de Philippe II: absence de représentation espagnole dans les corps législatif et judiciaire ; maintien de la langue officielle ; préservation des possessions coloniales portugaises ; aucune transmission de terres portugaises à des étrangers. Ces promesses furent dans l'ensemble respectées. Après avoir pourchassé une petite armée qui soutenait les droits dynastiques d'Antoine, fils de Manuel II, Philippe II s'installa à Lisbonne. En 1581, il somma les *cortes* de le proclamer roi du Portugal sous le nom de Philippe Ier (1581-1598). L'administration efficace de l'union ibérique assainit les finances précaires du Portugal.

De 1598 à 1621, sous le règne de son successeur Philippe II (Philippe III d'Espagne), le joug espagnol se fit plus pesant. Philippe III (1621-1640 ; Philippe IV d'Espagne) réussit à obtenir la couronne, mais l'engagement de l'Espagne contre la France dans la guerre de Trente Ans eut de profondes répercussions dans le royaume. Les troupes portugaises furent forcées de combattre et le pays fut frappé par de lourdes taxes. La résistance à l'égard du camp espagnol augmenta régulièrement.

La politique d'assimilation constitua très vite une menace pour les colonies portugaises. Entre 1620 et 1640, elles tombèrent aux mains des Hollandais et des Anglais. Les Portugais imputèrent ces défaites suc-

A gauche, caricature politique du XIXe siècle dénonçant le satanisme de Napoléon Ier; à droite, portrait d'Antão de Almada, l'un des principaux acteurs de la restauration.

cessives aux Espagnols. En 1630, les Hollandais s'établirent au Brésil ; en 1638 ils s'emparèrent de Ceylan. Il restait bien entendu des ports contrôlés par les Portugais, mais le « monopole maritime » n'était plus qu'un rêve lointain. Plus grave encore, ces colonies tombèrent entre les mains de protestants : la croisade pour la foi catholique vivait une défaite de plus.

Pour les Portugais, chaque roi prénommé Philippe se révéla pire que le précédent. La domination espagnole fut de moins en moins respectueuse du caractère national et son joug pesa sur les classes pauvres. Philippe II ne se rendit presque

plus au Portugal après son couronnement ; quant à Philippe III, il s'attaqua systématiquement aux garanties données par son grand-père. La révolte qui couvait fut encouragée par des initiatives secrètes de la diplomatie française, soucieuse de séparer les intérêts portugais et espagnols pour isoler l'Espagne dans la guerre de Trente Ans.

La dynastie de Bragance

Le 1er décembre 1640 eut lieu à Lisbonne une conjuration fomentée par João Pinto Ribeiro, fondé de pouvoir de la maison de Bragance, Francisco et Jorge de Melo et dom Antão de Almada. Ils entrèrent secrètement dans le palais de la duchesse de Mantoue, «vice-reine» du Portugal, et assassinèrent Miguel de Vasconcelos. Le duc de Bragance, qui avait pourtant refusé de prendre part à ce complot, fut proclamé roi quelques jours plus tard sous le nom de Jean IV (1640-1656). Il prit également la tête de la révolution qui mit fin à la souveraineté espagnole. L'avènement de Jean IV marqua le début du règne de la maison de Bragance sur le Portugal, qui se poursuivit jusqu'au XXe siècle.

Les efforts de ce souverain se concentrèrent sur une politique extérieure destinée

à nouer des liens avec les autres nations européennes. Mais la France, l'Angleterre, les Provinces-Unies et le pape refusèrent de reconnaître l'indépendance du Portugal. Seule l'Espagne, préoccupée par d'autres conflits et tenue en échec sur sa frontière portugaise par d'héroïques bataillons, reconnut momentanément cette restauration. Mais le succès le plus notable de Jean IV fut de récupérer le Brésil, à partir de 1652, en profitant de la guerre anglo-hollandaise.

Lors de son accession au trône, en 1656, Alphonse VI (1656-1667) était mineur. La régence fut assurée par la reine-mère, dona Luisa de Gusmão. La régente, bien

qu'espagnole, réorganisa la défense du territoire contre les Espagnols qui, après la signature du traité des Pyrénées, pouvaient reprendre les attaques contre le Portugal. En 1662, elle appela au pouvoir le comte de Castelo Melhor pour qu'il réorganise l'armée portugaise. Grâce à cette politique opiniâtre, l'Espagne reconnut officiellement, en 1668, l'indépendance de la nation portugaise. Parallèlement à ces efforts, la diplomatie réitéra ses démarches auprès des puissances européennes pour trouver des alliances. En 1654, un traité d'amitié et de coopération fut signé avec l'Angleterre. En 1661, la Hollande ratifia elle aussi un traité et l'alliance avec l'Angleterre fut scellée par le mariage de Catherine de Bragance et de Charles II (la princesse offrit deux imposants cadeaux à son époux anglais : les villes de Tanger et Bombay). La guerre reprit avec l'Espagne, mais les deux ennemis furent bientôt épuisés politiquement et économiquement. En 1665, le Portugal remporta une victoire décisive à Montes Claros.

Pendant ce temps, la reine mère s'attacha à évincer Alphonse VI, dont le comportement violent et dépravé constituait une menace pour la stabilité du pouvoir. A la suite d'un mariage désastreux avec mademoiselle d'Aumale, elle parvint à faire déposer Alphonse VI le 23 novembre 1667 au profit de son frère Pierre II (1683-1706). Après annulation de son mariage, mademoiselle d'Aumale épousa Pierre II.

Malgré une certaine stabilité, ce long règne fut marqué par une récession économique importante due principalement à la faillite du commerce maritime. La totalité des échanges d'épices échappait aux Portugais, tandis que le trafic des esclaves et du sucre faisait l'objet d'une âpre compétition à laquelle le Portugal n'était pas en mesure de participer. Sur le continent, les vignes et les oliviers offraient de bons résultats, mais ces cultures restaient largement contrôlées par les intérêts anglais. De plus, elles occupaient des terres où il aurait été plus profitable de planter du blé, production qui faisait largement défaut dans le pays. Des économistes mirent en œuvre divers programmes destinés à stimuler le secteur manufacturier. Deux ministres des finances de Pierre II, en particulier, favorisèrent ces créations : le comte d'Ericeira et le marquis de Fronteira. Le Portugal vit apparaître des manufactures de verres, de poteries, de faïences, de textiles et d'acier. Ces efforts s'évanouirent avec la découverte de l'or au Brésil. Avec des rentrées substantielles du métal précieux qui renflouait les caisses du trésor royal, l'économie put se satisfaire de ses productions de vin et d'huile d'olive. Le comte d'Ericeira se suicida en 1690 et le marquis de Fronteira renonça à sa doctrine économique, qui fera défaut à son pays.

En voyant les productions des mines d'or espagnoles du Pérou et du Mexique, le Portugal avait espéré tirer les mêmes bénéfices de ses possessions sud-américaines, mais tous les efforts furent vains. Malgré ces désillusions, les Portugais se battirent pour conserver le Brésil et choisirent d'abandonner l'Asie plutôt que l'Amérique du Sud. Le Brésil fut tout d'abord considéré comme une colonie de seconde importance. Cependant, même avant l'or, le Brésil apporta au Portugal plusieurs denrées : sucre, coton, tabac, bois précieux, épices et teintures. L'élevage prit lentement de l'importance et, vers la fin du XVIIᵉ siècle, le cheptel brésilien fournissait une grosse quantité de viande et de cuir.

Les missionnaires jésuites eurent un rôle considérable dans la colonisation du Brésil. Ils réussirent à implanter le catholicisme et obtinrent le monopole du commerce du bois, de 1625 à 1649. Ils évitèrent aussi pour une grande part à la population indigène de tomber en esclavage. En fait, ce sont des esclaves africains qui furent importés en masse pour travailler dans les plantations de canne à sucre…

En 1706, Jean V (1706-1750) monta sur le trône et se mit à dépenser l'or brésilien avec une frénésie qui lui valut le surnom de Jean le Magnanime. Il chercha à rivaliser avec les plus grandes cours d'Europe, notamment celle de Louis XIV. Il fit construire un nombre impressionnant d'églises, de monastères et de palais, et apporta un large soutien à l'éducation et aux arts. Ces dépenses extravagantes firent vaciller la moralité portugaise et de nombreux couvents de la région de Lisbonne prirent des libertés avec la règle et se

A gauche, portrait de Pierre II, aussi puissant que son frère Alphonse VI était faible ; à droite, le tremblement de terre de 1755.

transformèrent en lieux de plaisir pour l'aristocratie.

Lorsque son fils Joseph Iᵉʳ (1750-1777) succéda à Jean V, on put croire qu'il allait suivre la même pente : le nouveau roi préférait manifestement les spectacles d'opéra, récemment importés d'Italie, aux affaires de l'État. Tout le pouvoir réel revint au diplomate Sebastião José de Carvalho e Melo, qui reçut plus tard le titre de marquis de Pombal. Celui-ci fut l'artisan du despotisme éclairé qui caractérisa cette époque. Une nouvelle ère politique s'ouvrit avec le triomphe de la raison et les premiers signes de la modernité ; et

le succès des idées républicaines sonnèrent le glas de l'absolutisme monarchique. Le gouvernement de Pombal écarta du pouvoir la noblesse et le clergé, plaçant ainsi la bourgeoisie sur le devant de la scène administrative et économique.

Le grand tremblement de terre

En 1755, le jour de la Toussaint, Lisbonne fut détruite par un violent tremblement de terre. Au cours des semaines qui suivirent, des épidémies se déclarèrent et la famine vint frapper les rescapés. Les jésuites saisirent cette occasion pour blâmer la politique « athée » de Pombal, voyant dans cette catastrophe un châtiment divin (Pombal s'était heurté aux jésuites au Brésil quand il avait limité leur rôle auprès de la population indigène). Pombal réagit énergiquement à ces critiques et, en 1759, la compagnie de Jésus fut officiellement dissoute et bannie du pays. Joseph Ier concentra entre les mains de son ministre les pouvoirs très étendus que l'urgence de la situation nécessitait. Pombal s'en servit pour reconstruire la capitale, selon un plan fonctionnel et sans amputer le budget de l'État. Des réformes universitaires affaiblirent les éléments religieux. Les distinctions légales entre les « anciens » et les « nou-

ses prérogatives, sans pour autant récuser les réformes administratives et économiques menées par Pombal.

La nouvelle de la Révolution française porta un coup sérieux à la politique de la reine et à sa santé mentale. En 1791, elle fut déclarée irresponsable ; son fils Jean, homme nerveux et déséquilibré, assura la régence puis devint roi du Portugal (Jean VI, 1816-1826) après la mort de Marie Ire. La monarchie portugaise craignait que la Révolution française ne fît des émules au Portugal. En 1793, le Portugal envoya des troupes en France combattre la république des montagnards, qui faisait

veaux chrétiens » (les juifs convertis) furent abolies.

Les améliorations économiques permirent au Portugal de survivre lorsque les ressources en or du Brésil diminuèrent, vers 1760. Tandis que la fin du règne de Joseph Ier approchait, le marquis de Pombal fit pression sur la princesse royale Marie afin qu'elle renonce à ses droits en faveur de son fils, lequel était favorable à la politique de Pombal. Ces efforts échouèrent et Marie Ire de Bragance (1777-1816) accéda au pouvoir. Elle accusa immédiatement Pombal de plusieurs crimes contre l'État et le fit assigner à résidence. Elle permit au clergé de retrouver certaines de

régner la Terreur. A partir de 1795, après une paix séparée de l'Espagne avec la France, le Portugal resta seul à combattre aux côtés de l'Angleterre. En 1801, l'Espagne entra en conflit avec le Portugal : la guerre des Oranges tourna à l'avantage de l'Espagne ; son ennemi dut faire des concessions politiques et perdit à jamais la ville d'Olivença.

Napoléon Ier décréta en 1807 le blocus continental et adressa au Portugal un ultimatum lui enjoignant de fermer ses ports aux navires anglais ; devant le refus du Portugal de rompre avec ses alliés ancestraux, l'empereur signa avec l'Espagne le traité de Fontainebleau, par lequel les deux nations se partageaient le territoire portugais. La famille royale s'embarqua pour le Brésil, et le général Junot entra dans Lisbonne. Le gouvernement portugais n'offrit aucune résistance.

En juillet 1808, les Anglais vinrent à la rescousse sous le commandement de sir Arthur Wellesley, futur duc de Wellington, et engagèrent la guerre de libération nationale qui devait durer près de deux ans. Les Français battirent en retraite, mais le Portugal sortit du conflit entièrement dévasté. Son affaiblissement poussa les Brésiliens à réclamer leur autonomie. En 1815, le Brésil reçut le statut de royaume,

tion de l'indépendance portugaise. L'implantation britannique dans le royaume avait augmenté au cours du XVIIIe siècle, notamment dans le domaine économique. Le traité de Methuen (1703) avait donné aux Anglais le contrôle des échanges vinicoles et avait contribué à étouffer le secteur industriel naissant. Divers accords reconduisirent cette «coopération» et, en 1810, le Portugal fut obligé de céder aux Anglais le droit de commercer avec le Brésil. Petit à petit, le Portugal prit l'allure d'un protectorat anglais, placé sous le contrôle du tout-puissant maréchal William Beresford.

sur un pied d'égalité avec le Portugal, et fut gouverné par Pierre Ier, propre fils du roi de Portugal. Les Français et les Anglais dérobèrent une grande partie du patrimoine artistique portugais. De son côté, la régence de Lisbonne mena une politique aveugle, appuyée sur un despotisme précaire, ignorant les revendications libérales qui grandissaient. L'occupation anglaise, assez impopulaire malgré sa nécessité, représenta un pas de plus dans la disloca-

A gauche, la reine Charlotte voulait faire du palais de Queluz le Versailles portugais; ci-dessus, la foule descend dans la rue, déclenchant la révolution libérale de 1820.

Les germes de la révolution de 1820 se trouvent dans l'influence de la France, et furent alimentés par l'action de diverses sociétés secrètes, notamment une loge maçonnique du nom de Sinédrio. L'une de ces sociétés organisa un complot dirigé contre la présence anglaise. Tous les conspirateurs furent exécutés. La fermeté de cette répression excita le ressentiment des Portugais à l'égard des Anglais et accentua le soutien de la population au mouvement libéral espagnol qui, en 1820, réussit à accéder au gouvernement: cette victoire renforça l'optimisme et la détermination des libéraux portugais. La révolte partit des troupes de la garnison de Porto.

Lisbonne suivit le mouvement et forma un gouvernement provisoire destiné à assumer le pouvoir jusqu'à la convocation d'une assemblée constituante le 15 septembre 1820.

La constitution, adoptée en 1822, était paradoxalement tournée vers le passé : elle renouait avec les anciennes traditions que l'absolutisme avait reniées. Malgré tout, le Portugal connut une période de réformes, fondées sur les principes de la souveraineté nationale, du respect de l'individu et de l'égalité des droits. Le tribunal de l'Inquisition fut supprimé, ainsi que les droits seigneuriaux et les privilèges du clergé. La

s'était faite l'égérie des partisans convaincus de l'« ancien régime ». Entourée d'absolutistes, elle s'évertua à transformer le palais de Queluz en Versailles portugais. L'échec de sa conspiration contre le roi, en 1824, qui entraîna l'exil de son fils Michel, marqua la fin de son influence.

La mort de Jean VI, en 1826, laissa le trône à son fils aîné le roi du Brésil, Pierre Ier, qui régna sur le Portugal sous le nom de Pierre IV de 1826 à 1834. Le nouveau souverain essaya de réunir les deux royaumes, puis décida de rester au Brésil, renonçant à la couronne portugaise au profit de sa fille Marie II, alors âgée de

constitution fut votée en septembre et adoptée par Jean VI peu après. Elle institua un suffrage universel dont étaient exclus les femmes, les religieux et les analphabètes. Le corps électoral restreint devait élire les représentants siégeant dans une chambre unique (*corte*) qui votait les lois et le budget. Le souverain conserva un droit de veto.

La soif de pouvoir

La révolution portugaise divisa le royaume entre partisans de l'absolutisme monarchique et républicains. La reine, la célèbre princesse espagnole Charlotte-Joachine,

sept ans. Le but de Pierre Ier était de marier Marie à son oncle Michel, alors en exil, qui pourrait ainsi régner.

Dès son retour, Michel abolit la constitution, et convoqua des *cortes* contre-révolutionnaires qui le placèrent sur le trône. Cette usurpation de la couronne et la ligne politique réactionnaire suivie par Michel Ier poussèrent son frère Pierre à l'action : il abandonna le Brésil pour défendre les droits de Marie II et engagea une lutte acharnée contre l'absolutisme.

Tombeau du roi Charles Ier et du prince Louis-Philippe, victimes d'un lâche attentat révolutionnaire en 1908.

Cette guerre des Deux Frères, remportée par Pierre Ier, marqua la dernière apparition d'un régime absolutiste au Portugal.

Pierre Ier mourut en exil en 1834 ; Marie II (1834-1853) retrouva le trône dont elle avait failli être privée. Sous son règne, les premiers partis politiques s'organisèrent. Le mouvement libéral se divisa en deux tendances : les conservateurs et les progressistes. Les septembristes furent les premiers à conquérir le pouvoir. Ils rétablirent la constitution de 1822, avant d'adopter un texte plus modéré. Les chartistes, partisans de la charte conservatrice de 1826, leur étaient opposés.

Victimes de dissensions internes, les septembristes perdirent le pouvoir en 1839 et furent remplacés par les chartistes. Ces derniers, dirigés par Costa Cabral, bénéficiaient de l'appui de la reine Marie II. Peu à peu, ce gouvernement autoritaire dériva vers la corruption et le despotisme. Une révolte éclata dans le Minho et donna naissance à une insurrection qui reçut le nom de révolution de Maria da Fonte. La reine crut éviter le pire en remplaçant Cabral par un autre conservateur, le duc de Saldanha, mais elle provoqua une deuxième crise, plus grave encore. Huit mois durant, le pays fut plongé dans la guerre civile. L'Angleterre, la France et l'Espagne intervinrent. Les troupes étrangères réussirent à rétablir l'autorité, mais cette présence étrangère fut très mal ressentie dans le royaume. Costa Cabral retrouva la direction des affaires mais, en 1851 une nouvelle révolte, dirigée par le duc de Saldanha, le chassa définitivement ; Saldanha prit sa place.

Durant les premières années du gouvernement du duc de Saldanha, les clivages politiques existants se cristallisèrent, et ce jusqu'à la fin du siècle. Dans le débat constitutionnel, Saldanha proposa un compromis qui permit à son parti, le *Regeneração*, de rassembler les chartistes et les progressistes modérés. Des amendements à la constitution permirent d'organiser des élections directes et d'élargir le corps électoral.

En 1853, Marie II mourut. La régence fut assurée par son mari, le duc allemand Ferdinand de Saxe-Cobourg-Gotha, jusqu'à la majorité de leur fils Pierre V (1855-1861) qui fut le premier souverain « moderne » du Portugal, conscient de la nécessité d'étendre l'éducation et de relever le niveau des sciences et des techniques. Il institua le mariage civil et acheva la nationalisation des biens de l'Église. Il mourut dans des circonstances mystérieuses à l'âge de vingt-quatre ans. Son frère, Louis Ier (1861-1889) lui succéda et poursuivit sa politique. Sous le règne de ce « roi constitutionnel », les progressistes et les conservateurs se partagèrent le pouvoir. Le roi favorisa la politique d'expansion coloniale en Afrique, les explorateurs portugais tentèrent de faire la jonction entre l'Angola et le Mozambique malgré l'opposition de puissants rivaux. A signaler enfin l'abolition de la peine de mort pour les crimes civils en 1867.

En 1889, Charles Ier (1889-1908) monta sur le trône ; il dut affronter un grand nombre de difficultés. En 1890, la Grande-Bretagne adressa au Portugal un ultimatum lui ordonnant d'abandonner le projet de relier transversalement les deux côtes africaines. Le gouvernement dut céder, ce qui suscita au Portugal une vive réaction patriotique dont les républicains bénéficièrent. Le socialisme et le syndicalisme étaient à cette époque en pleine expansion. Un premier parti, qui avait été fondé en 1875, devint en 1895 le parti socialiste portugais.

Une révolte éclata à Porto, sans succès. Le climat politique et social était redevenu celui de la guerre civile. Les partis monarchistes se divisèrent sous la pression des républicains, provoquant ainsi une grande instabilité dans la vie politique. Les *cortes* avaient sombré dans la corruption et l'inefficacité. En 1906, Charles Ier appela à la tête du gouvernement João Franco, à qui il conféra des pouvoirs dictatoriaux. João Franco prononça la dissolution des *Cortes* et instaura une dictature le 12 avril 1907. L'opposition devint clandestine et organisa plusieurs mouvements de grève. Une tentative de soulèvement révolutionnaire échoua le 21 janvier 1908.

Le 1er février, Charles Ier et le prince héritier Louis-Philippe furent assassinés sur la place du Commerce à Lisbonne. De 1908 à 1910, Manuel II essaya de sauver la monarchie en faisant de nombreuses concessions, mais le mouvement républicain était devenu trop fort. La dynastie de Bragance s'écroula et la république fut instaurée le 5 octobre 1910.

DICTATURE ET RÉVOLUTION

L'art et la littérature vécurent sous l'emprise directe du débat politique et des événements du XIXᵉ siècle. Les partisans des deux principales tendances, libérale et conservatrice, furent constamment tournés vers l'avenir, hantés par le souci de « reconstruire » le Portugal. Parmi les célébrités de ce siècle, deux écrivains furent des figures dominantes : Alexandre Herculano (1810-1877), auteur de fictions historiques et d'une monumentale *Histoire du Portugal,* et João de Almeida Garrett (1799-1854), dont les drames romantiques sont réputés ; il a également publié des essais, politiques et des ouvrages juridiques.

La plupart des débats de la fin du XIXᵉ siècle tournèrent autour de la « question de Coimbra ». Les intellectuels et les universitaires se divisèrent. Le groupe des classiques se rassembla autour du poète Castilho (1800-1875), qui était partisan du *statu quo.* Quant aux modernes, rationalistes anticléricaux et antimonarchistes, baptisés plus tard « la génération de 1870 », ils prônaient une rénovation des valeurs culturelles et spirituelles. C'est dans leurs œuvres qu'apparurent les idées socialistes. Les premiers triomphèrent longtemps, mais plus la fin du siècle approchait, plus les digues conservatrices devinrent impuissantes à contenir le déferlement de la marée républicaine.

L'idéal démocratique était teinté d'une vision nationaliste utopique, de l'espoir de voir renaître la gloire de l'empire. L'assassinat du roi Charles Iᵉʳ signa la victoire des républicains ; mais il fallut beaucoup de temps pour réaliser un accord de gouvernement entre les différents partis et les coalitions. En fait, il n'y eut à proprement parler jamais de programme ni de gouvernement stables.

Entre 1910 et 1926, quarante-cinq équipes gouvernementales se succédèrent à la tête de l'État, la plupart des change-

La première république fut proclamée en 1910, et Teófilo Braga forma un gouvernement anticlérical.

SALAZAR

António Oliveira travaillait comme contremaître pour des propriétaires terriens, près du petit village de Santa Comba Dão, à mi-chemin entre Viseu et Coimbra. Tout le village connaissait sa vie austère, sa foi inébranlable et sa surveillance sévère du travail effectué. On l'appelait *O Manholas*, «l'Astucieux». Son premier fils, António de Oliveira Salazar, né en 1889, hérita de ses valeurs conservatrices et s'en fit le représentant farouche bien au-delà des limites de Santa Comba, puisqu'il réus-

sit à modeler le Portugal tout entier sur cette image rigoriste.

Lorsqu'il était professeur d'économie à l'université de Coimbra, Salazar milita dans des organisations de droite, rassemblant l'esprit de ses convictions dans le slogan : *« Rien contre la Nation, tout pour la Nation. »* Néanmoins, il refusa à plusieurs reprises de s'engager sur le devant de la scène politique et d'assumer des responsabilités gouvernementales jusqu'en 1928. A cette date, il accepta le portefeuille des Finances que lui proposa le général Carmona. Salazar obtint ainsi un contrôle absolu sur les finances du Portugal. Il entreprit alors de réformer la comptabilité

publique. En 1932, après avoir fondé l'Union nationale, il devint premier ministre. Il augmenta les impôts de 25 %, en accord avec les classes moyennes qui le soutenaient. Cet effort redressa la monnaie, qui devint convertible peu après son accession au pouvoir. Salazar remboursa la dette publique. Les finances restaurées permirent une politique de progrès matériel.

En 1940, un concordat fut signé avec l'Église et il profita de l'apparition de la Vierge à Fátima, qui pouvait l'aider à légitimer sa politique. Il alla même jusqu'à punir toute personne qui émettrait des doutes sur l'authenticité de cette apparition.

En dépit d'une opposition décidée et combative, Salazar exerça une influence fondamentale sur le Portugal, qui resta intacte jusqu'à la révolution des œillets, qui eut lieu en 1974, six ans après sa retraite et quatre ans après sa mort. Tout au long de sa dictature, Salazar ne se rendit quasi jamais à l'étranger.

Le Portugal suivit une politique de neutralité partout où c'était possible. Après la Seconde Guerre mondiale, le triomphe des démocraties eut des conséquences sur la politique intérieure et Salazar dut donner des gages de libéralisme, mais sans réelle conviction. Piété, rigueur morale, discipline, austérité économique étaient les maîtres mots du pays, et cette ligne conservatrice empêcha les Portugais de prendre part aux évolutions culturelles et techniques du XXe siècle. Ce pays a donc accepté le gouvernement de Salazar comme une protection contre l'évolution générale du monde. C'est pourquoi on entendait dire que le Portugal était un pays naturellement pauvre et donc peu doué pour la production.

Le 6 septembre 1968, une chute banale provoqua un traumatisme crânien au premier ministre, qui resta invalide. Il dut malgré lui renoncer à ses responsabilités gouvernementales ; Marcelo Caetano lui succéda sans que Salazar en fût réellement informé. Durant les deux années qui lui restaient à vivre, Salazar reçut peu de visites et ne se préoccupa guère des affaires du pays. Ces proches persistèrent à lui cacher la vérité sur son état et sur l'accession de Caetano à la tête d'un Portugal factice que l'ancien premier ministre était censé continuer de diriger.

ments étant provoqués par des interventions de l'armée. Les premiers dirigeants mirent en œuvre des réformes sociales et anticléricales radicales qui provoquèrent une vague de réactions en faveur de l'Église catholique. L'octroi du droit de grève en 1910 favorisa la multiplication des conflits sociaux et provoqua une paralysie de l'industrie. Les républicains furent incapables de réaliser les réformes fiscales promises, à cause de leur incompétence en la matière mais également en raison du contexte international défavorable (la crise économique mondiale des années 20). Ce fut cet échec économique qui entama le

difficultés s'accrurent encore en 1916, après l'entrée en guerre du Portugal contre l'Allemagne. Des troupes furent envoyées dans les Flandres et en Afrique en 1917, et les finances de l'État n'en furent que plus affaiblies.

Dès 1915, la réaction antiparlementaire avait connu un bref succès : le général Pimenta de Castro réussit à former un gouvernement dictatorial avec l'accord du président de la République, Teófilo Braga, mais une révolte mit fin à ses espérances.

C'est dans ce contexte de troubles politiques qu'éclata en 1917 une révolution dirigée par Sidónio Pais, ancien ambassa-

plus la confiance populaire. Le parti républicain se divisa en trois factions : le parti démocratique, dirigé par Afonso Costa ; le parti évolutionniste, derrière António José de Almeida ; et le parti unioniste rassemblé autour de Brito Camacho.

La première république portugaise dut affronter une opposition antiparlementaire et monarchiste d'autant plus vive que les républicains allaient d'échec en échec et que les mécontentements croissaient. Les

A gauche, António Salazar prononce une allocution ; ci-dessus, le célèbre pèlerinage de Fátima, illustration du renouveau religieux portugais au XXᵉ siècle.

deur à Berlin, qui devint le nouveau président de la République, transformée en dictature par une junte militaire. Un an plus tard, il fut assassiné. Les partis républicains retrouvèrent le chemin du pouvoir lorsqu'Almeida accéda à la présidence de la République.

Les années qui suivirent confirmèrent la tendance déjà observée : les conflits sociaux surgirent dans un contexte de crise économique de plus en plus grave. Le 28 mai 1926, un coup d'État militaire mit fin à la première République. La constitution fut suspendue et le pouvoir passa entre les mains du général Oscar Carmona, qui resta président jusqu'en 1951. En 1928,

Carmona appela António de Oliveira Salazar au ministère des Finances. Salazar avait fait ses premières armes politiques au sein d'un groupe d'intellectuels catholiques combattant la philosophie anticléricale et individualiste de la république. Professeur d'économie, il resta en marge du débat politique jusqu'à ce qu'il fût assuré d'obtenir le contrôle total du pouvoir. De 1932 à 1968, il fut premier ministre.

L'Union nationale

D'emblée, le nouveau premier ministre s'attacha à remédier à la situation catastro-

moindres manifestations de subversion. La censure surveilla la littérature, les arts et le journalisme.

Il y eut bien entendu une résistance à ce régime. De nombreux attentats furent perpétrés, et le parti communiste clandestin gagna rapidement un soutien actif. Mais l'opposition ne fut jamais suffisante pour défier sérieusement Salazar. Le Portugal, principalement rural et conservateur, en retard dans son développement industriel, accepta la dictature comme un rempart contre l'explosion mondiale des nouvelles technologies au cours du XXe siècle. Cette orientation préserva le pays de toutes les

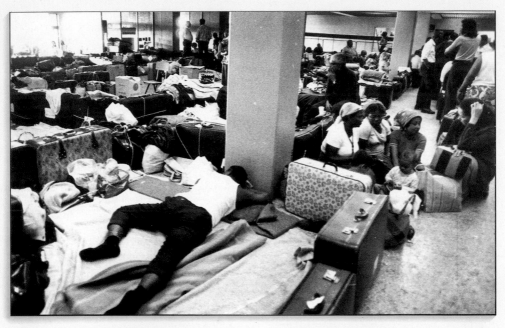

phique des finances et appliqua une politique d'austérité. Il était le premier depuis un siècle à avoir réalisé ce tour de force et il se servit de ce résultat politique pour faire pencher le régime vers la dictature. L'Italie de Mussolini et l'Espagne de Primo de Rivera furent ses modèles d'ordre et de discipline. L'*Estado Novo* (l'« État nouveau ») fut fondé : régime autoritaire qui gardait la façade d'un gouvernement républicain.

L'Union nationale, défenseur de la tradition, de l'empire et de l'ordre, fut le seul parti politique autorisé. L'ordre fut garanti par une police d'État, la P.I.D.E., qui devait veiller sans relâche à traquer les

turbulences de l'époque. Le catholicisme fut encouragé par le régime, qui s'en servit pour assurer sa propagande. Salazar veilla également à ce qu'il fût inculquée à toute une génération d'écoliers l'idée selon laquelle la destinée du Portugal était d'être un grand empire. Il pratiqua une politique extérieure d'isolement vis-à-vis des autres États, se bornant à consolider l'ensemble des colonies.

Lorsque la guerre d'Espagne éclata, Salazar fit mine d'adhérer à la ligne de non-intervention de la Société des Nations

Ci-dessus, « retornados » arrivés en masse à Lisbonne à la fin des guerres coloniales.

pour ne pas se déconsidérer sur la scène internationale. Mais ses sympathies politiques le conduisirent à envoyer jusqu'à vingt mille hommes pour soutenir les troupes nationalistes de Franco. En retour, la victoire de ce dernier servit à consolider le régime portugais.

La naissance de la république avait fait naître un large mouvement culturel d'éducation populaire, de réflexion artistique, ainsi qu'une floraison de journaux dans lesquels tous les problèmes de l'époque pouvaient être débattus librement. Les bouleversements politiques freinèrent ces phénomènes et la dictature les étrangla. On ne découvrit le plus grand écrivain de cette période, Fernando Pessoa, qu'après la Seconde Guerre mondiale, lorsque la plupart de ses œuvres furent publiées à titre posthume. Elles tranchent avec le nationalisme exalté qui était de mise chez les auteurs de ces années-là ; la censure ralentit et entrava toutes les pensées originales.

La guerre

Au cours de la Seconde Guerre mondiale, le Portugal conserva sa politique orgueilleuse d'isolement, malgré l'admiration que Salazar vouait à Hitler. Les liens traditionnels qui unissaient l'économie portugaise à celle de la Grande-Bretagne imposèrent au moins la neutralité. Salazar réussit tout de même à fournir à l'Allemagne des matières premières destinées à ses aciéries ; parallèlement, le Portugal accorda aux Alliés des bases stratégiques situées aux Açores. La victoire finale des Alliés fut un signe avant-coureur : Salazar eut probablement la volonté d'assouplir le régime du Portugal, mais la dictature était déjà trop bien enracinée dans le pays.

Dans les années 50, l'opposition à la dictature s'organisa autour de deux types d'action. Le premier, légal, s'appuya sur un certain relâchement de la censure au cours des quelques mois qui précédèrent les élections (moyen pour l'État de faire croire à des élections libres) pour présenter des candidats indépendants. Le second consista à organiser des manifestations de protestation et à faire de la contre-propagande. Salazar relança la répression ; sa popularité et son autorité commencèrent à vaciller.

En 1958, le général Humberto Delgado, déçu par le régime, se présenta aux élections présidentielles et promit de se servir de ses pouvoirs constitutionnels pour démettre le premier ministre. Malgré un évident succès populaire, les résultats officiels le donnèrent battu par un fidèle de Salazar, l'amiral Américo Tomás.

Plusieurs décrets furent ensuite promulgués pour éviter qu'un tel problème se présente de nouveau : l'élection présidentielle ne devait plus se faire au suffrage universel, mais par le vote des membres de l'Assemblée nationale, contrôlée par Salazar. Delgado fut assassiné en 1965, meurtre qu'on attribue en général à la P.I.D.E.

Le bloc soviétique et divers détracteurs de la politique coloniale de Salazar s'étaient opposés à l'entrée du Portugal aux Nations unies. En 1955, à la suite d'efforts diplomatiques soutenus pour faire oublier les mauvais côtés de sa politique coloniale, le Portugal réussit à compter parmi les membres de l'organisation internationale.

Mais il n'était pas question pour le gouvernement portugais de changer les orientations de sa politique ; en effet, les troupes envoyées dans les colonies, bien que coûteuses, garantissaient le maintien de l'autorité et la lutte contre les mouvements indépendantistes. Les populations servaient de main-d'œuvre quasi gratuite pour produire le coton nécessaire au fonctionnement des filatures portugaises. Malgré la pression internationale, le Portugal s'attacha à ses moindres bastions coloniaux, parmi lesquels seul l'Angola constituait une source de bénéfices pour le Portugal.

Cette présence acharnée dans les colonies, malgré la multiplication des luttes pour l'indépendance, se confirma tout au long des années 60. Le bilan de l'économie portugaise ne cessa de se détériorer ; mis à part la réussite des projets hydro-électriques, les résultats de l'industrie et de l'agriculture s'éloignèrent de plus en plus de ceux obtenus dans les pays industrialisés d'Europe. L'émigration vers ces pays riches d'une population en quête de travail commença à pénaliser lourdement l'équilibre démographique du pays.

La seule réponse que Salazar trouva à l'ensemble de ces difficultés fut le renforcement de son pouvoir personnel. Il relâcha sa politique d'austérité monétaire, et recourut au crédit international pour financer les opérations outre-mer.

L'après-Salazar

En 1968, âgé de soixante-dix-neuf ans, Salazar dut lâcher les rênes du pouvoir à la suite d'ennuis de santé. Son ancien protégé, Marcelo Caetano, qui s'était retiré de la scène politique, fut nommé premier ministre, chargé de trouver des remèdes à la crise nationale. Il eut conscience de la nécessité d'apporter au pays des mutations

déclencha directement l'organisation et la réalisation du coup d'État militaire du 25 avril 1974. Ce soulèvement, dirigé par les généraux de Spínola, Costa Gomes et vingt-sept capitaines rebelles, débuta dans la capitale et ne fit presque pas couler de sang. Aucune opposition sérieuse ne se fit sentir dans le pays. L'œillet rouge devint le symbole de cette révolution.

Le premier gouvernement de l'après-révolution fut uniquement constitué de militaires. Ils organisèrent des élections libres pour former une assemblée constituante qui se mit rapidement au travail. Des négociations furent entamées avec les

rapides et efficaces mais jamais il ne mit sur pied une réelle politique de réformes, malgré quelques actions contre les injustices les plus criantes.

Ce léger effort de libéralisation du régime ne calma pas les ardeurs de l'opposition. L'armée, exaspérée par l'inutilité des guerres coloniales qui traînaient en longueur, réagit. En 1973 se forma le M.F.A. (Mouvement des forces armées). L'année suivante, le général António de Spínola publia un ouvrage, *Le Portugal et l'Avenir,* dans lequel il concluait ses critiques sur la situation du pays en évoquant la nécessité d'un coup d'État militaire, opinion qui n'était pas neuve dans l'armée. Elle

différents mouvements de libération africains, mais les militaires étaient partagés entre l'indépendance et l'autodétermination. Aussi António de Spínola, partisan de la seconde solution, essaya-t-il d'évincer ses rivaux par un second coup d'État (en mars 1975), qui échoua.

La Guinée-Bissau, le Mozambique les îles du Cap-Vert, São Tomé e Príncipe et finalement l'Angola obtinrent leur indépendance. Le Portugal fut alors envahi d'anciens colons revenus au pays: on vit jusqu'à cinq cent mille personnes débarquer dans les principales villes.

Or, tandis que l'économie était plus désorganisée que jamais, une constitution influencée par les socialistes fut adoptée en 1976, et Mário Soares, alors chef du parti socialiste, fut nommé premier ministre.

Pendant les dix années qui suivirent, les changements furent lents, et la vie politique secouée. De nombreuses coalitions qui regroupaient des socialistes, des démocrates sociaux et des technocrates se succédèrent au pouvoir sans parvenir à se mettre d'accord sur un programme. Parmi tous ces gouvernements fragiles, on vit émerger pour la première fois une équipe dirigée par une femme, Maria de Lurdes Pintassilgo.

En 1979, une coalition de droite prit le pouvoir. Trois ans plus tard, la constitution fut révisée : l'Alliance démocratique et l'extrême droite gommèrent toutes les traces marxistes de l'ancien texte. Le Conseil de la révolution, assemblée puissante créée par la précédente constitution, fut aboli, mais la volonté de construire une société sans classes sociales resta inscrite dans les articles 1 et 2 du nouveau texte.

A gauche, le Premier ministre Mário Soares signant l'adhésion du Portugal à la Communauté économique européenne, en 1986 ; ci-dessus, le Chiado, quartier de Lisbonne, dévasté par les flammes en 1988.

A l'heure européenne

Dans les années 1980, le Portugal adopta une ligne politique de plus en plus éloignée du socialisme. L'entrée du pays dans la C.E.E., en 1986, fut un événement important pour une nation qui sortait à peine de son isolement politique. Pays le plus pauvre d'Europe, le Portugal dut soudain relever le défi de la compétition et développer son industrie, rationaliser son agriculture et promouvoir le tourisme pour augmenter l'apport de devises étrangères. Parmi les programmes de Cavaco Silva, devenu Premier ministre en 1987, le plus ambitieux fut la privatisation de nombreuses entreprises qui avaient été nationalisées sous la pression communiste après la révolution. Mais, à partir de 1993, après plusieurs années de croissance euphorique « dopée » en grande partie par l'aide financière de Bruxelles, la récession économique et les débats politiques liés au calendrier électoral (élections législatives en 1995 et présidentielle en 1996) alimentèrent les polémiques remettant en cause l'adhésion du Portugal à la Communauté européenne.

Cependant, c'est bien avec pour objectif d'intégrer l'Union monétaire européenne que le gouvernement socialiste d'António Guterres, devenu Premier ministre en 1995, appliqua une politique d'austérité. Dès 1997, grâce à ces efforts et à une conjoncture favorable, l'économie portugaise répondit aux critères exigés pour intégrer la zone euro. Un an plus tard, le pays profita de l'exposition internationale pour montrer qu'il était résolument tourné vers l'avenir.

Le début du XXIe siècle fut l'occasion d'un nouveau bilan alors que le Portugal fêta, en janvier 2001, le 15e anniversaire de son adhésion à la Communauté européenne. S'il pouvait se targuer d'afficher l'un des taux de chômage les plus bas de l'Union (4 %), les prévisions économiques étaient sombres et le climat social morose. Les Portugais, frustrés par l'absence de réformes, notamment dans les domaines de la santé et de l'éducation, sanctionnèrent le parti socialiste au pouvoir, et António Guterres démissionna en décembre. Dans ce contexte, l'organisation de la coupe Euro 2004 de football apparaît comme un élément moteur, avec les travaux d'infrastructure (construction de stades, d'autoroutes et d'aéroports) qu'elle suppose.

LES PORTUGAIS

L'imagerie populaire tend à prêter à chaque nationalité un caractère réducteur : l'Italien serait volubile et empressé auprès des femmes, l'Espagnol fier et jaloux, le Français paillard et indiscipliné, l'Anglais flegmatique et distant... Dans cette galerie des portraits simplistes, le Portugais a également sa place : il serait travailleur et mélancolique, patient et animé d'un bon naturel bien que miné par un sentiment nostalgique que l'on nomme *saudade*. Lorsque le Portugais en exil pense à son pays, aux terres et aux amis qui lui manquent, il souffre de *saudade* ; lorsqu'il pense à ses espoirs déçus, il a la *saudade* ; lorsqu'il évoque les fêtes de sa jeunesse, il a le sentiment d'un temps révolu et il a la *saudade*. La *saudade* n'est rien d'autre qu'un équivalent du *blues* américain : tous deux ont inspiré des musiques et des textes propres à ces cultures.

Cependant, cette musique n'est qu'un versant de l'âme portugaise. En effet, la plupart des nombreuses fêtes populaires sont liées à la religion (même si le Nord est plus pratiquant que le Sud, la fête religieuse reste un rite très goûté et la ferveur, quelle que soit sa nature, alimente ces festivités !). La joie est liée à la tristesse dans la pratique religieuse portugaise (contrairement à celle de l'Espagne, beaucoup plus grave et austère). Une belle fête médiévale a lieu à Porto à la fin du mois de juin.

Les Portugais sont attentifs aux autres, et en particulier aux visiteurs qui se rendent dans leur pays. Le Portugal est resté longtemps à l'écart des grandes destinations touristiques, et ses habitants sont fiers de pouvoir faire découvrir aux étrangers les contrées qu'ils aiment. Jamais on ne refuse aux visiteurs de leur rendre service, de les aider dans leurs démarches ou de les dépanner. A une seule condition cependant : ne pas être pressé. Les Portugais ont « la vie devant eux » et il ne faut

Pages précédentes : paysan du haut Minho ; jeunes Portugais à Grandola ; paysage de Monsaraz ; les spectateurs d'un match de football. A gauche, danseur traditionnel du Douro ; à droite, couple d'Aldeia Solveira.

surtout pas s'indigner d'un rendez-vous non respecté.

Dans les années 1930, le célèbre écrivain Fernando Pessoa jugeait sans concession ses concitoyens et n'hésitait pas à dénoncer leur « provincialisme » : une attitude de fermeture à l'égard des progrès techniques, de la vie citadine, des nouvelles modes, de tout ce qui pouvait paraître « moderne » et « civilisé ».

Le souci de l'indépendance

Un écrivain français du début du XXe siècle, Paul Descamps, expliquait les traits

de caractère de ce peuple par l'éducation que les enfants recevaient. Il faisait remarquer par exemple que le Portugal est une société matriarcale. Dominés par la figure de la mère, les Portugais apprennent dès leur petite enfance à connaître la cajolerie plutôt que la baguette, et à être patients plutôt qu'acharnés. Ils n'ont de la discipline que de vagues notions et prennent leurs aises avec les contraintes horaires ; en revanche, ils deviennent rapidement indépendants et, parce qu'ils ont été largement choyés et se font souvent une haute idée d'eux-mêmes.

Ceci reste une opinion personnelle, mais il suffit de considérer les autres pays latins pour constater les nombreuses conséquences du matriarcat !

En marge du temps

Lorsqu'on s'aventure dans les endroits les plus reculés du Trás-os-Montes, on a du mal à se défaire de la sensation d'avoir fait un saut dans le passé.

De nombreux us et coutumes, disparus dans bien d'autres pays d'Europe, survivent dans plusieurs régions du Portugal. Même le paysage a gardé ses moulins à vent perchés sur des tertres verdoyants, ses routes pavées — dont l'origine remonte à

l'empire romain —, ses charrettes tirées par des chevaux ou des ânes, parfois encore équipées de roues en bois façonnées à la main.

Les paysans de ces villages affichent une grande méfiance à l'égard de Lisbonne et de tout ce que la capitale représente dans leur esprit : le tumulte politique, les impôts, la surveillance policière, la bureaucratie, l'éducation, etc. Aussi cherchent-ils à sauvegarder leur indépendance en maintenant une économie d'autosuffisance qui cadre mal avec la politique agricole européenne. D'ailleurs, une grande majorité de Portugais se moquent éperdument de l'entrée de leur pays dans la Communauté européen-

ne, de l'inflation, ou du déficit de la balance commerciale !

Les Portugais cultivent pourtant un fort sentiment patriotique qui se décline jusqu'à l'esprit de clocher. Ils éprouvent par exemple une grande fierté à appartenir à telle ou telle région. Les villages ont souvent leur petit musée, leur monument historique dont les habitants sont fiers et qu'ils font visiter avec beaucoup d'enthousiasme.

Les inégalités sociales restent importantes. Pourtant les Portugais, les hommes en tout cas, sont très attachés à ce que l'on pourrait appeler l'« égalité morale », et

veulent être considérés dignement quel que soit l'état de leurs richesses.

Méfiance politique

Les femmes ont un statut bien à part dans la société. Les idées féministes, répandues dans la plupart des pays industrialisés au cours des années 60, commencent à peine à se faire entendre au Portugal. En 1972, un recueil de poèmes et de récits féministes, *Nouvelles Lettres portugaises*, fut interdit.

Les traditions familiales restent prépondérantes par rapport aux dispositions de la loi. Aux yeux des Portugais, le monde politique est des plus suspects et les événements récents ne peuvent que les conforter dans ce sentiment. Depuis 1974, les gouvernements se sont succédé à la tête du pays à une cadence accélérée, crise politique après crise politique. Les hommes politiques seraient coupables de tous les maux, et en particulier celui de servir leurs intérêts personnels.

Les Portugais ont vécu de longues années dans l'illusion, entretenue sous le gouvernement de Salazar, d'une grandeur nationale toujours vivante, bien que fondée uniquement sur le passé : celle des grands explorateurs, des colons prestigieux

sation, mais le secteur public demeure écrasant. Le taux de chômage reste encore un problème préoccupant, particulièrement pour les jeunes qui arrivent sur le marché de l'emploi.

Le Portugal continue de vivre au rythme de ses émigrés qui travaillent dans les pays plus riches et envoient une partie de leur salaire au pays.

En 1985, l'agriculture représentait 31 % de la main-d'œuvre, l'industrie 35 %. Les ports de la côte atlantique, Lisbonne et Porto en particulier, sont les principaux centres d'activité du pays. La pêche est toujours une activité importante, comme

et d'un empire portugais à l'échelle du monde. Ils commencent à peine à chercher des solutions à l'intérieur de leurs frontières, en engageant leur économie dans la voie du développement.

L'économie portugaise

A partir de 1974, la quasi-totalité du secteur industriel est passée aux mains de l'État. La tendance actuelle est à la privati-

A gauche, rencontre de générations et échange des dernières nouvelles ; ci-dessus, jour de la remise des diplômes à l'université de Coimbra.

elle l'était au cours des siècles passés. Les principales productions agricoles sont les olives, les pommes de terre et la vigne. Mais les arbres fournissent également des produits d'exportation, en particulier le liège.

Il existe un cas où les Portugais oublient leur bonhomie naturelle : au volant de leur voiture. Lorsqu'ils montent dans un véhicule, tout se passe comme s'ils étaient possédés et, sur des lacets montagneux ou sur la nationale qui relie Porto à Lisbonne, ils conduisent avec l'assurance d'être immortels. La nationale citée plus haut est l'une des routes les plus meurtrières d'Europe, et ce bien que le Portugal soit, selon les statistiques le pays d'Europe le moins bien équipé en automobiles. On compte seulement une voiture pour 6,5 habitants alors qu'il y en a 2,5 dans le reste de l'Union européenne et pratiquement une par personne aux États-Unis. Les gens circulent volontiers à vélomoteur.

Le Nord et le Sud

Aucun portrait des Portugais ne serait complet sans l'évocation des différences entre Nord et Sud. Les origines de ces deux communautés sont relativement diverses : dans le Nord, la souche hispa-

nique s'est mêlée à du sang celte ; dans le Sud (il faut entendre au sud de Lisbonne), les influences juive, maure et africaine sont nettement perceptibles. Les visages des uns et des autres portent les marques de ces métissages. Le Nord, traditionnellement conservateur, est un bastion du catholicisme portugais. Le Sud est plutôt progressiste et libéral. Cette division est confortée par un autre clivage : celui qui oppose le tempérament continental à celui de l'Atlantique ; d'où une grande variété de caractères et de visages.

Le métissage religieux ne pose plus les problèmes d'autrefois. Le Portugal est un pays en majorité catholique, qui compte cependant quelques communautés protestantes. Il existe aussi une communauté dite des *Marranos*, issus des juifs convertis durant les persécutions des XVe et XVIe siècles qui continuaient à pratiquer leurs rites religieux en secret. Les Portugais sont pratiquants et ils goûtent les manifestations de piété populaire : pèlerinages, processions, statuettes.

La famille

La vie de famille, structure essentielle de la vie en société, est bien préservée au Portugal. Dans le Nord, les familles sont particulièrement nombreuses. La scolarité a été améliorée ; elle est désormais obligatoire jusqu'à quatorze ans mais l'éducation secondaire ne suit pas. Le nombre de lycéens s'étant accru, entrer à l'université est devenu difficile car les places sont plus rares. Il faut désormais subir un examen d'entrée.

La situation habituelle, pour les jeunes célibataires, est de vivre auprès de leurs parents jusqu'à leur mariage, presque toujours célébré à l'église.

Le service militaire a été réduit à quatre mois et les femmes sont les bienvenues, autant dans la marine que dans les armées de terre et de l'air. Les uniformes des forces armées tendent à se faire rare (les effectifs seront réduits à vingt mille hommes en 1996).

Le vœu de Salazar était que chaque Portugais ait *« une petite maison blanche, un jardin ensoleillé avec son olivier et son oranger »*. Or, à l'instar d'autres pays pauvres, le principal confort du Portugal est la banalisation de la télévision. Il existe deux chaînes d'État ainsi que deux chaînes privées (sans compter celles qui sont accessibles par antenne parabolique).

En dehors d'une proportion de films et d'émissions d'information, il existe un grand nombre de feuilletons télévisés filmés en série, sans grand effort de décor ni invention de mise en scène sont importées du Brésil (sous-titrés en Portugais !), d'Angleterre et des États-Unis. A l'heure du feuilleton quotidien, les gens se pressent devant leur télévision.

A gauche, les enfants jouissent d'une grande liberté ; ci-contre, un jeune homme plein d'assurance à Braga.

RELIGION ET PIÉTÉ POPULAIRE

Au début du VIᵉ siècle, un jeune moine, Martin (520-580), s'installa à Braga. Cette ancienne capitale romaine était alors le centre politique et religieux des Suèves, tribu barbare acquise à l'arianisme, forme hérétique du christianisme qui nie que le Christ est à la fois Dieu et fils de Dieu. L'ambition de Martin, qui avait été moine en Palestine, évêque de Mondonède, et avait introduit le monachisme dans le nord-ouest de l'Espagne, était de convertir les Suèves au christianisme.

Saint Martin de Dume

Les parents de Martin étaient originaires de Pannonie (l'actuelle Hongrie), d'où venaient également les Suèves, ce qui lui facilita la tâche. Il connut une réussite rapide. Il fonda une abbaye à Dume, devint évêque de Braga et convertit en 559 le roi des Suèves, Théodomir.

Toutefois, Martin ne se contenta pas de ce succès. La population des environs pratiquait un catholicisme teinté de croyances païennes. Aux yeux de Martin, ce mélange était inacceptable : dans un sermon intitulé *De correctione rusticorum* («De la correction des paysans»), il demande que cessent les pratiques de sortilèges, de divination et d'augures, d'invocation au diable, le culte des morts, etc.

Mais saint Martin de Dume eut du mal à détourner la population de ses habitudes ancestrales. Tout au long des quatorze siècles qui suivirent, les héritiers de l'évêque de Braga durent poursuivre son combat. Au fil du temps, ces rites archaïques se sont intégrés à la piété populaire, notamment dans le Nord, région la plus pieuse.

Du reste, les tensions sont encore vives entre la hiérarchie catholique et les responsables de ces déviances. Les évêques portugais ont récemment frappé d'interdit

Pages précédentes: impressionnante procession aux flambeaux à Fátima. A gauche, célébration du Vendredi saint à Braga; à droite, la fête de saint Antoine à Lisbonne.

le père Miguel, prêtre d'une petite paroisse des montagnes du Nord à qui la population locale prêtait des dons de guérisseur. Il est vrai que ces manifestations originales de la ferveur religieuse sont une question délicate pour l'Église car elles expriment une foi forte et vivante, mais, dans leurs manifestations, peuvent paraître dériver vers la superstition.

Mais certaines relèvent de la superstition pure et simple. Lorsqu'un nouveau-né jouit d'une santé florissante, on dit que c'est qu'il a été conçu une nuit au cours de laquelle la lune était montante. Les phases de la lune sont censées exercer une puis-

sante influence sur la croissance des légumes, des animaux et même des hommes.

D'autre part, beaucoup de fontaines ont la réputation d'avoir des vertus curatives. On dit même que certaines cachent de belles princesses mauresques, gardiennes de fabuleux trésors.

La survie des enfants dans le ventre de leur mère ou dans les premiers jours de leur existence a donné lieu à de nombreuses coutumes. On ne sort pas de la maison un nouveau-né à certaines heures pour le protéger du «mauvais air»; une mère ne doit pas manger en même temps qu'elle donne la tétée...

Le baptême de minuit

L'un des rites les plus spectaculaires est le « baptême de minuit ». Lorsque la gestation d'un enfant est menacée, ou qu'une femme enceinte a déjà mis au monde un enfant mort-né, on procède à ce « baptême » étrange, sur un pont situé entre deux communes, un endroit aux vertus bénéfiques pour des raisons irrationnelles et ancestrales. Quand le moment est venu, le père de l'enfant et un ami montent la garde aux deux extrémités du pont, armés d'un bâton. Ils éloignent les chats et les chiens, formes favorites qu'empruntent

toutes les maisons, on pose les lèvres sur le crucifix dès qu'il franchit le pas de la porte. Ce rituel scelle la renaissance symbolique de la communauté, année après année.

A la Toussaint et le jour des Morts (les 1er et 2 novembre, mais le jour des Morts n'est pas une fête religieuse), tous les habitants se rendent au cimetière du village. Ils allument des dizaines de cierges, ils nettoient les pierres tombales et ils les décorent avec des bouquets de fleurs. Les amis, les voisins, viennent s'incliner sur les tombes de ceux qu'ils connaissent. De cette façon, la vie présente conserve des liens avec le passé.

le diable et les sorcières. La première personne qui passe près du pont après que le douzième coup de l'horloge a retenti se doit d'accomplir ces gestes : puiser de l'eau dans la rivière et en asperger le ventre de la future mère. L'enfant bénéficie ainsi d'une bénédiction prénatale. A sa naissance, le nouveau-né sera baptisé selon les règles classiques, à l'église, qui est le centre du village.

La plupart des habitants s'y rendent chaque dimanche pour y entendre la messe. Le dimanche de Pâques, on sort de l'église une croix qui symbolise la mort et la résurrection du Christ et on la présente dans chaque foyer de la paroisse. Dans

Les fêtes patronales

La fête patronale, la *festa*, sert à ressouder les liens de la communauté villageoise. Une fois par an, le saint patron local est célébré, en deux temps. C'est tout d'abord une fête religieuse, qui commence par une procession après la messe, l'effigie du saint étant portée en grande pompe à travers les rues du village ; mais le recueillement cède ensuite le pas à la danse, aux pétarades, à la musique et à l'ivresse.

L'attitude de la population envers les saints n'est pas différente de celle de l'Église, si ce n'est par les formes que prend sa ferveur. Les Portugais attachent une grande importance à l'influence que les saints peuvent exercer dans leur vie de tous les jours. Les corporations choisissent ainsi leur saint patron en fonction d'un épisode marquant de sa vie (saint Joseph est ainsi le patron des charpentiers) ou de la forme de son martyre (on invoque Lucie, qui eut les yeux arrachés, pour les maladies des yeux); de même, on invoque tel ou tel saint selon le mal corporel ou moral dont on souffre: saint Laurent, mort à petit feu sur un gril, pour les maux de dents, saint Blaise (Bláz), qui sauva un jeune homme qui avait avalé une arête de poisson, pour les maux de gorge...

nage de cire à l'effigie du miraculé. S'il s'agit d'une affaire sentimentale, l'ex-voto sera en forme de cœur, etc. En visitant les églises portugaises, on remarque ces effigies de cire accrochées sur les murs de la sacristie, voisinant avec d'autres ex-voto sous forme de photographies, de témoignages écrits, de robes de mariée ou de tresses de cheveux.

Les lieux de pèlerinage comme Bom Jesus et Sameiro, près de Braga, ou Senhor de Matosinhos, près de Porto, sont couverts de ce genre d'offrandes. A Fátima (pèlerinage le plus important du Portugal, et l'un des plus importants d'Europe), les

Certains fidèles ont une préférence pour tel ou tel saint qu'il connaissent bien et qu'ils invoquent depuis longtemps.

Les offrandes de cire

Lorsqu'un croyant s'adresse à saint Antoine afin qu'il intercède pour un proche ou un membre de sa famille, il s'engage souvent à lui faire un don en cas de guérison. Si la personne est exaucée, elle offre à saint Antoine un petit person-

A gauche, l'adoration de la croix, rite du dimanche de Pâques; ci-dessus, cimetière illuminé à la Toussaint.

effigies de cire s'accumulent à une telle vitesse que des fours spéciaux se chargent de les brûler au fur et à mesure. Il existe bien entendu d'autres sortes d'offrandes. On voit en guise d'ex-voto des bijoux, de l'argent, des fleurs, des objets liés à une guérison (béquilles, lunettes, fauteuil roulant...).

Mais beaucoup de fidèles préfèrent accomplir un sacrifice personnel. Depuis la fin des années 60, l'Église a eu tendance à s'opposer à ces pratiques. Si, le 13 août, on assiste au pèlerinage de São Bento da Porta Aberta, dans le superbe cadre montagneux de Gerêz, près du barrage de Caniçada, on voit des hommes et des femmes avancer péniblement à genoux autour de l'église. Une «piste» en ciment a d'ailleurs été spécialement aménagée pour atténuer leurs souffrances. Ce tableau est d'autant plus saisissant qu'il forme un contraste avec le reste de la foule, qui fête ce jour, boit, danse, mange et rit. Il ne faut pas oublier que les premiers font également partie de la fête et que c'est parce qu'ils ont été exaucés qu'ils sont à genoux.

Le pèlerinage de Fátima

Le pèlerinage de Fátima, près de la ville de Leiria, dans le centre du Portugal, est l'un

des plus importants d'Europe occidentale. Le 13 mai 1917, la Vierge apparut à trois enfants (l'un d'eux est encore en vie: une femme, qui est entrée dans l'ordre des Carmélites). L'apparition s'est ensuite répétée le 14 de chaque mois jusqu'en octobre: la Vierge aurait chaque fois laissé des messages allégoriques concernant la paix dans le monde et aussi la colère de Dieu. De nombreux témoins (soixante-dix mille) auraient assisté, le 13 octobre 1917, à une sorte de «danse du soleil» sur les lieux de l'apparition. Dans les années 30 et 40, Fátima est devenu le symbole de la renaissance du catholicisme. Entre mai et octobre, les routes autour de Leiria sont bordées de pèlerins qui viennent à pied, parfois de très loin, rendre hommage à la Vierge, qui a délivré des messages de paix et aussi des «secrets» dont le Saint-Siège est dépositaire.

Le culte des morts, auquel saint Martin de Dume avait essayé de s'attaquer au VIe siècle, est resté populaire au XXe siècle et il attire des foules de curieux. L'attitude de l'Église est d'une grande prudence à ce sujet: elle s'oppose au culte des morts mais, ne pouvant interdire ces manifestations, elle tente de les canaliser, comme celles de l'Infanta Santa à Arouca, du São Torcato près de Guimarães, du Santinha de Arcozelo près de Porto.

Dans la paroisse de Senhora da Aparecida à Lousada, par exemple, une procession étonnante précède le défilé officiel: la population porte une vingtaine de cercueils ouverts. Ils contiennent des hommes et des femmes, bien vivants, le visage couvert par un mouchoir blanc. Les cercueils sont en bois sombre et tapissés de satin; certains ont la taille des adultes, d'autres sont destinés à des enfants. C'est de cette façon que les participants remercient les saints de leur avoir permis d'échapper à une mort probable. En dépit de cette lugubre apparence, la fête bat son plein: on blague, on rit des « morts », et personne ne s'offusque de les voir sortir de leur cercueil pour aller boire un verre.

De petits autels disposés sur le bord des routes exposent une image ou une statue de la Vierge, du Christ ou d'un saint, avec au pied des lumignons qui symbolisent les âmes qui attendent au purgatoire. Ces autels protègent les voyageurs.

L'histoire du Portugal, comme celle de toute l'Europe offre de nombreux exemple de conflits entre la spontanéité de la foi populaire et les dogmes de l'Église. Ces deux sortes de ferveur ont exercé une nette influence sur les affaires politiques du pays, que ce soit lors des croisades, de l'Inquisition, de la constitution de l'empire colonial (souvent définie comme une croisade moderne) ou la neutralité du Portugal pendant la Seconde Guerre mondiale.

A gauche, ex-voto et chapelets offerts par les fidèles au saint, pour le remercier de son intercession; à droite, offrande de fleurs à la vierge, dans la cathédrale de Lamego.

VOYAGEURS D'HIER

Le Portugal a toujours suscité la curiosité sinon l'admiration des voyageurs qui le visitaient. Les Anglais qui occupèrent le pays ne furent pas les derniers. Les récits, les descriptions qu'ils firent de leur séjour ne manquent pas d'intérêt. Evelyn Waugh écrivit dans ses *Carnets de voyages*: *« Lisbonne a été une agréable surprise. Nulle autre capitale de l'Antiquité n'est aussi peu connue que cette ville. »*

L'auteur faisait écho à d'autres, avant lui, qui avaient eu ce même étonnement. En 1845, Dorothy Quillinan, fille du poète Wordsworth, écrivait: *« Je crois bien qu'il n'existe aucun autre pays d'Europe qui me soit aussi peu familier que le Portugal. »* Ainsi, chaque visiteur qui revenait du Portugal pensait avoir fait la découverte d'un pays exotique au sein d'une Europe qui semblait bien ne plus pouvoir receler de trésors secrets.

Les croisés

Les Grecs et les Romains qui posèrent le pied en Lusitanie ont laissé peu de récits de leurs voyages. Tout juste rapportèrent-ils que le soleil sifflait lorsqu'il disparaissait dans l'Atlantique. Au IIe et au Ier siècle avant notre ère, l'historien grec Polybe notait la présence d'énormes thons au large des côtes et le géographe Strabon indiquait que l'extrémité occidentale de l'Europe, le cap Saint-Vincent, avait la forme d'un navire. Au IVe siècle, le poète latin Avienus livra en vers dans *Ora Maritime* les impressions de son voyage le long des côtes de l'Ibérie.

En vérité, la première chronique détaillée date de l'époque des croisades. L'auteur en serait un prêtre anglais du nom d'Osbern. Avant d'arriver au Portugal, il avait un long voyage à accomplir jusqu'à la péninsule ibérique, trajet qui avait la réputation d'être difficile. Pour aller en Terre sainte, les croisés choisissaient souvent la route de Santiago afin de se rendre au pèlerinage de Saint-Jacques-de-Compostelle. Cette halte auprès des reliques du

Parmi les visiteurs du Portugal, les croisés, vus par l'imagerie de l'époque romantique.

saint était l'occasion de se reposer. Le voyage reprenait ensuite en direction du sud et les pèlerins abordaient la Méditerranée par le détroit de Gibraltar.

En 1147, une troupe de croisés, des Allemands, des Anglais et des Flamands, fit naufrage au large de Porto. Le nouveau roi du Portugal, Alphonse Ier Henriques, les convainquit de le suivre à Lisbonne pour s'emparer de la ville, qui était aux mains des Maures. Osbern chanta les louanges de Lisbonne et de la campagne environnante, luxuriante et fertile, couverte de vignes et de figuiers. Après un siège de dix-sept semaines, les chrétiens firent tomber les défenses de la cité. Plusieurs Anglais s'installèrent alors sur les rives du Tage. Le premier évêque de Lisbonne fut d'ailleurs un Anglais, Gilbert de Hastings. Sur la route des croisades, Lisbonne fut l'étape la plus célébrée.

Les Portugais, pour leur part, avaient une bien piètre opinion de ces croisés venus du nord. Ils n'étaient à leurs yeux qu'une bande d'ivrognes débraillés, plus intéressés par la piraterie que par la piété. Forts de leur grande taille et de leur aisance au combat, les Anglais n'en avaient cure et faisaient de leurs succès portugais un sujet de fierté.

Les Portugais eurent, plus tard, la possibilité de venger ce pénible souvenir. Entre son instauration, en 1536, et son démantèlement, au XVIIIe siècle, l'Inquisition se montra impitoyable envers de nombreux sujets anglais accusés d'hérésie. L'un des premiers fut l'humaniste écossais du XVIe siècle George Buchanan, qui était venu au Portugal en 1547 afin de se joindre aux érudits de l'université de Coimbra. Après la mort de son protecteur, André de Gouveia, Buchanan fut en butte à ses ennemis. Jeté en prison, il découvrit au bout de quelques mois qu'il était accusé d'avoir écrit des vers impies contre les franciscains, d'avoir mangé de la viande pendant le carême et de s'être montré critique envers les moines. Au bout d'un an et demi d'emprisonnement, il fut jugé par le tribunal de l'Inquisition et, afin d'éviter la chambre de torture, il accepta d'abjurer ses erreurs.

Alors que le siècle des Lumières voyait la raison triompher de l'obscurantisme dans de nombreux pays d'Europe, les feux des autodafés faisaient encore rage au

Portugal. En 1743, un commerçant britannique, John Coustos, fit escale à Lisbonne pour se rendre ensuite au Brésil où il voulait faire le commerce des diamants. Protestant et franc-maçon, il s'attira les foudres des inquisiteurs. Préférant la mort à l'abjuration, il fut torturé à neuf reprises... et il survécut !

Les premiers voyageurs

Au XVIIIe siècle, le Portugal ne recevait guère la visite des voyageurs en comparaison de la France ou de l'Italie. A cette époque, les récits de voyage sont donc peu

nombreux. Le romancier anglais Henry Fielding était venu au Portugal en 1754 dans l'espoir que la douceur du climat soignerait son hydropisie. Deux mois après son arrivée, il fut enterré à Lisbonne ; un an plus tard fut publié son *Journal d'un voyage à Lisbonne*, dans lequel on trouve cet unique commentaire sur la capitale : *« Lisbonne est la ville la plus repoussante du monde. »* Il faut sans doute mettre cette appréciation peu flatteuse sur le compte de sa santé vacillante. Curieusement, sa tombe, dans le cimetière anglais de Lisbonne, est devenue un véritable lieu de pèlerinage pour des générations de voyageurs.

On trouve en revanche de nombreuses descriptions élogieuses du Portugal dans les relations de voyages de Français du XIXe siècle ; par exemple Jules Leclerc et Olivier Merson. Ce dernier fait une description fraîche et presque naïve du Portugal à travers une série d'éblouissements sans réserve. On lit par exemple dans sa relation du printemps 1857 à propos du Minho : *« Le fleuve n'est pas large mais les eaux sont parfaitement belles, les bords riants et le paysage, égayé de maisons qui reluisent comme des diamants au soleil, offre de tous côtés des perspectives d'une variété admirable, d'une étendue extraordinaire. »* Il semble aussi avoir particulièrement apprécié les portugais eux-mêmes : *« Ce sont les fils d'hommes hardis et aventureux, braves et persévérants qui étonnèrent le monde par la grandeur de leurs entreprises. Ils appartiennent à une race exceptionnelle ; et les signes de cette origine illustre sont accusés si nettement que je crois avoir devant moi des vaillants compagnons de Gama, d'Almeida ou d'Albuquerque. »* Cette observation du Portugal est donc mêlée de prestigieux souvenirs historiques.

On retrouve cette idée chez Jules Leclerc : *« Lisbonne est une des plus vieilles villes du monde. On veut qu'elle ait été fondée par Ulysse, à qui elle devrait son nom. C'est aujourd'hui l'une des plus jolies villes de l'Europe : située sur les bords d'un fleuve magnifique, sous un ciel admirable, elle est vraiment la reine de la péninsule ibérique, comme Naples est la reine de l'Italie. Et cependant Lisbonne est peut-être, de toutes les grandes capitales, la moins visitée ; c'est un point d'escale pour les navires qui vont en Amérique du Sud : on y passe quelques heures, on ne s'y arrête guère. »* Le voyageur déplore encore le manque de visiteurs qui pourtant parcourent l'Europe avec de plus en plus de facilité. L'Espagne lui semble sinistre en comparaison du Portugal. Il estime également que le climat y est meilleur. Il est particulièrement ébloui, à Lisbonne, par la végétation qui, à ses dires, n'a rien à envier aux jardins de l'Espagne méridionale. Ainsi, le Portugal est un enchantement pour les voyageurs.

L'écrivain anglais William Beckford fut certainement le visiteur le plus attentif du Portugal au XVIIIe siècle. Il s'installa à

Sintra en 1787, où il reçut la protection du marquis de Marialva, qui était persuadé qu'il se convertirait facilement au catholicisme. Mais Beckford, son carnet de voyage nous l'apprend, n'était pas aussi préoccupé par le salut de son âme que par une éventuelle introduction à la cour de la reine Marie. L'ambassadeur anglais Walpole s'étant refusé à lui rendre ce service, le marquis de Marialva lui proposa un marché : sa conversion, en échange d'une présentation à la reine. Beckford refusa net ; lorsqu'il put enfin approcher la reine, en 1795, cette dernière avait depuis longtemps perdu la raison.

Les tribulations de Beckford sont restées célèbres, mais elles s'effacent devant les commentaires de l'auteur sur le Portugal. Avec beaucoup de sensibilité, il sut rendre compte de l'art portugais de l'époque, de la musique, de l'architecture, de la peinture, comme de la société portugaise qu'il était en mesure d'observer. Le Portugal qu'il fait vivre dans ses écrits, ligne après ligne, est une fête pour les sens. La sensualité dépeinte était autant celle des corps, comme en témoignait la chanson érotique intitulée *La Modinha*, que celle de la nature dont il célébrait l'extraordinaire luxuriance. Ainsi, les commentaires de tous les visiteurs du Portugal s'accordent au moins sur un point : sa beauté.

Le Portugal imaginaire

Avant de contester cette vision admirative du Portugal, il serait intéressant d'ouvrir une parenthèse sur le point de vue d'un homme qui n'y est point allé. En effet, deux attitudes opposées face au Portugal eurent cours au XVIIIe siècle : celle des intellectuels et celle des voyageurs. Voltaire est sans doute le représentant le plus célèbre de la première catégorie puisque tout le monde connaît les pages de *Candide* dans lesquelles il évoque le Portugal. L'auteur commence par un tableau saisissant du tremblement de terre de Lisbonne : « *A peine ont-ils mis le pied dans la ville [...] qu'ils sentent la terre trembler sous leurs pas, la mer s'élève en*

A gauche, portrait de George Buchanan ; à droite, Henry Fielding, auteur de « Tom Jones » et détracteur de Lisbonne.

bouillonnant dans le port, et brise les vaisseaux qui sont à l'ancre. Des tourbillons de flammes et de cendres couvrent les rues et les places publiques ; les maisons s'écroulent, les toits sont renversés sur les fondements, et les fondements se dispersent ; trente mille habitants de tout âge et de tout sexe sont écrasés sous des ruines. »

Le chapitre suivant est un pamphlet contre l'Inquisition : « *Après le tremblement de terre qui avait détruit les trois quarts de Lisbonne, les sages du pays n'avaient pas trouvé un moyen plus efficace pour prévenir une ruine totale que de donner au peuple un bel autodafé ; il était*

décidé par l'université de Coïmbre que le spectacle de quelques personnes brûlées à petit feu, en grande cérémonie, est un secret infaillible pour empêcher la terre de trembler. » Voltaire n'est jamais allé au Portugal, et il n'est pas une ligne de ces chapitres qui soit animée d'un souci de vérité historique ; il s'agit uniquement d'adapter à un pays plus ou moins lointain des idées préconçues sur les effets nocifs de la superstition. La France cultivée se fit par ses mots une image très négative du Portugal, pays au demeurant très religieux.

Mais il n'y eut pas que des voyageurs admiratifs et des intellectuels méprisants à l'égard de ce pays.

L'avis de Byron

Après ces opinions si différentes du voyageur et de l'intellectuel, il faut noter celui d'un éminent voyageur qui eut un regard très critique sur ce pays. Il faut opposer à l'avis élogieux de voyageurs tels que Beckford, celui d'autres visiteurs prestigieux. Le poète anglais George Gordon, lord Byron (1788-1824), s'était probablement rendu au Portugal sur les traces de Beckford, auquel il rendait volontiers hommage. Pourtant, les deux récits qu'il a laissé sur le Portugal ont été écrits au vitriol. Ces diatribes contre les Portugais

à « *l'exotique nature de ce pays chaud* » : la beauté des orangeraies, la fertilité des champs et les délices du *farniente* ; de l'autre, des critiques virulentes sur l'inconfort des auberges, la saleté qui régnait à Lisbonne, la superstition et la corruption des prêtres. Toute cette littérature n'est d'ailleurs pas propre au Portugal ; on trouve des réflexions similaires sur l'Espagne, l'Italie ou le sud de la France chez des auteurs contemporains.

On peut donner des raisons historiques au ressentiment des Britanniques à l'égard des Portugais. Ces derniers furent aidés par les Anglais pour repousser les armées

n'ont pas manqué d'influer sur les lettrés anglais depuis la date de leur publication, en 1812. Pourquoi Byron fit-il montre, durant son séjour, d'une telle animosité ? Les critiques du poète semblent devoir être mises sur le compte des différences profondes qui existent entre la mentalité et la culture des Anglo-Saxons et celles des peuples du Sud. L'opinion de Byron peut se résumer par cette formule : le Portugal est une terre admirable peuplée de véritables bêtes.

Vingt-cinq ans plus tôt, un autre poète, Robert Southey, avait déjà fait part d'un sentiment mitigé. Il exprimait d'un côté, une attirance pour tout ce qui appartenait

napoléoniennes et, loin de leur manifester la moindre reconnaissance, ils firent plutôt preuve d'animosité à l'égard de ces « alliés ». Plus tard, lors du congrès de Sintra, Junot signa la « capitulation de Sintra » décidant du retrait des troupes françaises, avec cependant un important butin de guerre comprenant des trésors portugais. Les Britanniques virent ainsi les récompenses de la victoire leur échapper. La somme de ces déceptions explique-t-elle l'amertume des commentateurs et des visiteurs, fussent-ils poètes ? Ce sentiment

Ci-dessus, combat entre croisés et Sarrazins d'après une enluminure de l'époque.

d'amertume n'est pas exceptionnel. George Borrow, qui se trouvait en 1835 au Portugal, exprima son indignation devant l'ingratitude des Portugais: *« Je ne pus plus me contenir lorsque j'entendis mon pays traité d'une manière aussi injuste. Et par qui ? Un Portugais ! Né dans un pays libéré deux fois par les Anglais. »* Et d'ajouter un peu plus loin que les Anglais, *« qui n'ont jamais été en guerre contre le Portugal, qui se sont battus sur terre et sur mer pour son indépendance, toujours avec succès, qui ont été forcés par des traités de commerce à boire des vins repoussants... sont les visiteurs les plus impopulaires du Portugal. »* Borrow, par ailleurs, était un voyageur des plus originaux et ses remarques ne manquaient ni d'aplomb ni de sel. Il était persuadé qu'après deux semaines passées dans ce pays il parlerait la langue aussi bien qu'un Portugais. Ses conseils prodigués aux novices méritent que l'on s'y attarde: *« Ceux qui désirent se faire comprendre par un étranger dans sa propre langue, doivent parler avec force bruits et vociférations, la bouche grande ouverte. »* Les récits de Borrow, moins célèbres que les stances hostiles de Byron, sont des plus évocateurs ; cet observateur n'avait pas son pareil pour épingler les excentricités, et il faisait preuve d'un grand enthousiasme pour évoquer les beautés du Portugal, qu'il comparait avantageusement à celles de pays plus connus. *« Lisbonne*, écrivit-il, *mérite autant l'attention des artistes que la grande Rome. »* Sintra offre *« un tableau où se mêlent admirablement la grandeur d'une nature sauvage, une élégance artificielle, des dômes, des tourelles, de gigantesques arbres, des fleurs et des chutes d'eau, avec pour résultat une beauté merveilleuse comme on n'en trouve nulle part ailleurs dans le monde. »*

Les attaques virulentes de Byron devaient par la suite susciter des réactions contraires d'égale valeur, ou en tout cas plus enthousiastes, et faire ainsi apparaître quelques témoignages favorables.

Le Danois Hans Christian Andersen, dans son ouvrage *Une visite au Portugal* (1866), tenta d'imposer ses opinions enthousiastes, mais n'eut qu'une audience limitée. Dans cette seconde moitié du XIXᵉ siècle, le Portugal restait plus que jamais dans l'ombre des grandes destinations touristiques.

Les Américains auraient pu apporter un regard neuf à ce pays, mais ils ne virent au Portugal qu'une terre archaïque, absolument dénuée d'intérêt.

Mark Twain se rendit aux Açores ; ses comptes rendus sont un bel exemple d'étroitesse d'esprit. A ses yeux, aucun des pays qu'il visita ne pouvait soutenir la comparaison avec les États-Unis. La langue même lui était insupportable, et toute expérience « prouvait » que les Portugais étaient ignorants et attardés.

Un pays fidèle à lui-même

Pour les voyageurs du XXᵉ siècle, quelque peu désenchantés par ce fabuleux progrès économique et technique dont Mark Twain faisait l'apologie avec une belle assurance, le Portugal est en tout cas un espace protégé. Les récits de voyageurs de ce siècle n'ont pas manqué de le souligner et d'en apprécier les avantages.

On peut citer le témoignage de l'écrivain irlandais Leonard Wibberly, qui remarquait lui aussi le retard des transformations économiques au Portugal, mais en approuvait la sagesse. Plus proches de nous, il ne faut pas oublier les témoignages de Jacques Chardonne, de Suzanne Chantal, de Michel Déon, auteur de *Portugal que j'aime*, de Paul Morand, qui écrivit *Le Prisonnier de Sintra*, et de Kessel avec *Les Amants du Tage*.

Les Portugais connaissent bien la France et les Français pour deux raisons : la culture française est depuis longtemps étudiée dans les universités portugaises, et l'émigration massive des Portugais dans les années 60 a contribué à faire connaître la France. Mais l'inverse est beaucoup moins vrai.

Les visiteurs apprécieront de pouvoir parcourir un pays qui s'engage à peine dans la voie de la modernisation. Il ne faut cependant pas oublier que les Portugais paient fort cher ce caractère pittoresque, et que dans les endroits les plus pauvres du pays on mange à peine à sa faim... Les récits romantiques ont leurs limites. Mais une chose est sûre, la nostalgie du passé est satisfaite.

C'est en tout cas ce que dit cette phrase de Wibberly : *« Il y avait cette lamentation que Vasco de Gama, s'il revenait, reconnaîtrait. »*

LA CUISINE PORTUGAISE

Un bon repas au Portugal, c'est l'évocation d'autres pays, d'autres cuisines, celles du Brésil, de l'Angola, du Mozambique, de Goa, de tous les territoires qui ont un jour appartenu au Portugal. L'empire portugais a disparu depuis longtemps. Il ne reste plus au Portugal que Macao, les Açores et Madère, mais les Portugais ont su retenir les parfums les plus doux et les goûts les plus intéressants. Les navigateurs du

nante pour la cuisine portugaise. Vasco de Gama recherchait le poivre gris, et la cannelle, qu'il trouva également à Calicut, est rapidement devenue un ingrédient précieux pour la cuisine. Ainsi, un seul chargement d'écorce de cannelle rapporta assez d'argent pour permettre le financement d'une expédition vers les Indes. De nos jours, la cannelle est peut-être l'épice préférée des Portugais, qui la mettent dans leurs pâtisseries (les *doces de ovos*) à la fois pour son goût et pour la décoration. Alors que leurs voisins, les Espagnols, préfèrent la vanille, toujours pour des raisons historiques : au Mexique, ils apprirent à

xve siècle ne se bornèrent pas à rapporter de leurs voyages des richesses ou des récits extraordinaires : ils importèrent des fruits et des plantes exotiques. En 1420, Henri le Navigateur finança une expédition pour coloniser Madère, découverte deux ans plus tôt, et y fit transporter des plantes susceptibles de bénéficier du sol et du climat de l'île : vignes de Crète et canne à sucre de Sicile, qui sont aujourd'hui les principales richesses de l'île.

La découverte par Vasco de Gama de la route maritime vers l'Orient, en 1497-1498, cinq ans après la tentative infructueuse de Christophe Colomb et son arrivée accidentelle aux Antilles, fut encore plus détermi-

boire le chocolat chaud parfumé à la vanille et à récolter les gousses de l'orchidée sauvage. C'est sûrement pour cette raison que le chocolat est beaucoup plus apprécié en Espagne qu'au Portugal.

La passion des Portugais pour la poudre de curry (autre découverte des voyages de Vasco de Gama) est sans doute moins connue à l'étranger mais elle est tout aussi forte. A l'origine, seuls les hauts personnages du royaume et les riches commerçants pouvaient s'offrir cette précieuse poudre jaune qui relevait les plats les plus fades et permettait de conserver plus longtemps les aliments. Aujourd'hui, on trouve les paquets de curry dans toutes les épiceries. A noter que c'est aux Açores et à Madère qu'il faut aller pour trouver les plats les plus épicés. Ces îles étaient des escales pour les marins lusitaniens. Ils y échangeaient des épices contre des fruits frais, des légumes et de la viande (sans oublier l'alcool, bien sûr).

La nouvelle cuisine de l'Ancien Monde

A l'âge d'or de l'empire portugais, les navigateurs se transformèrent en commerçants, rapportant du Nouveau Monde des produits inconnus (et inversement). La canne à sucre méditerranéenne a été plan-

devenu si apprécié qu'on le connais désormais sous son nom africain : *piri-piri*. Avec l'arrivée massive de réfugiés d'Angola à Lisbonne, après l'indépendance de cette colonie, la sauce de *piri-piri* (mélange d'huile, de vinaigre et de piments hachés) est devenue un condiment aussi répandu sur les tables portugaises que le sel et le poivre.

D'autres plantes ont voyagé grâce aux Portugais : le café africain, transplanté au Brésil, qui produit aujourd'hui la moitié du café que l'on consomme dans le monde ; l'anacardier, qui produit la noix de cajou, est parti du Brésil pour l'Afrique et l'Inde ;

tée au Brésil et les ananas du Brésil furent introduits aux Açores. On les y cultive toujours dans des serres et ces gros fruits sucrés au cœur ligneux sont servis avec des noix de cajou et du jambon à l'apéritif dans les restaurants à la mode de Lisbonne.

Un petit piment brésilien très fort, le *chili*, a pris racine en Angola, où il est

Pages précédentes : café à Cascais ; restaurant élégant à la Pousada Nossa Senhora de Oliveira, à Guimarães. A gauche, beignets et repas pris dans les rues de l'Alfama, à Lisbonne, à l'occasion d'une fête ; ci-dessus, « carne de porco a alentejana ».

le thé d'Orient, dont les plants sont arrivés aux Açores. Les tomates et les pommes de terre du Nouveau Monde arrivèrent pratiquement en même temps au Portugal et en Espagne, au XVIe siècle. Les cuisiniers portugais, à la différence des Espagnols, ajoutent volontiers quelques gousses d'ail ou encore un morceau de cannelle à la préparation des soupes et des ragoûts.

On ne trouvera certainement pas d'amateurs de pommes de terre plus fervents que les Portugais. Mais il ne faut surtout pas oublier les tomates, récoltées dans l'Alentejo, plus juteuses, plus rouges et plus parfumées que n'importe où dans le monde. Ce n'est pas pour rien que l'expression « à la Portugaise », si fréquente sur nos menus, désigne une sauce tomate. L'ail et l'oignon, autres éléments de base indispensables à tout plat portugais qui se respecte, ont probablement été introduits par les Romains, auxquels les Portugais doivent également le blé, les olives et le raisin. La production de vin au Portugal remonte au IIᵉ siècle apr. J.-C.

L'influence mauresque

Les Maures, qui occupèrent une grande partie du territoire, entre le début du VIIIᵉ et le milieu du XIIIᵉ siècle, apportèrent

luxe de détails étonnant. Aujourd'hui encore, façonner et peindre la pâte d'amande est un art qui demande des années d'apprentissage.

Les Portugais doivent aussi aux Maures l'introduction de la figue et de l'abricot en Algarve, avec la technique de séchage de ces fruits. Ils ont aussi planté des citronniers, des orangers, et appris aux Portugais à mélanger les fruits au poisson et à la viande.

Enfin, les Arabes sont les inventeurs de la *cataplana*, ancêtre de la cocotte minute, qui permettait de cuire à la vapeur toutes sortes d'aliments. Les mollusques, les pois-

encore plus de nouveautés, principalement dans les provinces du Sud, l'Algarve et l'Alentejo, qui étaient dans leur mouvance. On voit d'ailleurs toujours les nombreuses influences de l'Afrique du Nord, que ce soit dans l'habitat, la décoration ou la forme des barques de pêche traditionnelles.

Les Arabes ont introduit de nouvelles techniques d'irrigation avec la roue à eau ou noria, planté le riz et couvert les plaines de champs d'amandiers. Les amandes de l'Algarve servaient à confectionner une pâte douce et sucrée avec laquelle on réalisait de petites sculptures représentant des fruits, des oiseaux et des fleurs, avec un

sons, les viandes, les légumes, cuits de cette façon, avaient si bon goût que la technique se répandit rapidement dans le pays. Le plus célèbre des plats est sans aucun doute *l'amêijoas na cataplana* qui mélange des saucisses, des palourdes, et du jambon cuit dans une sauce tomate à l'ail.

Les exemples de ce genre de plats ne manquent pas. Personne d'autre qu'un cuisinier portugais n'aurait osé faire le *folar*, plat avec de la pâte à pain mélangée à des morceaux de poulet, de saucisse et de deux

« Bacalhau à gomes de sà », l'une des trois cent soixante-cinq recettes de morue qui permettent aux Portugais de ne jamais s'en lasser.

MORUE FAÇON « GOMES DE SA »

(pour 6 personnes)

1 kg de morue
4 œufs
6 pommes de terre
3 oignons
3 gousses d'ail
Olives noires
Persil

Faire dessaler puis bouillir la morue avec les pommes de terre et les œufs. Après la cuisson, les couper en petits morceaux.
Dans une poêle verser de l'huile d'olive, assez pour couvrir le fond. Y mettre les oignons coupés en rondelles ainsi que l'ail. Laisser dorer. Ajouter la morue, les pommes de terre et mélanger.
Placer ensuite le plat au four tout juste le temps de le faire dorer.
Servir dans un grand plat, rajouter les olives et décorer de persil haché. Poivrer généreusement.

PORC FAÇON « BEIRA »

(pour 6 personnes)

2 kg de longe de porc
3 gousses d'ail
Le jus de 3 oranges
1 cuiller à soupe de vinaigre
Sel, poivre
1 verre de vin blanc
3 tomates
1 cuiller à soupe de saindoux

Frotter la viande avec le sel et l'ail.
Versez dessus le vin, le jus des 3 oranges et le vinaigre.
Dans un plat allant au four, étaler le saindoux et y déposer la viande. Arroser avec la marinade.
Couvrir la viande avec les tomates en rondelles.
Après la cuisson, passer la sauce obtenue à base de tomates au mixeur et la verser sur la viande.
Servir la viande en tranches et accompagner de pommes de terre cuites à l'eau.

sortes de jambons (recette classique du Trás-os-Montes). Qui encore aurait songé à plonger le pain perdu dans l'eau de cuisson des crevettes, pour réaliser l'*açorda de mariscos*? Où fait-on cuire à la braise un canard avec du riz et du bacon, sinon dans la Serra da Estrêla? Quel pays fait cuire à l'étouffée le mulet rouge avec des oranges amères ou bien mélange des morceaux de morue salée avec des œufs et des pommes de terre finement coupées?

Le pays de la morue

La morue séchée ou salée, appelée *bacalhau* (prononcer « beucaliao ») est une invention typiquement portugaise. La pêche à la morue est toujours une activité de premier plan dans le pays: les hommes prennent la mer au printemps et ne reviennent pas avant l'automne. Dès le XVIe siècle, les marins portugais apprirent à saler la morue en pleine mer pour lui faire supporter les longs trajets et à la sécher sur des plaques pour la conserver pendant des mois. Il n'y avait plus ensuite qu'à la retremper dans l'eau pour la faire cuire.

On voit encore quelques morues séchées au soleil sur la plage de Nazaré. Les eaux de Terre-Neuve ont été tellement écumées que les Portugais sont maintenant obligés d'importer la morue de Norvège pour répondre à la demande nationale. Ce qui a fait augmenter les prix de la marchandise à tel point que les familles pauvres ne peuvent plu s'en nourrir comme elles le faisaient autrefois.

On dit que les Portugais ont leurs rêves pour vivre et la morue pour survivre. Ce n'est peut-être pas exagéré quand on sait qu'ils prétendent avoir trois cent soixante-cinq façons différentes de la préparer, soit une par jour de l'année. Les meilleures recettes sont le *bacalhau a gomes de sá* (morue cuite à la poêle avec des petits morceaux de pommes de terre, des oignons émincés, des œufs durs et des olives noires), le *bacalhau a bras* et le *bacalhau dourado* (recettes très voisines à base d'œufs brouillés, d'oignons et de pommes de terre), le *bacalhau a conde de guarda* (à la crème avec de la purée de pommes de terre) et les *bolinhos de bacalhau* (boulettes de morue, hors-d'œuvre très répandu). Toutes ces recettes, nées dans les chaumières les plus démunies du Portugal, figurent aujourd'hui sur la carte des plus grands restaurants du pays.

Si la morue est reine, la sardine est sa demoiselle d'honneur. Les barques colorées de Nazaré partent capturer dans leurs filets ce poisson très prisé. Les sardines portugaises ont la réputation d'être les plus grosses et les plus savoureuses du monde. Les femmes les font griller dans les rues des villages et des villes sur des braseros en terre cuite, à la « saison », le printemps, l'été et le début de l'automne, car chacun sait ici qu'entre novembre et avril elles sont trop maigres.

Le porc

Pour ce qui est de la viande, le porc est celle que les Portugais préfèrent. Les jambons (*presunto*) et les saucisses (*salsicha*) sont aussi recherchés (les meilleurs viennent de Chaves). Rien d'étonnant que la charcuterie figure en bonne place dans la composition des soupes et des ragoûts.

Les cuisiniers n'hésitent pas à rouler les truites fraîchement pêchées dans des tranches de jambon puis à les passer à la poêle très chaude de façon à donner au jambon une consistance croquante.

Le plat à base de porc le plus réputé du Portugal vient de l'Alentejo, où ces animaux sont élevés avec grand soin. Il s'agit du *porco a alentejana* : des cubes de viande sont mis à mariner dans une sauce à base de poivre rouge, d'ail et d'huile d'olive, avant d'être cuits à l'étouffée avec de petites palourdes et de la coriandre. Au fur et à mesure que la cuisson avance, les coques des palourdes s'ouvrent et rendent leur jus, dans lequel la viande mijote doucement.

La fabrication des saucisses est un art de l'Alentejo autant que du Trás-os-Montes, et les *chouriços*, *linguiças*, *farinheiras* (saucisses fortes mélangées avec des céréales), ou les *paios*, épaisses et fumées, ont une saveur incomparable. Tous les morceaux du porc sont utilisés, les oreilles, la queue, le groin, les pieds... A l'époque du carnaval, le plat principal du banquet du mardi gras est le *pezinhos de porco de coentrada*, des pieds de porc braisés avec des oignons, de l'ail et de la coriandre fraîche.

Dans la Beira Litoral, et notamment dans la petite ville de Mealhada, à 20 km au nord de Coimbra, les restaurants proposent une spécialité de cochon de lait, le *leitão asado*. Les porcelets sont recouverts des pieds à la tête d'un mélange d'herbes et d'huile, puis ils sont mis à rôtir sur la braise jusqu'à ce que la peau soit dorée et craquante.

Le chou

Mais le plat national du Portugal n'est ni à base de morue salée ni à base de porc. L'élément principal en est le chou vert, variété aux feuilles tendres (*couve gallego*). Ce plat, le *caldo verde*, est une potée alliant des pommes de terre, des oignons, de l'ail, des morceaux de chou vert et de l'huile d'olive. Il est souvent enrichi de tranches de *chouriço* ou de *linguiça*.

L'huile d'olive portugaise, l'*azeite*, est richement parfumée mais ses détracteurs la trouvent grossière, trop forte. Ce goût particulier vient des méthodes de récolte. Les olives, gaulées de leurs branches en décembre, sont laissées sur le sol pendant une semaine environ, de manière à ce qu'elles mûrissent convenablement. Elles sont ensuite ramassées et pressées à l'eau chaude, ce qui contribue encore à accentuer la richesse de leur goût.

Chaque province a désormais son propre *caldo verde* et l'on est à peu près sûr d'en trouver dans chaque demeure. Le *caldo verde* est un plat si habituel que l'on en trouve déjà coupé et prêt à faire cuire au marché de Ribeira, à Lisbonne. A la campagne, les femmes le cultivent et, dans les cas où elles l'achètent au marché, elles le transportent sur leur tête, parfois jusqu'à huit à la fois. Le visiteur sera étonné de la variété et du nombre de choses que les femmes peuvent porter.

Les soupes

On a souvent dit de la cuisine portugaise que c'était une cuisine de pêcheurs et de

ner sur une plage déserte, à la morte-saison par exemple, est de tomber sur un groupe de pêcheurs en train de faire cuire la soupe : ils insisteront toujours pour la partager avec vous.

Les soupes et les ragoûts de paysans varient aussi d'un jour à l'autre, car on n'y met que ce dont on dispose : une cuisse de poulet qui reste de la veille, quelques fèves du déjeuner, une poignée de carottes, plusieurs mesures de riz, du pain sec, de la menthe fraîche ou de la coriandre.

Après le *caldo verde*, la soupe la plus répandue du Portugal est sans doute l'*açorda a alentejana*, préparation à base

paysans. C'est encore plus évident lorsqu'il s'agit des soupes et des ragoûts.

Les pêcheurs font cuire des soupières de poisson, les *caldeiradas*, sur les plages de Sesimbra, Nazaré, Albufeira et Sagres. Ils font bouillir de l'eau, ajoutent des tomates, des oignons, de l'ail, puis les poissons passés à l'huile ; si la pêche a été bonne, ils mettent également du calamar ou de la pieuvre. Les *caldeiradas* ne se ressemblent jamais, puisque leur composition dépend des prises du jour. L'un des plus grands plaisirs que l'on peut trouver à se prome-

A gauche, le marché de Ribeira à Lisbonne; ci-dessus, le marché aux poissons de Setúbal.

de pain, de coriandre, d'œufs, avec beaucoup d'ail.

Les soupes et les ragoûts de toutes les provinces, qu'ils soient faits avec des haricots et des épinards (un classique de l'Alentejo), avec des tomates et des œufs (spécialité de Madère), du potiron et des oignons (dans le Trás-os-Montes), des haricots blancs et des saucisses (la recette des *feijoadas*), sont toujours simples et nourrissants. Et ils font plaisir car ce sont toujours des plats préparés avec beaucoup de goût. Le seul complément nécessaire est un verre de vin et un bout de pain qui, d'ailleurs, est particulièrement savoureux dans ce pays.

Le pain

Les boulangers sont à l'honneur au Portugal. Peu de pays peuvent se vanter d'avoir un aussi bon pain. Sa fabrication est restée artisanale : de la farine de blé dur, de l'eau, du sel et du levain. La cuisson au feu de bois, dans des fours en brique ou en pierre, donne aux miches un parfum inimitable. Il existe bien entendu des pains de fantaisie, pour les fêtes : le *pão doce* de Pâques, ou la brioche de Noël, le *bolo rei*.

Chaque région a ses spécialités ; dans le Minho par exemple, au marché de Barcelos, sur le Campo da República, on

qu'à partir du lait des chèvres élevées sur les pentes de la Serra da Estrêla. A la meilleure saison du *serra*, l'hiver, il est aussi onctueux que le plus beau brie.

Les produits fromagers du Portugal ne se limitent pas au *serra*. D'autres méritent de figurer sur la liste des meilleurs fromages : le *serpa*, *qui vient* de la ville du même nom, dans l'Alentejo, demi-sec avec un goût de noisette ; on le conserve dans des caves et on l'enduit régulièrement d'huile d'olive au paprika. Le *beja* vient de Beja, comme son nom l'indique aussi ; l'*azeitão*, petit disque doré et crémeux qui se fabrique à Azeitão, sur la péninsule

peut acheter les *broas*. Ce marché est le plus grand du Portugal, et certainement le meilleur. Il se tient tous les jeudis sur une place ombragée, ce qui la rend très agréable, et il est divisé en quatre parties : les pains et les pâtisseries, les produits frais, le matériel de ferme, les outils de viticulture et enfin les objets artisanaux de la région.

Le fromage

On peut en trouver sur n'importe quel marché du pays. Le meilleur de tous est le *queijo da serra*, un fromage d'origine très contrôlée puisqu'il ne peut être fabriqué

d'Arrábida, sur l'autre rive du Tage, en face de Lisbonne.

Enfin, les *queijos frescos* sont des fromages frais que les Portugaises mangent saupoudrés de cannelle au lieu de céder à la terrible tentation des pâtisseries nationales dont les origines sont aussi lointaines et variées que celles des plats de résistance. Les desserts égalent en fantaisie les plats qu'ils accompagnent.

La pâtisserie

D'après les historiens, ce sont les Maures qui auraient introduit les gâteaux à l'œuf au Portugal, au cours des cinq cents ans de leur occupation. Les nonnes des XVIIe et XVIIIe siècles ont donné leurs lettres de noblesse à ces douceurs ; ce qui explique pourquoi elles portent des noms aussi curieux que « lard du paradis » (*toucinho do céu*), « ventre de nonne » (*barriga da freira*), ou « joues d'ange » (*papos de anjo*).

Mis à part des noms qui appartiennent au même registre, ces douzaines de pâtisseries différentes ont encore en commun l'usage illimité du jaune d'œuf et du sucre ! Certaines sont parfumées à la cannelle, d'autres au citron, à l'orange ou aux amandes. Toutes gardent au fil des ans leur forme traditionnelle : une botte de paille,

(*arroz doce*), quatre-quarts à l'orange ou au citron, tartelettes (*queijadas*) et meringues, le *pudim molotov*, l'une des rares pâtisseries à l'œuf pour lesquelles on se sert du blanc.

Ces délices sont irrésistibles. Cependant, leur goût fort sucré est particulier pour un palais qui n'y est pas habitué, surtout étant donné le fait qu'on n'hésite pas à accompagner ces lourds desserts d'un vin doux, d'un porto ou d'un madère ! L'excès de sucre pourra être atténué par un café, qu'en mémoire de leurs colonies peut-être, les Portugais consomment et apprécient beaucoup.

une meule de foin ou une petite anguille. Les Portugais aiment tellement le poisson qu'ils fabriquent pour les jours de fête des pâtisseries qui ont sa forme.

Au restaurant (le plus chic comme le plus simple), l'une des coutumes culinaires les plus agréables reste la présentation du chariot à pâtisserie, avec son lot de *doces de ovos* à la fin du repas. On a en général le choix entre cinq ou six desserts, tous à l'œuf : îles flottantes, flans décorés à la cannelle, portions individuelles de riz au lait

A gauche, un repas typique, populaire et généreux ; ci-dessus, fruits et légumes à profusion.

Les cafés

Ils sont une véritable institution nationale, un lieu de rendez-vous du matin jusqu'à la nuit tombée, ce qui n'a rien de surprenant lorsqu'on pense que certaines des anciennes colonies portugaises sont de gros producteurs de café (le Brésil, l'Angola, Timor). Le choix des Portugais se porte généralement sur le *bica*, express corsé. Le café ordinaire est plus proche de celui que les anglo-saxons boivent en quantité : une tasse d'eau chaude parfumée au café. La formule intermédiaire est le *carioca* : moitié café, moitié eau chaude, la boisson reste suffisamment forte et parfumée.

LA VIGNE ET LE VIN

On cultive la vigne jusque dans la province d'Algarve. Huit régions (en partant du nord, le Minho, le Douro, le Dão Bairrada, les environs de Lisbonne, Carcavelos, Bucelas, Colares et Setúbal) sont particulièrement riches d'une longue histoire viticole. C'est à travers ses vins que chaque région livre au visiteur attentif une partie de son caractère, quel qu'il soit, toujours avec une grande fierté.

Les vins portugais se divisent en deux catégories principales : le *vinho verde* et le *vinho maduro*. Dans les restaurants, la plupart des cartes des vins les présentent de cette façon. Les *vinhos maduros* sont littéralement des vins arrivés à maturation, c'est-à-dire des vins qui doivent vieillir en bouteille. A l'inverse, les *vinhos verdes* sont des vins verts, qui demandent moins de patience et qui sont typiques de la production portugaise.

Les *vinhos verdes* sont soit rouges, soit blancs et c'est leur jeunesse, leur acidité et leur pétillement qui justifient leur appellation. La province viticole du Minho fut délimitée par le gouvernement au début de ce siècle. Le même décret définissait les qualités nécessaires à un vin pour pouvoir bénéficier de l'appellation *vinho verde*, les cépages à utiliser et les techniques de vinification propres à l'obtenir.

Le Minho

Le Minho couvre 8 000 km², dont 3 % sont consacrés à la culture de la vigne qui, d'ailleurs, pousse partout, grimpe autour des arbres, ou en tonnelles. L'aspect général de la campagne donne une réelle impression de fertilité. Grâce à la hauteur surprenante des vignes qui, ainsi surélevées, protègent les grappes de leur feuillage, le vin produit a un faible taux de sucre et une acidité importante, propriétés habituelles des grappes qui n'ont pas mûri. A l'automne, les vendangeurs apportent ces raisins dans les *quintas* (les domaines) pour la vinification. On commence par la

A l'abri des feuilles, une jeune grappe du vignoble d'Estramadure.

fermentation (transformation du sucre en alcool). Il se produit ensuite une seconde fermentation (appelée « malolactique ») qui transforme l'acide malique, contenu naturellement dans les grappes, en acide lactique, beaucoup plus doux que le premier. Cette seconde fermentation est commune à la plupart des vins du monde, mais le *vinho verde* a la particularité de retenir un sous-produit de cette fermentation, le dioxyde de carbone. C'est précisément ce résidu gazeux qui donne au vin un pétillant qui varie selon l'âge.

Les *vinhos verdes* représentent le quart de la production viticole nationale. On compte quatre-vingt mille exploitations dans la province du Minho, en majorité des petites propriétés. La plupart ne produisent pas plus d'une centaine de caisses (de douze bouteilles), ce qui est très peu mais donne une bonne idée du nombre incalculable de vins différents mis sur le marché, d'autant qu'un assez grand nombre de cépages est autorisé. Parmi les blancs, l'*azal branco*, le *dourado*, le *trajadura*, l'*avalrinho*, et le *loureiro*. Les variétés de rouges comprennent notamment l'*azal*, le *padeiro*, le *borracal* et le *vinhao*. Les *vinhos verdes* titrent entre 8 et 11 degrés ; ils ont une robe jaune paille, un bouquet éclatant et parfumé. Ils sont particulièrement agréables lorsqu'il fait chaud.

L'un des meilleurs, le *palácio-da-brejoeire*, est produit dans la région de Monção à partir d'un unique cépage, l'avalrinho. Paradoxalement, ces vins ressemblent plus à des *vinhos maduros* : ils contiennent peu de dioxyde de carbone, leur taux d'alcool est plus élevé et ils supportent très bien le vieillissement. Pour s'en rendre compte, il suffit de goûter le *cepa velha*, produit par la société Vinhos de Monção. Ce vin a remporté de nombreuses médailles dans des compétitions internationales et mérite une attention particulière.

Pour les vins blancs, l'effervescence n'est pas vraiment surprenante : de nombreux blancs ont un léger pétillement quand ils sont encore jeunes. Par la suite, le gaz s'échappe et le pétillement disparaît rapidement au contact de l'air.

Les sardines grillées, avec leur chair épaisse, sont le mets idéal pour révéler toutes les qualités des *vinhos verdes* rouges. Les vins rouges représentent près de 70 % de la production totale du Minho. Leur importance est surtout locale. Très peu de ces vins sont apparus sur les « circuits » nationaux ou internationaux. Les blancs, en revanche, sont plus faciles à trouver à l'étranger, probablement parce qu'ils surprennent moins les amateurs de vin français.

Les Américains, qui sont plus ouverts aux crus du monde entier, à la différence des Français, assez protectionnistes (sans doute du fait de la qualité remarquable de leurs vins), réservent depuis plusieurs années une place de choix aux vins du Minho.

degrés, et a produit un vin très doux. Le porto que nous connaissons aujourd'hui est fabriqué depuis les années 1830.

Le porto s'est répandu grâce aux alliances commerciales entre la Grande-Bretagne et le Portugal. Les Britanniques ont investi des sommes considérables en vue de l'amélioration du porto, et ils en ont ainsi pris la fabrication en charge. Ce vin si particulier connut un succès énorme en Grande-Bretagne. Aujourd'hui on trouve toujours, dans les chais de Vila Nova de Gaia, un grand nombre de vins élevés sous des appellations britanniques. L'histoire du porto commence dans la

Le porto

Il existe des portos rouges et des portos blancs, les premiers étant beaucoup plus connus que les seconds qui pourtant sont fameux.

Le porto est un vin fortifié, c'est-à-dire que la transformation des sucres naturels, contenus dans le raisin, en alcool a été stoppée à un moment donné par l'addition d'une eau-de-vie de vin. Le porto, à l'origine, n'était pas un vin fortifié ou « viné » ; on a rajouté de l'eau-de-vie probablement pour qu'il supporte mieux le voyage jusqu'en Grande-Bretagne. Cet ajout a poussé le taux d'alcool entre 15 et 24

région officiellement délimitée du haut Douro. Plusieurs cépages autorisés sont cultivés. Pour les rouges, le *tinta roriz*, le *tinta francesa* (descendant du pinot noir français), le *touriga national* et le *bastardo*. Pour les blancs, le *malvasia*, l'*esgana cão* et le *rabigato*.

Le sol du haut Douro est un terrain granitique accidenté, dont les pentes approchent parfois les 60° de dénivelée. C'est au schiste de ce terrain que le porto doit sa saveur particulière. Un nombre considérable d'heures de travail a été nécessaire à

Vue automnale d'un vignoble de la région du Ribatejo.

la réalisation du terrassement de ces pentes (qu'on appelle *mortórios*). Il a fallu briser les rochers de granit et élever des murs de soutien pour protéger les vignes des glissements de terrain. Lorsqu'on emprunte la route qui longe le Douro, on aperçoit des centaines de murets, dont certains ont plus de trois cents ans.

La maintenance de ces vignobles est très coûteuse, puisqu'il faut perpétuellement grimper sur la terrasse supérieure. A l'époque des vendanges, le travail est encore plus dur : les vendangeurs doivent transporter les grappes dans de grands paniers, sur leur dos, et descendre des sentiers très pentus. La technique n'a pas changé depuis des siècles. Les chansons anciennes accompagnées des instruments traditionnels et le foulage des raisins à pieds nus (qui se fait encore parfois!), concourent à faire des vendanges un rite étrange et romantique.

La région des vins de Porto est aujourd'hui vingt fois plus étendue qu'elle ne l'était à l'origine. La plupart de ces nouveaux domaines se sont installés en amont du Douro et de ses affluents. Les anciens districts de Pinhão, Tua, Torto et Távora qui composaient l'ensemble de la région aux XVIIIe et XIXe siècles, autour de la ville de Régua et du Rio Corgo, ont maintenant la réputation de produire des portos mineurs. Les meilleurs vins viennent désormais d'une région qui commence à 20 km à l'est de Régua et se prolonge jusqu'à la frontière espagnole. Les plus grandes maisons de porto ont leurs *quintas* dans les collines du Douro, vastes demeures blanches, véritables abris contre la chaleur et la lumière aveuglante, souvent entourées de vignobles, et que l'on peut visiter.

Le processus de fermentation se déroule à l'automne, et il est traditionnellement arrêté par l'addition d'eau-de-vie de vin. Le porto nouveau passe l'hiver dans la *quinta* avant d'être envoyé au printemps à Vila Nova de Gaia. Le transport s'effectue aujourd'hui en camion ou en train, mais on se servait autrefois d'embarcations qui descendaient le Douro, les *barcos rabelos* à une seule voile. Quelques-unes sont conservées, pour la curiosité des visiteurs, à Vila Nova de Gaia, qui se trouve sur la rive sud du Douro en face de Porto et qui compte plus de quatre-vingts chais, dont la plupart sont ouverts aux visiteurs à des heures de visite régulières, avec des guides. On y apprend les différences qui existent entre tel ou tel type de porto, dégustations à l'appui. Les paragraphes qui suivent contiennent quelques explications succinctes sur les principales catégories existantes.

Les grands millésimes

Les plus célèbres et les plus chers de tous les portos sont ceux qui sont millésimés. Ce type de porto ne représente que 2 % de la production annuelle globale, et c'est le vrai joyau des vins portugais. Les grands crus sont mis en bouteilles après avoir passé deux ans dans des fûts. Par exemple, le grand cru 1963 doit avoir été mis en bouteilles entre le 1er juillet 1965 et le 30 juin 1966. C'est ce qui différencie ce porto des autres : le vieillissement se fait essentiellement en bouteilles et non dans les fûts. Du point de vue légal, les grands crus sont obligatoirement signalés sur l'étiquette qui doit mentionner le nom du domaine, l'année, et l'autorisation gouvernementale, le *selo di origem*.

A mesure que le vin vieillit en bouteilles, il se forme de nombreux dépôts ; aussi est-il primordial de les conserver horizontalement, bien que légèrement inclinés. Le vin est alors en contact avec le bouchon afin que le dépôt y adhère. Il arrive d'ailleurs que celui-ci s'abîme au bout de six ou sept ans. Dans ce cas, on transvase le porto dans une autre bouteille à laquelle on met un bouchon neuf préalablement ébouillanté et trempé dans un peu de porto. Le dépôt naturel se fait de nouveau et la maturation se poursuit. Avant de servir, on laisse la bouteille à la verticale pendant 24 heures ou on verse le vin dans le décanteur afin de le séparer de ses dépôts. Il est important de ne pas remuer la bouteille afin que le dépôt ne se brise pas et n'aille pas se mélanger au nectar. Les portos peuvent se boire au bout de dix ans, mais beaucoup d'amateurs estiment que la limite des quinze ou vingt ans est plus raisonnable. Les meilleures bouteilles viennent en général de la Taylor-Fladgate, pour les maisons anglaises, de la Fonseca ou de la Quinta do Noval, pour les maisons portugaises.

Les portos vieillis en fût (*late bottled vintage*, L.B.V.) y restent de quatre à six ans. Comme leur nom l'indique (*vintage* veut dire «millésime»), ils sont le fruit d'une seule récolte; leur couleur est plus claire et ils n'ont pas besoin de décanter. Conformément à la loi, l'année de la récolte et celle de la mise en bouteilles doivent figurer sur l'étiquette. Il ne faut pas confondre les portos *vintage* et les *late bottled vintage*, les seconds étant parfois servis à la place des premiers.

Les variétés de porto

Les portos à forte teneur en tanin proviennent de plusieurs récoltes, généralement

paux sont le *ruby* (rouge), *white* (blanc) et *tawny* (ambré). Les meilleurs sont classés *vintage character* et sont en général plus vieux et plus cher. Les caractéristiques générales sont cependant les mêmes. Cette appellation est une manière supplémentaire d'entretenir la confusion entre toutes les catégories de porto. Toutefois les *vintage character* ne portent pas d'indication d'année.

Il existe une catégorie de porto qui est source de confusion car elle concerne certaines années seulement. Ce sont pourtant des vins vieillis en fût. La plupart du temps, les étiquettes mentionnent *colhei-*

deux ou trois. Ils sont conservés plus longtemps en fût, ce qui accélère le processus de maturation et contribue à produire un porto plus léger. Comme la catégorie précédente, ces vins présentent un léger dépôt, et il faut aussi les laisser décanter.

Les portos en fût sont des vins mélangés (c'est-à-dire fabriqués à partir de plusieurs récoltes) et vieillissent en fûts jusqu'à être prêts à la consommation. Dans la mesure où ils sont mélangés, ces vins portent la «griffe» de leur producteur, qui s'attache à leur donner un caractère très particulier, donc reconnaissable. Année après année, le consommateur peut s'attendre à des vins de bonne qualité. Les trois types princi-

tas («cru») suivi de l'année de mise en bouteille, et une précision indiquant le temps passé en fût. Certains remontent jusqu'aux années 1900. La maison de Nieport possède une réserve extraordinaire de ce type de portos.

Les régions

La région du Dão est le premier producteur de *vinhos maduros*, ces vins qui arrivent à maturation à une altitude moyenne, dans le centre du Portugal. La surface totale du Dão couvre environ 2 000 km² du territoire, et les vignobles n'en représentent que 5 %. Le Dão est divisé en trois régions, qui correspondent chacune à une qualité de vignoble. Bien qu'il y ait peu de différence géologique, puisque le socle granitique domine partout, on s'accorde à reconnaître que les vins qui sont produits entre le Mondego et le Dão, autour des villes de Nelas et de Mangualde, sont les plus fins.

Les premières variétés qui ont été reconnues pour produire les meilleurs rouges du Dão sont le *tourigo*, le *tinta pinheira*, le *tinta carvalha* et l'*avarelhão*. Pour les blancs, ce sont notamment le *dona branca*, l'*arinto* et le *barcelo*. Les vins vieillissent ensuite pendant trois ans et les *reservas*

plus en plus nombreux à apporter leur récolte aux coopératives, qui prennent la vinification en charge. Après la fermentation du raisin, le vin ne reste en général pas dans les cuves de la société, et il rejoint dès l'été suivant les caves de l'acheteur pour y vieillir.

Les grands propriétaires, qui ne vendent jamais la totalité de leur récolte, utilisent une technique de conservation originale : la sphère en béton. Cette construction étonnante est réalisée à partir d'un énorme ballon de caoutchouc que l'on entoure d'une armature en acier ; le ciment recouvre ensuite le tout et on injecte de la

encore plus longtemps. Les blancs passent au moins dix mois en fût avant d'être mis en bouteilles. A mesure de la modernisation du Portugal, l'industrie viticole, qui représente environ 20 % des revenus du pays à l'exportation, a bénéficié de nombreux soutiens de la part du gouvernement.

Dans le Dão, de gigantesques coopératives, semblables à celles que l'on peut voir à Mandalgue, ont été construites depuis 1970 environ. La plupart des propriétaires ont accepté cette nouveauté et ils sont de

A gauche, bouteilles de porto de Ferreira de 1863 ; ci-dessus, barriques de porto.

résine à l'intérieur. Ces structures blanches servent à recevoir le vin en attente.

A l'ouest du Dão, du sud de Porto à la ville universitaire de Coimbra, s'étend la région viticole de Bairrada où les visiteurs s'arrêtent rarement malgré l'extraordinaire forêt de Buçaco. L'existence de ces vignobles ne fut officiellement reconnue qu'en 1979. Ils produisent des vins rouges et des vins blancs, mais ce sont les rouges qui retiennent l'attention des amateurs de vin.

A l'ouest de Lisbonne, juste au nord d'Estoril, s'étend le domaine en déclin de Carcavelos. Au nord-ouest, dominant le littoral atlantique, se trouve le remarquable vignoble de Colares, lui aussi menacé. Le vignoble de Bucelas, situé au nord de Lisbonne, est parvenu à maintenir une grande partie de ses limites originelles et il produit les meilleurs vins blancs du pays. Enfin, vers le sud, il faut explorer les vignobles du célèbre muscat : le moscatel de Setúbal.

Le *carcavelos*, comme la plupart des vins portugais, a acquis sa réputation grâce aux premières alliances économiques anglo-portugaises. La proximité de Lisbonne (25 km) fut l'un des atouts majeurs qui ont permis son essor. Mais l'ampleur prise actuellement par l'urbanisme à Estoril et à

Cascais a réduit l'activité viticole à une peau de chagrin. Les vins de Carcavelos qu'on sert dans les restaurants de Lisbonne sont des vins forts dominés par un parfum de noisette. Pour ceux qui s'acharneraient à vouloir trouver ces précieuses bouteilles, les meilleures étiquettes sont celles de la Quinta do Barão, seul domaine subsistant, propriété de la société Raul Ferreira & Sons.

Colares produit l'un des vins rouges les plus surprenants du monde. Cette ville se situe entre les collines de Sintra, à l'est, et les plages de l'océan à l'ouest. Les vignes les plus remarquables sont plantées dans le sable du littoral, grâce à un travail acharné des viticulteurs. Le cépage, qui s'appelle *ramisco*, donne de petites grappes de raisin, de couleur bleu nuit. Les spécialistes recommandent le *colares chita*.

A 25 km au nord-ouest de Lisbonne, le vignoble de Bucelas est devenu minuscule puisqu'il couvre moins de 200 ha de terrain pour une production qui ne dépasse jamais soixante-quinze mille caisses. Les vignes s'étendent dans la vallée de la Trançao et sur les pentes alentour, sur un sol essentiellement argileux. Deux cépages seulement sont utilisés, et uniquement pour des vins blancs, l'*arinto* et l'*esgana cão*. Comme les autres vignobles de la région de Lisbonne, celui de Bucelas est presque devenu la propriété d'un seul producteur : Camillio Alves, dont les bouteilles sont vendues sous l'appellation *caves velhas*. On le trouve dans la plupart des pays de l'Union européenne. Ce n'est donc pas la véritable curiosité de l'endroit. Le visiteur aura plutôt pour mission de trouver des crus anciens, ou un *garrafeira*, un vin de qualité supérieure. Les *hucelas*, arrivés à maturation après les années passées dans des fûts en chêne brésilien, ont des goûts de fruits exotiques et un « fini » sec avec une odeur de noisette.

Le moscatel de Setúbal

C'est une célébrité internationale. Ce vin, réservé à l'accompagnement du dessert, a été chanté par une foule de spécialistes et d'amateurs au fil des années. Le moscatel est doux, parfumé et léger. Il est produit dans le voisinage de Lisbonne, de l'autre côté du pont qui mène à la péninsule d'Arrábida, et c'est le port de Setúbal qui lui a donné son nom.

S'il est parfois rouge, le moscatel de Setúbal est le plus souvent blanc. La petite quantité de moscatel rouge produite chaque année fait qu'il est très rare d'en trouver hors des frontières du pays. Le moscatel est un vin renforcé dont les grappes poussent autour des villages de Palmela et d'Azeitão. Les plus belles d'entre elles sont vinifiées dans des cuves en ciment.

A gauche, le porto «tawny», de couleur claire, est le résultat d'une maturation d'au moins sept ans ; à droite, le vin en fût est l'objet de la plus grande attention tout au long de l'année.

L'ART ET L'ARCHITECTURE

Probablement pour résister à une tendance naturelle à l'isolement et au repliement sur soi-même, les artistes portugais se sont tournés vers l'extérieur pour s'inspirer et valider leur inspiration. Aujourd'hui encore, tous les événements culturels qui peuvent se produire *la fora* (littéralement « là-bas », c'est-à-dire à l'étranger) bénéficient d'une sorte d'aura magique. En même temps, le Portugal, terre de passage, a attiré à lui de nombreux artistes étrangers. Il s'est ainsi produit un véritable phénomène d'osmose partout où les traditions locales ont rencontré les idées importées.

L'art roman

Dans le domaine de l'art portugais, la période romane qui s'ouvre au XIIe siècle est représentée essentiellement par l'architecture religieuse. Si l'on excepte quelques manuscrits enluminés, il ne reste rien d'autre que des témoignages architecturaux. La réalisation de l'unité portugaise et la constitution du royaume correspondent à la *Reconquista* menée contre les Maures et, par conséquent, à une époque où la chrétienté se trouvait dans une situation de force. Les cathédrales ont suivi les progrès de la reconquête : Braga, Porto, Coimbra, Lamego, Lisbonne et Évora.

L'homme qui obtint l'aide des croisés et dirigea les batailles décisives contre les Maures, Alphonse Ier Henriques, devint le premier roi du Portugal. Son père, Henri, était venu de Bourgogne à la fin du XIe siècle. Cette origine est déterminante pour l'architecture romane portugaise. Les liens entre le duché de Bourgogne et l'ordre de Cluny étaient particulièrement étroits, et ces religieux initièrent une nouvelle architecture (plusieurs moines de Cluny et de Moissac furent évêques de Porto et de Braga). Les cathédrales

Pages précédentes : détails du polyptyque « La Vénération de saint Vincent », par Nuno Gonçalves. A gauche, « Calvaire » de Gregório Lopes, de l'école du maître de Tomar ; à droite, l'ancienne cathédrale romane de Coimbra.

romanes portugaises, notamment celles que l'on trouve à l'ouest du pays, sur la route de Saint-Jacques-de-Compostelle ont une nette ressemblance avec celles d'Auvergne et du Languedoc bâties sur les mêmes normes que Cluny.

La construction d'églises romanes s'est poursuivie jusqu'au XIVe siècle dans le nord du Portugal, tandis que le gothique se répandait largement dans le reste du royaume. Le style roman portugais est une architecture aux lignes simples, qui donne une impression de grande solidité. Les fortifications de ces édifices et les façades crénelées des cathédrales de Lisbonne et de

Coimbra semblent dressées contre les menaces d'invasion.

Le style roman portugais doit aussi beaucoup à l'utilisation du granit qui abonde dans les régions septentrionales. De nombreux monastères ont été construits, mais il n'en reste plus rien, si ce n'est l'église. La dureté du matériau rendait la sculpture difficile et favorisait donc le dépouillement des formes. On ne trouve pas non plus les tympans sculptés, très répandus dans les églises françaises et espagnoles de l'époque. En revanche, là où le calcaire fut utilisé, notamment dans le centre du pays, les ornements se sont nettement plus répandus.

En dépit de quelques variations régionales, les églises romanes ont toutes les mêmes caractéristiques : des lignes simples, un plan en forme de croix, une nef unique qui se termine par une abside carrée, et une science des ouvertures favorisant les jeux d'ombre et de lumière. Tout concourait à illustrer le mystère divin.

L'absence presque complète de décorations accentuait l'impression de sobriété du lieu et c'est à peine si l'on remarque le chapiteau des colonnes et les archivoltes qui encadrent le porche d'entrée. Lorsque les tympans ne sont pas entièrement nus, on y voit des sculptures stylisées du Christ ou une simple croix. Des animaux (souvent des serpents) ont été gravés sur les colonnes de granit : les exemples les plus frappants sont la Sé Velha (l'ancienne cathédrale) de Coimbra, et le portail principal de l'église São Salvador à Bravães, dans le Minho, qui date du début du XIIIᵉ siècle et qui possède de nombreuses décorations, contrairement à la règle.

L'art gothique

En France, de nouvelles techniques de construction, basées sur la croisée d'ogives et l'arc brisé, autorisèrent des formes architecturales plus hautes et plus lumineuses. L'architecture gothique se caractérise en effet par la maîtrise des poussées de la voûte, canalisées par les colonnes dont la stabilité est assurée par des contreforts. Les murs sont ainsi moins épais et percés en de nombreux endroits. Cette nouvelle conception du passage de la lumière dans les intérieurs gothiques devint le symbole de la lumière divine.

Le premier édifice du Portugal à illustrer ces nouvelles techniques est la majestueuse église de l'abbaye d'Alcobaça. Sa construction, entièrement d'inspiration française, débuta en 1178 et ne s'acheva qu'en 1222. Elle est spacieuse, haute, élégante, avec ses murs blancs qui donnent une lumière laiteuse à l'intérieur. Son plan rappelle celui de Clairvaux, siège de l'ordre de Cîteaux en Bourgogne : trois nefs de même hauteur, deux transepts, et une abside dont le déambulatoire s'ouvre sur plusieurs chapelles.

Toutefois, la véritable affirmation du style gothique national se produisit après la victoire des armées portugaises sur les troupes de Castille, à la bataille d'Aljubarrota. Pour accomplir un vœu formulé au cours du combat, le roi Jean Iᵉʳ fit construire un magnifique monument. Les travaux d'édification du monastère dominicain de Santa Maria da Vitória, plus connu sous le nom de Batalha « bataille », commencèrent en 1388. Le mélange des styles est frappant. Il est dû aux longues années que prit la construction. Le style de Batalha a influé sur la construction de plusieurs églises sur l'ensemble du territoire, comme la cathédrale de Guarda ou l'église du Carmo (en ruine), à Lisbonne dont la construction débuta à la fin du XIVᵉ siècle. En règle générale, au Portugal, l'austérité imposée par les ordres mendiants faisait pencher le gothique vers le dépouillement plutôt que vers le flamboiement : pas de pinacles élancés ni de style rayonnant.

Si l'architecture gothique portugaise est un prolongement naturel de la sobriété romane, il en va tout autrement de la sculpture gothique. Avec les chapiteaux et les colonnes ornées, les sculptures sur pied se sont répandues. Qu'elles soient de bois ou de pierre, les représentations de la Vierge sont les plus nombreuses. L'accent est toujours mis sur ses relations avec le Christ, considérées d'un point de vue humain et sensible : la grossesse (comme la *Senhora do O*), l'allaitement, très peu représentés dans les autres traditions picturales occidentales ou diverses autres poses (elle porte le Christ sur la hanche, dans les cathédrales de Braga et d'Évora). Cette humanisation des figures saintes se perçoit aussi dans l'évolution des drapés : plus amples, ils se mirent à épouser les courbes des corps qu'ils devaient auparavant masquer.

Mais la sculpture des tombeaux est, de loin, le domaine qui s'est épanoui le plus aux XIVᵉ et XVᵉ siècles. Avant cette époque, on ne plaçait pas les morts à l'intérieur des églises, et les tombes extérieures étaient rarement sculptées. La pratique des sarcophages ornés fit son apparition au XIIIᵉ siècle. Coimbra fut le centre de cette tradition. Alors que les tombeaux de Lisbonne et d'Évora puisaient leur inspiration dans de vieilles traditions, le sarcophage de la *Rainha Santa* (la Sainte Reine, 1330), dans l'église Santa Clara-a-Nova à Coimbra, est un exemple touchant du naturalisme gothique primitif : la reine

Isabelle est représentée vêtue de l'habit des clarisses. Cette sculpture est sans exemple au Portugal, et on estime qu'elle est inspirée par l'école d'Aragon, qui était alors le centre le plus important de la péninsule ibérique pour le travail de la pierre.

Les deux mausolées qui marquent l'apogée de la sculpture funéraire portugaise, au XIVᵉ siècle, sont ceux du roi Pierre Iᵉʳ et d'Inès de Castro, à Alcobaça. Inès repose dans une attitude calme entourée d'anges, avec la couronne qu'elle reçut après sa mort. Sur les côtés du monument figurent des scènes de la vie du Christ et de la

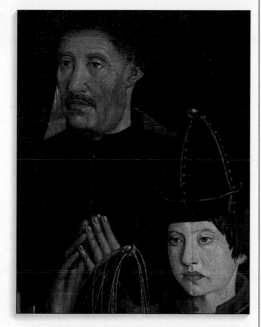

Vierge ; à la tête et au pied du tombeau sont représentées des scènes du Calvaire et du Jugement dernier. Le tombeau de Pierre Iᵉʳ est orné de scènes empruntées à la vie de saint Barthélemy.

D'époque plus récente (1433), le grand sarcophage du roi Jean Iᵉʳ et de la reine Philippe se trouve dans la chapelle du Fondateur à Batalha, sans autre ornement que les sculptures gothiques. Ce type de tombeau double est très rare dans la péninsule. Il fut probablement exécuté par

Ci-dessus, détail du polyptyque montrant Henri le Navigateur et le futur Jean II.

des sculpteurs anglais, appelés par la reine à travailler à Batalha.

Le XVᵉ siècle fut la première grande époque de la peinture portugaise. Pratiquement aucun tableau réalisé entre les XIIᵉ et XIVᵉ siècles n'a résisté au temps, mais on sait que des fresques ont orné les murs des églises. Un fragment datant du début du XVᵉ siècle, rare exemple d'œuvre profane, a été retrouvé dans une maison gothique de la ville de Monsaraz : il s'agit d'une allégorie de la justice, intitulée *O Bom e o Mau Juiz* (*Le Bon et le Mauvais Juge*). On en a déduit que la demeure devait abriter une cour de justice. La fresque religieuse la plus importante de cette époque est la *Senhora da Rosa,* (dans la somptueuse église de São Francisco à Porto) attribuée à un peintre italien, Antonio Florentino. Ce dernier est probablement aussi l'auteur du portrait de Jean Iᵉʳ qui se trouve au musée national d'Art ancien à Lisbonne.

L'apparition des retables, est de loin la contribution la plus brillante à la peinture de cette période. L'influence flamande est indéniable. La Flandre était alors possession du duché de Bourgogne, réputée pour son raffinement. Les artistes flamands se consacrèrent à l'art de l'enluminure, qu'ils enrichirent notamment par leur goût pour les détails réalistes exploitant et perfectionnant la peinture à l'huile, très peu utilisée jusque là.

Le retable du XVᵉ siècle le plus connu est le polyptyque de Saint-Vincent, attribué à Nuno Gonçalves, et visible au musée d'Art ancien. Il s'agit d'une composition de personnages qui remplit entièrement l'espace du tableau et fait plutôt penser à l'art de la tapisserie. Toutefois, deux influences se font assez nettement sentir : celle de la peinture italienne, dans le dessin des visages et la réalisation de drapés, et celle des œuvres flamandes par la richesse chromatique et la finesse de la réalisation. Quoi qu'il en soit des origines et des influences qui ont donné naissance à cette œuvre majestueuse, elle offre un condensé de la vie de Lisbonne au XVᵉ siècle avec ses principaux personnages.

L'art manuélin

Aux XVᵉ et XVIᵉ siècles, les classes dirigeantes du Portugal apportèrent leur soutien aux explorations outre-mer. Le sentiment de triomphe provoqué par les découvertes eut des conséquences importantes sur l'évolution de l'art, de l'architecture et de la littérature. L'adjectif « manuélin » est employé pour la première fois au XIXe siècle pour désigner le règne de Manuel Ier, durant lequel Vasco de Gama arriva aux Indes (1498) et Afonso de Albuquerque conquit la ville de Goa (1510). C'est à cette époque que l'art issu des grandes découvertes atteignit son apogée.

Aujourd'hui, on emploie ce qualificatif de façon plus large pour désigner un certain nombre de motifs ornementaux qui

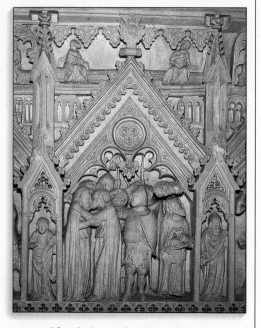

ont prédominé sous le règne de la dynastie d'Aviz (1383-1580), notamment en architecture. Celle-ci ne présente pas une révolution des structures : les colonnes torsadées, comme celles qui se trouvent dans l'église du Jésus à Setúbal, remplissent exactement la même fonction que les colonnes pleines. Il convient de définir le style manuélin comme un gothique tardif, qui attache une grande importance aux ornements de pierre. L'exubérance de ces derniers reflète l'optimisme et la richesse qui dominèrent l'époque. Inspiré par les voyages dans le Nouveau Monde, le style manuélin est avant tout orné, imposant, et il mêle volontiers des thèmes maritimes,

mauresques ou héraldiques : sous le règne de Manuel Ier, l'emblème du roi fut très souvent employé (la sphère, le blason, ou la croix de l'ordre du Christ). Ces motifs furent aussi employés dans les églises des nouvelles colonies.

Le monastère de Santa Maria de Belém à Lisbonne, plus connu sous le nom des Jerónimos, est le véritable chef-d'œuvre de cette architecture, avec les trois nefs d'égale hauteur de l'église. Dans un premier temps, la construction fut dirigée par Diogo Boytac, à qui l'on doit aussi le cloître royal de Batalha et de l'église du Jésus à Setúbal. L'abside fut reconstruite en 1571 de façon plus classique après un tremblement de terre ; le mariage heureux des motifs manuélins et Renaissance contribue à la beauté de l'espace intérieur de cette église.

Les aspects les plus spectaculaires de l'architecture manuéline sont les nombreuses sculptures qui entourent les fenêtres et les portails. Elles sont plus souvent placées dans des arcs de plein cintre que dans des arcs en ogive. Le portail sud des Jerónimos et la fenêtre de la salle capitulaire du couvent du Christ à Tomar, méritent leur célébrité mondiale. La construction du couvent débuta au XIIe siècle par l'édification de la *charola* des templiers, une chapelle circulaire. Après la dissolution de l'ordre du Temple en 1314, le couvent devint le siège de l'ordre du Christ. Au cours du XVIe siècle, plusieurs bâtiments conventuels, dont quatre cloîtres, furent ajoutés. La fameuse fenêtre marque le sommet de la décoration manuéline, avec ses deux mâts couverts de sculptures. Elle est dominée par la croix de l'ordre du Christ, comme le portail sud des Jerónimos.

Les cloîtres ont également retenu l'attention des architectes, qui abandonnèrent la sobriété habituelle : outre le cloître royal de Batalha, il faut citer le cloître du Silence dans le monastère de Santa Cruz à Coimbra, ceux des Jerónimos, et ceux des églises du Jésus à Setúbal et de Lóios à Évora. L'architecture manuéline emprunta et modifia des motifs mauresques, appelés *moriscos*. Le Palácio Nacional de Sintra, par exemple, fut restauré sous Manuel Ier et reçut des *azulejos* et des fenêtres divisées en deux par un meneau central. Autre élément mauresque, l'arche en fer à cheval, comme celle de la salle capitulaire du couvent de Lóios à Évora.

A la fin du XVe siècle, le Portugal fut l'un des tout premiers importateurs de tableaux flamands. La plupart des retables du royaume étaient l'œuvre d'artistes venus de Flandre, et il en reste un nombre important dont le *Fons Vitae* de l'église de la Misericórdia à Porto ou celui qui se trouvait à l'origine dans la cathédrale d'Évora et qui est actuellement au Musée municipal. De plus, comme son ancêtre Alphonse V, Manuel Ier invita à sa cour de nombreux peintres des Flandres, dont plusieurs s'installèrent dans le royaume. Toutefois, la peinture portugaise conserva plusieurs de ses traits traditionnels, et ce mélange a pris le nom de « style luso-flamand ». La peinture manuéline se caractérise donc par les éléments suivants : un sens aigu du portrait, l'emploi de couleurs très vives, un intérêt croissant pour les représentations architecturales et les paysages en arrière-plan, un souci accru des détails expressifs.

Vasco Fernandes, surnommé Grão Vasco, fut certainement le peintre manuélin le plus célèbre du Portugal. Pendant de longues années, un mythe entoura son œuvre réelle d'une épaisse zone d'ombre, puisqu'on lui attribua toutes sortes d'œuvres, des toiles gothiques ou Renaissance, sans aucune distinction. Il est actuellement établi avec certitude que le peintre est l'auteur du retable qui se trouvait dans la cathédrale de Lamego (exposé au musée de Lamego), entre 1506 et 1511, et de celui de la cathédrale de Viseu (musée Grão Vasco à Viseu), d'une époque légèrement antérieure. Les panneaux qui ornaient les chapelles de la cathédrale de Viseu (également dans le musée de la ville), notamment *le Calvaire* et *Saint-Pierre,* qui sont les plus réputés, lui sont aussi attribués, et dateraient de sa maturité (1530-1542). Remarquables du point de vue de la force d'émotion, ces œuvres se caractérisent également par une plus grande franchise plastique en comparaison de celle des artistes flamands. Les visages représentés deviennent rapidement moins stylisés, plus expressifs. L'atelier de Lisbonne fut

dirigé par Jorge Afonso, peintre royal à partir de 1508. De nombreux artistes sont passés dans cet atelier, sous la direction du maître, dont Grão Vasco, Francisco Henriques, Cristóvão de Figueiredo et Gregório Lopes. En ce qui concerne Jorge Afonso, certains documents datant du règne de Manuel Ier révèlent qu'il prit part à plusieurs projets royaux. Il est donc très difficile de savoir quelles œuvres sont de lui. Il est possible qu'il ait peint les panneaux « anonymes » de la *charola* de Tomar.

Les deux peintres les plus importants de l'atelier de Jorge Afonso sont Gregório

Lopes, son gendre, peintre officiel de Manuel Ier et de Jean III, et Cristóvão de Figueiredo. Parmi les œuvres attribuées au premier, celle qui se trouve dans le meilleur état de conservation est le *Martyre de saint Sébastien* musée d'Art ancien à Lisbonne), réalisé pour la *charola* de Tomar. Quant au second, on ne connaît que très peu de choses sur sa vie, sinon que, entre 1515 et 1540, il exerça une grande influence sur l'évolution de l'art pictural portugais en produisant un nombre considérable de peintures. L'une de ses œuvres les plus remarquables est la *Déposition,* exposée au musée d'Art ancien. La sensibilité de ce tableau et les

A gauche, détail du tombeau d'Inès de Castro ; à droite, la célèbre fenêtre manuéline du couvent du Christ de Tomar.

portraits sont stupéfiants, en particulier ceux des deux personnages sur la droite.

Un exposé sur la peinture manuéline serait incomplet si l'on oubliait le retable *Santa,* dont les panneaux sont exposés séparément au musée d'Art ancien. Cette œuvre fut commandée par la reine Éléonore, ce qui laisse penser qu'elle fut peinte par Cristóvão de Figueiredo, l'un des artistes favoris de la souveraine. Le panneau central représente le martyre des onze mille vierges, transpercées par les flèches des Huns. L'un des panneaux latéraux représente l'arrivée à l'église du corps de sainte Auta et comprend un portrait qui passe pour être celui de la reine. Le portail manuélin avec le blason d'Éléonore et le médaillon de Della Robbia qui sont représentés sur la peinture indiquent qu'il s'agit de l'église de la Madre de Deus à Lisbonne.

La Renaissance et le maniérisme

La Renaissance a été souvent définie comme un pont très court, franchi à peine s'y était-on engagé. C'est certainement le cas au Portugal. En ce qui concerne l'art et l'architecture, les Portugais s'écartèrent très vite de l'humanisme de la Renaissance, lui préférant les voies du naturalisme ou du baroque. Des sculpteurs d'autres pays furent fréquemment appelés pour décorer les portails et les façades des édifices manuélins. La coexistence entre le style manuélin et le style Renaissance puis, plus tard, entre le style Renaissance et le style maniériste, explique la prédominance des formes hybrides de cette période.

Le maniérisme n'est autre qu'un usage exacerbé des motifs et des thèmes propres à la Renaissance classique (un tout harmonieux et ordonné). Dans le domaine pictural et sculptural, sa caractéristique principale est un certain « allongement » des formes ; on vit aussi les peintres porter un éclairage surprenant sur des scènes apparemment secondaires de leurs toiles, alors que la Renaissance privilégiait le premier plan. Le maniérisme est enfin défini comme l'art du détail, l'abandon des proportions classiques et le rejet des références gréco-romaines.

Aux chefs-d'œuvre artistiques de l'époque des grandes découvertes, les deux sculpteurs Nicolas de Chanterène, un Français, et João de Ruão apportèrent une touche de rationalisme et de sobriété méditerranéenne. Les motifs héraldiques et les feuillages furent remplacés par des plaques, des médaillons ainsi que des arabesques symétriques. Parmi les œuvres de Chanterène figurent les sculptures représentant Manuel Ier et sa seconde femme, Marie, sur le portail ouest du monastère des Jerónimos à Lisbonne.

La chaire de l'église de Santa Cruz, à Coimbra, a été attribuée à Chanterène aussi bien qu'à Ruão. Ce dernier fut très prolifique et introduisit des éléments classiques dans la sculpture portugaise, notamment celle de la région de Coimbra (le

retable de Varziela en est un digne exemple).

Les architectes adoptèrent également un style italianisant. L'espagnol Diego de Torralva est sans doute le premier à avoir dessiné ce qui est l'un des plus beaux exemples de construction Renaissance dans la péninsule, la chapelle Nossa Senhora da Conceição à Tomar (1530-1540). Également réalisé par Torralva, le grand cloître du couvent du Christ évoque brillamment l'équilibre et l'harmonie du classicisme palladien.

Après la mort de Torralva, en 1566, ce cloître majestueux fut achevé par le célèbre architecte italien Filipo Terzi. Il conçut quelques-unes des constructions les plus imposantes de l'époque tels le château de Saint-Philippe à Setúbal et la forteresse de Viana do Castelo.

L'église São Vicente à Lisbonne lui fut longtemps attribuée, mais on pense qu'elle est plutôt l'œuvre de Herrera, l'architecte de l'Escorial. La forme de cette église est celle d'une croix latine, et les chapelles communiquent entre elles. L'immense voûte centrale est absolument somptueuse. L'extérieur, dominé par deux tours et trois portails d'égale hauteur, est divisé en deux étages. Le bas comprend des arcades doriques; le haut, des arcades ioniques à la

manière d'une *loggia* italienne. Cette façade est devenue un modèle pour nombre d'églises portugaises, notamment pour celles des bénédictines et des carmélites, qui sont encore plus ornées et se rapprochent ainsi du style maniériste.

A partir de la fin du XVIe siècle, l'esprit de la Contre-Réforme fut d'une grande vivacité et provoqua l'apparition d'un nouveau type d'édifice religieux. Les jésuites souhaitaient que l'intérieur de leurs églises fût vaste et que la chaire fût visible de par-

A gauche, le «Calvaire» de Grão Vasco; ci-dessus, portrait du malheureux roi Sébastien par Cristóvão de Morais (XVIe siècle).

tout, ce qui eut pour conséquence un élargissement de la nef centrale et la suppression des ailes. Le premier édifice religieux construit selon ces principes fut l'église Espírito Santo à Évora, édifiée en 1567, soit un an avant l'église de Gesú à Rome, longtemps considérée comme le modèle de référence.

Les travaux de la somptueuse église des jésuites São Roque à Lisbonne commencèrent à la fin du XVIe siècle d'après les plans de Terzi. Par malheur, elle souffrit du tremblement de terre de 1755. Son aspect extérieur est simple, voire austère, mais l'intérieur abrite de superbes décorations, de nombreux *azulejos* et de remarquables boiseries. Conformément à la tradition jésuite, elle reste vaste et sobre.

Avec la mort de Gregório Lopes (en 1550), l'âge d'or du retable toucha à sa fin. Sous le règne de Jean III, de nombreux artistes partirent pour Rome, et l'influence italienne remplaça celle de la Flandre. Les retables, par exemple celui de la cathédrale de Portalegre, devinrent ouvertement des œuvres italianisantes. A cette même époque, le portrait fut considéré comme un art pictural à part entière : celui du roi Sébastien (musée d'Art ancien), qui révèle une grande finesse d'exécution, en est une belle illustration.

Le baroque et le rococo

Le style baroque tend à la disparition de la forme plutôt qu'à sa définition, malgré l'emploi de motifs classiques. L'accent est mis sur le mouvement, sur la métamorphose plus que sur l'état figé. La disparition des contours nets, que ce soit avec des coups de pinceau ou des illusions d'optique dans la sculpture et l'architecture, est accentuée par le choix de la profondeur de champ au détriment des surfaces planes. Ces options privilégient les réalisations de grande envergure, dynamiques et spectaculaires.

La première église que l'on peut qualifier de baroque est Santa Engrácia, à Lisbonne, avec son dôme et l'apparente ondulation de ses murs intérieurs. Cet édifice ne fut pas réellement achevé avant 1966. Son plan octogonal, comme le plan ovale utilisé en Italie, rompt avec l'orientation axiale. A l'intérieur, la richesse des marbres colorés qui couvrent les murs et le sol, le dynamisme de l'espace et la beauté générale de l'édifice sont des caractéristiques typiques des constructions réalisées sous le règne de Jean V.

Les richesses obtenues au Brésil et la munificence de Jean V firent du début du XVIIIᵉ siècle une période de grande opulence. Le roi commanda la chapelle Saint-Jean-Baptiste pour l'église São Roque à Lisbonne. Elle fut entièrement construite à Rome, bénie par le pape, et expédiée par la mer à Lisbonne où ses bronzes, ses mosaïques, ses marbres rares et ses pierres précieuses furent assemblés.

Le projet le plus fou de Jean V a été l'édification du vaste ensemble comprenant une église, un palais et un monastère à Mafra, près de Sintra. Le roi en confia la réalisation au joaillier-architecte allemand Johann Friedrich Ludwig, plus connu sous le nom latinisé de Ludovice, et les travaux débutèrent en 1717. Le plan de l'ensemble a la forme d'un immense carré. L'église se trouve au milieu de la façade principale, entourée par deux ailes appartenant au palais, avec une tourelle dressée au bout de chacune. Les diverses influences architecturales sont nettement perceptibles dans l'imposante façade italianisante et les dômes germaniques. Le plus surprenant, peut-être, est qu'il n'y a aucune trace des traditions locales dans ce monumental assemblage.

Le baroque fleurit surtout dans le Nord, à Porto et à Braga. Dans cette région, la prédominance de l'architecte-décorateur toscan Nicolau Nasoni, arrivé au Portugal en 1725, a donné au baroque une nouvelle touche de légèreté et d'élégance, dotée de riches contrastes d'ombre et de lumière. A la différence de Ludovice Nasoni, il incorpora à ses constructions de nombreux éléments propres à la tradition portugaise. La nef elliptique qu'il conçut pour l'église dos Clérigos à Porto est unique en son genre, mais ses édifices profanes, comme le Palais Freixo (à Porto) avec un mélange de granit et de surfaces blanches, furent ensuite largement copiés dans le pays.

La chapelle Santa Madalena à Falperra et la Casa do Mexicano à Braga, inspirées par l'esthétique de Nasoni, sont déjà des exemples du style rococo. La mise en scène du baroque verse alors dans l'exubérance, avec un amour illimité pour les ornements. Le portail de la chapelle est entouré de volutes en granit qui ressortent sur la blancheur de la façade. Ce sens très poussé du contraste est moins net dans la Casa do Mexicano parce que la façade est habillée d'*azulejos*.

Par ailleurs, le style rococo laisse apparaître un intérêt nouveau pour les paysages. Le type d'église représenté par le Bom Jesus do Monte, à Braga, devint célèbre dans tout le Portugal : entouré de jardins, cet édifice se dresse au sommet d'une colline et domine une volée d'escaliers, qui ressemble de loin à une cascade de pierre descendant de la façade à deux tours.

A Lisbonne, le rococo fut plus sobre que dans le Nord. L'architecte Carlos Mardel dessina de nombreuses fontaines publiques pour la ville, notamment celle de la Rua do Século et celle du Largo da Esperança. A la demande de Jean V, Mardel prit également en charge la construction d'une portion de l'aqueduc das Aguas Livres, qui est depuis plusieurs siècles un élément majeur du paysage lisboète. Mardel fut encore l'un des architectes qui pris part à la reconstruction du centre de Lisbonne après le tremblement de terre de 1755. Une grande partie de ce qui caractérise la Lisbonne d'aujourd'hui date de cette période.

L'élément principal de la reconstruction fut l'édification de la Praça do Comércio, une place bordée d'arcades aux proportions majestueuses qui donne sur l'embouchure du Tage. Située au point de rencontre de la cité, qui représente l'ensemble du royaume, et de l'océan parcouru par les navigateurs portugais, elle prit valeur de symbole national. En son centre, on érigea une statue de bronze du roi Joseph Ier, le regard fixé vers l'horizon. L'esplanade est connue sous le nom de Terreiro do Paço (place du Palais) car le palais royal en occupait le site avant sa destruction par le tremblement de terre.

L'une des caractéristiques les plus frappantes de l'architecture de cette période est l'usage extrêmement fréquent des *azulejos*. Ils firent leur première apparition vers le milieu du XVe siècle, gagnèrent de l'importance un siècle plus tard et, dès le XVIIe siècle, il semble qu'ils soient devenus indispensables à l'architecture portugaise. Les plus beaux exemples sont ceux de l'église de Marvila à Santarém ou de l'église São Lourenço à Almancil, en Algarve.

A gauche, l'église baroque Nossa Senhora dos Remédios à Lamego (1750-1760); ci-dessus, les «azulejos» se sont répandus jusque dans les églises.

A la fin du XVIIe siècle, la situation économique du pays étant meilleure, les bâtiments anciens furent rénovés et de nombreux panneaux d'*azulejos* datent de cette période. Les porcelaines orientales et hollandaises, blanc et bleu, remplacèrent la tradition locale de polychromie. De vastes ensembles décoratifs ornèrent les églises et les palais (dont le plus bel exemple est certainement le palais du marquis de Fronteira à Lisbonne).

Les *azulejos* connurent également un emploi plus humble puisqu'ils servirent à couvrir les murs des cuisines ou les escaliers. L'usage de carreaux simples, non disposés en panneaux à la manière hollandaise, ornés de fleurs, d'oiseaux ou de personnages connut également une grande vogue. Au XVIIIe siècle, ce fut au tour des jardins de recevoir des décorations d'*azulejos*, ceux du palais de Queluz ou de la Quinta dos Azulejos, au palais de Lumiar à Lisbonne.

Dans le domaine de l'architecture sacrée, l'extérieur resta d'une grande sobriété jusqu'à une date relativement tardive. En revanche, les intérieurs reçurent de plus en plus d'ornements : les *azulejos* et les boiseries sculptées et dorées, appelées *talhas douradas*, firent leur apparition. Les autels furent les premiers concernés mais l'ensemble de l'espace fut rapidement décoré par ce moyen. C'est surtout le cas dans le nord du pays. Le couvent de Tibães, près de Braga, ou l'église São Francisco, à Porto, ont des murs abondamment ornés de dorures et d'arabesques florales.

Sous Jean V, le Portugal reçut à nouveau la visite d'artistes étrangers. Le premier fut le sculpteur français Claude Laprade. Le tombeau qu'il réalisa pour l'évêque dom Manuel de Moura, situé dans la chapelle de Nossa Senhora da Penha, à Vista Alegre, avec des anges tenant un drap plissé, est certainement le plus baroque de tous les monuments funéraires portugais. L'évêque, fondateur de la chapelle, n'est pas représenté couché dans une attitude paisible, comme ce fut longtemps la tradition, mais appuyé sur le coude et scrutant le ciel. Laprade passa les dernières années de sa vie à Mafra, où Jean V avait commandé différentes œuvres à des artistes italiens, dans la tradition du Bernin avec des drapés et des « mouvements arrêtés ».

Alessandro Giusti, qui fit le voyage de Rome à Lisbonne en 1747 pour restaurer la chapelle Saint-Jean-Baptiste à São Roque, se vit confier la réalisation d'un maître-autel en marbre pour Mafra, où il fonda une école qui attira de nombreux disciples. Le sculpteur le plus doué de l'école de Giusti fut Joaquim Machado de Castro, auteur de la première statue équestre portugaise, celle du roi Joseph Ier sur la Praça do Comércio. Obéissant à une tradition populaire très en vogue aux XVIIe et XVIIIe siècles, il réalisa également de nombreuses terres cuites polychromes, comme celles qui se trouvent au musée régional d'Aveiro, avec des caractéristiques typiquement rococo.

Au cours des siècles que nous venons d'évoquer, la peinture perdit beaucoup de son importance, si l'on excepte l'art du portrait, qui ne cessa de s'épanouir, autant au Portugal que dans le reste de l'Europe. Le portraitiste le plus célèbre du XVIIe siècle est Domingos Vieira (1618-1678), surnommé le Sombre pour le distinguer de son contemporain Domingos Vieira Serrão. Il doit ce sobriquet à un goût évident pour les nuances sombres qui contrastent avec les tons veloutés des arrière-plans et les blancs crémeux des collerettes et des couvre-chefs (le portrait de dona Isabel de Moura, au musée d'Art ancien de Lisbonne, en est une illustration remarquable).

Le néo-classicisme et le romantisme

Le style « pombalien », du nom de Pombal, ministre de Joseph Ier qui fut artisan de la reconstruction de Lisbonne, est beaucoup plus proche, par de nombreux aspects, des modèles classiques que des constructions rococo contemporaines du nord du Portugal. Le style néo-classique, avec son goût pour les colonnades, les entablements et les portiques gréco-romains, fut introduit à Lisbonne au cours de la dernière décade du XVIIIe siècle. Il reçut l'approbation de la cour lors de la construction du palais royal d'Ajuda, commencée en 1802 (et qui ne fut jamais achevée) après qu'un

L'œuvre de Domingos António Sequeira illustre parfaitement la transition entre le néo-classicisme et le romantisme.

incendie eut détruit les bâtiments de bois qui servaient de résidence à la famille royale depuis le tremblement de terre de 1755.

La basilique d'Estrêla, (1789 à Lisbonne), fut la dernière église à être érigée selon les grands canons du style baroque. Avec la dissolution des ordres monastiques, en 1834, l'architecture sacrée perdit sa position privilégiée dans le pays. Cette décadence eut des effets néfastes pour les grandes réalisations publiques. A Lisbonne, après le palais d'Ajuda, le seul édifice public construit dans la première moitié du XIXe siècle et digne d'être mentionné, est le théâtre de Marie II (1843) avec sa façade gréco-romaine.

Au nord, la bourgeoisie de Porto favorisa l'implantation du style néo-classique conservateur. Quant à l'importante communauté britannique liée au commerce du vin, elle adopta également cette esthétique, sans doute à cause de ses affinités avec les réalisations de l'architecte écossais Robert Adam (1728-1792), l'un des principaux inventeurs du néo-classicisme anglais. C'est le consul britannique John Whitehead qui commanda les travaux de la Feitoria Inglesa, mais aussi de l'hospice de Santo António, sans doute le bâtiment néo-classique le plus remarquable de tout le Portugal.

Le retour aux lignes gréco-romaines prôné par le néo-classicisme est aussi évident dans la statue de la reine Marie Ire de João José de Aguiar, avec les figures allégoriques des quatre continents connus. Cette sculpture se trouve sur le chemin qui mène au palais de Queluz, près de Lisbonne.

Deux peintres furent particulièrement remarqués : Francisco Vieira, connu sous le nom de Vieira Portuense (1765-1805), et Domingos António Sequeira (1768-1837). L'œuvre de Sequeira est l'illustration parfaite de la transition entre le style néo-classique et le romantisme ; exemple rare d'une vie où les deux périodes sont richement exploitées. Il fut nommé peintre de la cour en 1802 par Jean VI et chargé d'exécuter des tableaux pour le nouveau palais d'Ajuda. Les turbulences politiques des années suivantes poussèrent Sequeira à émigrer en France puis en Italie. Son œuvre peut ainsi se diviser en trois périodes. La première, d'inspiration nettement académique et néo-classique, correspond à son premier séjour à Rome et aux toiles réalisées pour le compte de la cour du Portugal. La seconde (1807-1823), qui comprend l'*Allégorie* de Junot (musée Soares dos Reis à Porto), où apparaît un style beaucoup plus libre et personnel, avec des contrastes de lumière inspirés par Goya, des touches rapides de couleur et des éclats de blanc. La dernière étape porte l'empreinte de ses séjours à Paris et à Rome. Ses quatre cartons pour des toiles de la collection Palmela, qui se trouvent encore au musée d'Art ancien, sont parmi ses œuvres les plus belles et les plus inspirées. On peut apercevoir dans l'architectu-

re et l'art néo-classiques, avec leur idéal d'ordre et d'harmonie, une réponse aux tumultes de l'époque.

Mais une autre forme de fuite est à la base de l'éclosion du romantisme portugais : la recherche des valeurs médiévales ou orientales, et l'apologie des « états seconds » : folie, rêve, transe. La plus extraordinaire manifestation de ce courant en architecture est le palais de Pena à Sintra, réalisé pour le prince consort Fernand de Saxe-Cobourg-Gotha. Cet édifice est un surprenant mélange de formes médiévales et orientales qui comprend des éléments de styles manuélin, mauresque, Renaissance, baroque, et englobe certaines par-

ties de l'ancien monastère du XVIe siècle qui occupait le site. L'ensemble donne surtout l'impression d'être une sorte de pastiche architectural, à la manière du néo-gothique anglais.

Si la sculpture connut une période de décadence pendant ces années de tumulte politique, la peinture épousa les nouveaux styles de l'architecture. En même temps que le déclin des intérêts religieux au Portugal, il se produisit une dissolution du « grand style ». Les réalisations sacrées, héroïques ou de grande envergure disparurent au profit d'œuvres plus intimes et personnelles, ce qui correspond, au Portugal comme dans le reste de l'Europe, à la formidable ascension des classes moyennes. L'art royal était déjà bien engagé sur la pente descendante. Les révolutions libérales de ce siècle rompaient avec la notion d'histoire déterminée par Dieu ou le roi, pour la remplacer par celle du relativisme. Parallèlement, le concept selon lequel l'art était l'expression de principes intemporels cédait le pas au subjectivisme et à l'individualisme, qui continuent de dominer notre mode de pensée.

Sequeira représenta la partie religieuse, voire mystique, du romantisme naissant. Après sa mort, le mouvement s'engagea sur une autre voie : la nature devint le nouvel objet de culte, le substitut à l'idée de divinité. L'homme face aux forces supérieures et mystérieuses de la nature fut un thème contemporain du romantisme anglais ou français, en littérature et en peinture. Au Portugal, Tomás da Anunciação devint, avec Cristino da Silva, le paysagiste le plus en vue de sa génération. L'art du portrait conserva sa popularité. Il ne se réduisit pas à des fonctions utilitaires, mais mit de plus en plus l'accent sur la vie intérieure du sujet. Dans la toile de Miguel Lupi, *La Mère de Sousa Martin* (musée national d'Art contemporain à Lisbonne), les zones « éclairées » correspondent au visage et aux mains, ce qui donne au sujet une attitude pensive et une certaine mélancolie.

La fondation du centre artistique à Porto (1879) et du groupe du Lion à Lisbonne (1880) eut une importance capitale, car elle permit d'entretenir des contacts entre les artistes portugais et parisiens. Paris était, à l'époque, la capitale du renouveau artistique, et les Portugais se tournèrent vers la Ville Lumière, recueillant les idées qui y étaient en vogue ou s'y établissant. A partir de cette date, la capitale de la France ne cessa jamais d'être un pôle d'attraction pour les générations d'artistes portugais. Comme en France, le romantisme laissa la place au naturalisme.

A la fin du XIXe siècle, Silva Porto, José Malhoa et Henrique Posão furent les chefs de file des naturalistes. Mais Columbano Bordalo Pinheiro (1857-1929) est certainement le génie de ce siècle. Connu sous le nom de Columbano, ce peintre fit ses études auprès de Miguel Lupi à l'Académie des beaux-arts (fondée en 1836) et

avec une touche rapide et magistralement maîtrisée.

Le frère de Columbano, Rafael Bordalo Pinheiro, fut un personnage populaire : céramiste célèbre, il travailla dans la tradition des caricaturistes. Il fonda un atelier de porcelaines en 1884, qui deviendra une école pour les céramistes.

Le modernisme

Les premières décennies du XXe siècle furent une époque d'intense activité artistique, tout d'abord en Europe, puis en Amérique. Au Portugal, les soubresauts

passa ensuite trois ans à Paris. Il y peint en 1882 le célèbre *Concert d'amateurs* (musée national d'Art contemporain) dans lequel apparaît l'incompatibilité avec les vues du courant naturaliste. A son retour au Portugal, Columbano rejoignit le groupe du Lion, dont il réunit en 1885 l'ensemble des membres dans un portrait de groupe (musée national d'Art contemporain). Ses portraits ultérieurs lui apportèrent surtout la réputation d'un coloriste de talent : ce sont des toiles aérées, plus lumineuses,

A gauche, « La Mère de Sousa Martin », de Miguel Lupi ; ci-dessus, portrait de Fernando Pessoa par Almada Negreiros.

politiques et sociaux qui suivirent la chute de la monarchie, en 1910, ne facilitèrent pas la révolution artistique. Peu de temps après, le régime dictatorial qui imposa son ordre entre 1926 et 1974 ferma les portes du pays à toutes les influences extérieures. C'est pour ces raisons que la plupart des mouvements modernes sont apparus au Portugal très tard ou sous une forme très atténuée.

En architecture, les œuvres les plus intéressantes sont celles qui reprirent des traditions locales, comme le style pombalien. Cette période fut non seulement celle de la renaissance du caractère national, mais également celle d'une grande extension urbaine et d'une rénovation intense des bâtiments publics.

Pour les peintres, 1911 est une date importante, celle de la fondation du musée d'Art contemporain, à Lisbonne, de la transformation des académies en écoles des Beaux-Arts et de l'organisation du premier salon des Humoristes dans la capitale, véritable rupture avec les salons de peinture conventionnels.

Paris restait le grand centre d'attraction pour les peintres les plus créatifs, et le point de contact avec l'avant-garde moderniste. Toutefois, la Première Guerre mondiale obligea de nombreux modernistes

portugais de la première génération à quitter la capitale de la France.

Les personnalités les plus en vue étaient Santa Rita Pintor (1889-1918) et Amadeo de Souza Cardoso (1887-1918). La mort prématurée de ces deux artistes, à quelques mois d'intervalle, marqua la fin d'une génération. Santa Rita Pintor fut une personnalité excentrique qui apporta sa contribution au mouvement futuriste portugais. Il n'existe presque plus aucune de ses œuvres car elles furent détruites après sa mort, conformément à sa volonté. Amadeo, dont la plupart des œuvres se trouvent au centre d'art moderne de la fondation Calouste Gulbenkian, à Lisbon-

ne, subit l'influence profonde du cubisme et des œuvres de Robert et de Sonia Delaunay, qu'il rencontra à Paris. Ses œuvres de 1913-1914 sont particulièrement explicites à ce sujet, dans la mesure où les sujets représentées servent uniquement de prétexte au jeu d'arcs de cercle colorés.

Un grand talent apparut à l'exposition des humoristes de 1911 : José Almada Negreiros (1893-1970), qui allait devenir la personnalité la plus fascinante et dynamique du monde de l'art portugais au XXe siècle. Peintre, poète, auteur de pièces de théâtre, Negreiros se consacra également à la chorégraphie et à la danse. Polémiste et théoricien, il écrivit, entre autres, une analyse du polyptyque de Saint-Vincent. Ses premières caricatures lui valurent d'être remarqué par Fernando Pessoa, qui devint son ami. Negreiros réalisa deux portraits posthumes de ce dernier, en 1954 (musée municipal de Lisbonne) puis en 1964 (fondation Calouste Gulbenkian). L'une de ses commandes les plus importantes fut une fresque pour le port de Lisbonne en 1943-1948. Il réalisa également des vitraux, des *azulejos* et des cartons de tapisserie. Au cours de ses dernières années, Negreiros abandonna la peinture figurative pour des représentations complexes de figures géométriques et de notions métaphysiques, à l'instar des courants picturaux qui se répandaient dans le monde.

Bien que les principaux courants artistiques modernes aient pu trouver une expression au Portugal, la fermeture des frontières aux influences extérieures due au régime de Salazar limita les recherches, les confrontations intellectuelles, les échanges artistiques ou les rejeta dans la clandestinité.

Les bouleversements d'avril 1974 (et l'ouverture démocratique paradoxalement entraînée par ce coup d'État hors du commun, la révolution des Œillets) apportèrent à la vie artistique des espérances que la dictature avaient étouffées. Avec leur ouverture sur la scène internationale, les artistes portugais ont pu prendre part aux réflexions contemporaines.

A gauche, plaque de Lalique à la fondation Calouste Gulbenkian; à droite, Lisbonne, par Almada Negreiros.

POUSADAS ET MANOIRS

Les *pousadas* sont des hôtels de qualité, aménagés dans des monuments historiques et gérés par l'État. Il en existe aujourd'hui une trentaine, et toutes ont acquis une solide réputation de confort et de luxe. De nombreux panneaux de signalisation en rendent l'accès très facile.

Le nord-ouest

Si on voyage dans les épaisses forêts du nord-ouest du Portugal, on peut passer par la ville de Valença do Minho et la Pousada de São Teotonio. Cette dernière, située dans les anciennes fortifications de la cité, jouit d'une vue extraordinaire sur le Minho et sur les montagnes de Galice. C'est aussi un point de départ idéal pour faire des promenades dans les ruelles de la vieille ville.

La Pousada Dom Diniz, qui a reçu le nom du roi portugais du XIVe siècle Denis Ier, se trouve à Vila Nova a Cerveira, juste à l'ouest de Valença, et domine le cours du Minho. Le château de la ville sert de cadre à l'hôtel, avec une petite chapelle du XVIIIe siècle à proximité. Les chambres, dans plusieurs bâtiments, sont très vastes et leurs lits sculptés sont remarquables.

Vers l'est, la Pousada de São Bento est une magnifique demeure de pierre, couverte de lierre et située sur une colline à l'intérieur du parc national de Peneda-Gerês. Au milieu de la forêt et de ses cours d'eau, les immenses fenêtres donnent sur le barrage de Caniçada et la campagne environnante. Les clients ont accès à la piscine et au court de tennis.

Plus au sud, à Guimarães, la Pousada da Santa Marinha da Costa est aménagée dans un monastère du XIIe siècle qui a conservé ses murs de pierre et ses fenêtres d'origine. La plupart des chambres sont d'anciennes cellules de moines ; on ne s'y sent pourtant pas prisonnier, car elles possèdent presque toutes un balcon.

Le nord du Portugal est à l'origine de la politique du logement touristique (le *turismo de habitação*) mise en place afin de conserver quelques-unes des plus belles résidences particulières du pays. Les propriétaires de ces somptueuses demeures les ont ouvertes aux touristes, et les visiteurs sont traités comme des hôtes de la famille. L'exemple type de cette formule est le manoir de Paço de Calheiros, dans le nord-ouest du pays, où habite le descendant des comtes de Calheiros. Les dix chambres disponibles pour les visiteurs sont meublées de pièces d'époque (souvent d'origine) et la décoration est d'un goût irréprochable. Les confitures maison sont délicieuses et servies avec l'argenterie familiale. Autre exemple : le Paço da Gloria, à Arcos de Valdevez, juste au nord-est de Calheiros. Il s'agit d'un palais du XVIIe siècle, avec de superbes tours,

construit sur une colline entourée d'un parc et d'un vignoble. L'intérieur a été décoré avec luxe, mais assez peu dans l'esprit du palais. Il faut noter le sol en basalte noir et les bustes de l'entrée. Les chambres possèdent des salles de bains spacieuses et des pelouses qui invitent à la détente entourent la piscine. L'endroit le plus agréable de l'hôtel est sans doute la véranda voûtée. Plus au sud, la région de Viana do Castelo et celle de Ponte de Lima possèdent également de nombreux hébergements. Au nord de Meadela, sur la route de Ponte de Lima, on peut s'arrêter à la Casa do Ameal, charmante bâtisse qui possède trois grandes chambres, quatre suites et un jardin superbe avec une piscine. A Ponte de Lima même, la Casa do Outeiro est une demeure cossue du XVIIIᵉ siècle, entourée d'arbres, au jardin soigné. Les chambres sont équipées de tout le confort moderne sans avoir perdu leur charme d'origine. Non loin de là, la Casa do Antepaço a été aménagée dans un superbe domaine (*quinta*). Cette demeure a été restaurée avec soin et les visiteurs peuvent séjourner dans l'appartement privé ou dans l'une des quatre chambres disponibles. Il y a un salon avec une cheminée, une bibliothèque et une terrasse qui donne sur les jardins et le cours de la

Lima. Près de Facha se trouve la Casa das Torres, belle exemple de l'architecture de l'époque de Jean V (1706-1750), avec de superbes encadrements de fenêtres, des murs passés à la chaux et des tourelles remarquables. Une seule chambre est disponible, ainsi qu'un appartement dans un bâtiment annexe. Les visiteurs sont invités à profiter des jardins et de la piscine. Ceux qui préfèrent un cadre plus campagnard et davantage d'intimité

Pages précédentes: la Pousada da Santa Marinha à Guimarães. A gauche, la Pousada de São Filipe, à Setúbal ; ci-dessus, couloir à chevaux de la Pousada da Santa Marinha.

choisiront la Quinta da Aldeia, à Crasto-Ribeira. C'est une *quinta* charmante, avec une entrée couverte de lierre, qui possède un appartement au mobilier rustique et qui comporte une cuisine, une salle de bains et un salon. Le Minho de Estoroes, également près de Ponte de Lima, est un superbe petit moulin à eau situé sur les berges de l'Estoroes, aménagé pour accueillir une famille. Ce ne sont là que quelques exemples de la cinquantaine de maisons qu'on peut louer dans cette région de la Costa Verde, la « côte verte ».

La vallée du Douro compte peu de maisons qui appartiennent à la formule du *turismo de habitação* ; les deux plus intéressantes sont la Vila Hostilina à Lamego et la Casa dos Varais à Cambres. La villa domine la vieille ville de Lamego et possède une salle de gymnastique, une salle de massage, un sauna, des courts de tennis et une piscine. A la Casa dos Varais, on jouit de la beauté du Douro : les terrasses et les jardins offrent une vue exceptionnelle sur le fleuve et les collines environnantes. Cette demeure ne compte que deux chambres, avec un salon séparé pour les visiteurs.

La Serra da Estrêla

En plein cœur de la Serra da Estrêla se situent la ville de Manteigas et la Pousada São Lourenço, modeste demeure en pierre couverte de tuiles rouges. Les chambres sont simples mais confortables. Celles du deuxième étage ont de petites vérandas avec une vue exceptionnelle sur les montagnes et sur la ville. L'établissement est équipé d'une salle de télévision et d'une salle à manger avec une cheminée.

L'un des plus beaux endroits de la Serra est le hameau de Sabugueiro, avec ses ruelles de terre parfois pavées, et ses maisons de granit. A la Casa do Sabugueiro, le séjour donne une bonne idée de ce que peut être la vie de la campagne portugaise. On se réveille au son des clochettes des troupeaux de moutons et des appels de bergers qui partent à l'aube. La propriétaire a aménagé deux maisons de granit : chambres aux murs blancs, salles de bains et salons avec une cheminée d'angle ainsi qu'une salle à manger où elle sert ses excellents plats du jour avec du fromage et du pain du village. Au pied de la serra s'étend le bourg d'Alpedrinha. En tournant au bout de la rue principale sur la droite, on atteint une demeure du XIXe siècle, la Casa do Barreiro. Les chambres qu'elle propose sont richement meublées avec des fauteuils, des pianos, d'épais tapis et toutes sortes d'antiquités. Les murs sont couverts de tapisseries, de drapeaux anciens et de vitrines contenant une multitude de bibelots. En hiver, il faut se contenter du chauffage du traditionnel *brasero* placé sous les tables recouvertes d'une longue nappe.

Près de Tomar, où se trouve l'ancien siège de l'ordre du Temple, à Castelo do

Vers Lisbonne

Au nord de Lisbonne, on rejoint la cité fortifiée d'Obidos. La Pousada do Castelo est aménagée dans une partie de l'ancien château. Elle est très réputée et très petite ; aussi est-il difficile de réserver, à moins de s'y prendre longtemps à l'avance.

En se rapprochant de la capitale, on atteint Torres Vedras et la Quinta do Hespanhol, manoir du XVIe siècle qui possède encore une bonne partie de son architecture manuéline. Il compte quatre chambres et plusieurs salles communes, ainsi qu'une véranda à colonnades perchée

Bode exactement, une *pousada* domine les eaux du barrage construit sur le cours de la Zêzere. L'établissement est entouré d'oliveraies et de pinèdes. Les chambres sont petites mais confortables. La salle à manger est ensoleillée le matin et donne sur le lac artificiel.

Au sud de Batalha s'élèvent Porto de Mós et son château. La Quinta do Rio Alcaide, restaurée, est située du côté des montagnes : elle possède des terrasses à colonnades et de vastes jardins. La *quinta* est divisée en quatre parties : le bâtiment principal, celui du milieu, le four à pain qui a été transformé en appartement et le moulin qui se trouve sur une butte.

au dernier étage. La demeure est bordée de grands arbres dans un cadre superbe. A São Mamede de Mertola, 5 km plus loin, le Minho do Loural est un ancien moulin à vent transformé en appartement ; il ne compte que deux chambres, une cuisine, une salle de bains et une salle à manger avec une cheminée.

En remontant ensuite le Tage vers le nord, on arrive à Santarém où deux familles ont ouvert leur demeure pour accueillir des hôtes. La Casa da Torre est la plus modeste des deux : il s'agit d'une maison en bordure d'une rue pavée, avec des buissons de fleurs qui couvrent sa façade. Elle dispose de trois chambres, de salons et d'un jardinet avec un barbecue. La Quinta da Sobreira est beaucoup plus vaste, avec un porche somptueux et une tour sur l'un des côtés. Construite au début du XIXᵉ siècle, elle possède une piscine et des chevaux que l'on peut monter. Trois chambres seulement sont à la disposition des hôtes, avec chacune une salle de bains.

A l'est de Santarém, on peut rejoindre la ville frontière de Marvão, cité fortifiée du XIVᵉ siècle perchée au sommet d'une montagne. A l'intérieur des remparts médiévaux, on trouve la Pousada Santa Maria, très simple et agrémentée d'une terrasse vitrée qui offre une vue sur la nord du pays. Plusieurs font cependant exception, dont la Quinta da Capela, à Sintra, superbe palais qui s'accorde merveilleusement avec le cadre naturel de la région. Cette *quinta* est la propriété de la marquise de Cadaval qui l'a arrangée avec un soin extrême. L'établissement possède une suite et quatre chambres dans le bâtiment principal. Deux vastes appartements annexes ont été aménagés dans le parc.

Sintra compte aussi la Quinta de São Tiago, près du palais de Seteais. Les sept chambres sont luxueusement décorées, tout comme les pièces communes, le bar et

campagne espagnole. Les chambres sont confortables mais assez petites ; le menu du restaurant affiche de l'excellent gibier. Si l'on préfère les maisons individuelles, on peut louer quelques jours ou quelques semaines la Travessa do Terreirinho, qui appartient à Margarida Leite Rio. Il s'agit d'une maison très agréable avec une grande cheminée, un mobilier et une décoration très simples.

Peu de demeures de la région de Lisbonne peuvent rivaliser avec celles du

A gauche, couloir voûté de la Pousada dos Lóios, à Évora ; ci-dessus, la Pousada da Rainha Santa Isabel, à Estremoz.

le salon. La *quinta* possède aussi un grand jardin avec des arbres centenaires, une piscine et des courts de tennis.

Au sud de Lisbonne

Juste au sud de Lisbonne se trouve Palmela, avec l'impressionnante Pousada Castelo de Palmela. L'établissement fait partie d'un ancien monastère, construit au XVᵉ siècle sous Jean Iᵉʳ en face du château de la cité.

Setúbal est proche. La ville possède la Pousada de São Filipe, dans l'enceinte même du château São Filipe. La plupart des chambres, hautes de plafond, jouissent d'une très belle vue sur la baie, tout comme le restaurant qui propose surtout des spécialités de la région. En poursuivant en direction de l'Espagne, on traverse les deux villes d'Elvas et d'Estremoz. A Elvas, la Pousada de Santa Luzia doit sa réputation à sa cuisine et à son restaurant. De nombreux visiteurs s'y arrêtent pour déjeuner. De plus, les chambres sont d'une qualité irréprochable.

L'Alentejo

Une halte s'impose à la Pousada Rainha Santa Isabel, qui domine la petite ville

A Évora, la Pousada dos Lóios était, à l'origine, une résidence construite au XVe siècle sur les fondations de l'ancienne forteresse. Entièrement restaurée, cette fabuleuse hôtellerie possède de hauts plafonds, des arches en granit et en marbre. Un escalier en marbre sculpté conduit aux chambres. Le salon possède des antiquités exceptionnelles. La salle à manger est installée autour d'un jardin intérieur orné d'une fontaine.

Les résidences proposées par le *turismo de habitação* à Évora sont, elles aussi, d'une rare beauté. Les tours qui constituent les anciennes portes de la ville sont

d'Estremoz. L'établissement a été restauré et conserve de nombreux meubles anciens. Un escalier magnifique, en marbre, conduit aux chambres. Celles-ci sont toutes décorées dans des couleurs différentes et jouissent d'une vue superbe sur la campagne. La salle à manger a des voûtes basses soutenues par d'imposants piliers.

Entre Estremoz et Elvas, après Borba, on atteint Vila Viçosa. La Casa dos Arcos doit son nom aux élégantes arcades qui ornent l'entrée. Les éléments les plus beaux de cette demeure du XVIe siècle sont les fresques des murs du salon. Les chambres ne sont pas aussi somptueuses, mais elles sont plaisantes et spacieuses.

aujourd'hui comprises dans l'un des murs de la Casa do Conde da Serra. Cette demeure devint la propriété du premier comte da Serra da Tourega au milieu du XVIIe siècle, et le blason familial orne toujours la façade de la résidence. L'intérieur comprend un mobilier superbe ainsi qu'une grande peinture sur bois du XVIIe représentant la crucifixion du Christ. Plusieurs chambres ont une cheminée décorée d'*azulejos*. Le déjeuner est servi dans la salle à manger principale, meublée de commodes du XVIIIe siècle et d'une armoire hollandaise de 1625. A quelques kilomètres du village de Redondo s'élève le Convento da Serra d'Ossa. Le monastère a été bâti par des moines de l'ordre de saint Paul vers 1070, et d'autres bâtiments furent ajoutés au XIVe puis au XVIIIe siècle. La campagne alentour est couverte d'oliviers, de pins et d'eucalyptus. Les chambres sont les anciennes cellules des moines, réparties de part et d'autre d'un long couloir qui est, en lui-même, une véritable œuvre d'art, avec ses panneaux d'*azulejos* du XVIIIe siècle. A l'extérieur, un superbe patio donne sur une fontaine florentine. La chapelle du monastère, qui possède des fresques des XVIIe et XVIIIe siècles, ainsi que des *azulejos* représentant des scènes bibliques, est à visiter.

mentaires. Cette *pousada* est à coup sûr l'une des plus chaleureuses du pays.

En poursuivant vers le sud, presque à la frontière de l'Algarve, on atteint la Pousada Santa Clara qui domine les eaux bleues du barrage Santa Clara.

L'Algarve

Dans l'Algarve, on peut se rendre à la paisible Pousada São Bras, 3 km au-dessus de São Bras de Alportel. Les chambres sont simples, mais la vue est unique.

A Sagres, on peut se reposer dans la Pousada do Infante, qui doit son nom au

Sur la partie occidentale de l'Alentejo, non loin des ruines romaines de Mirobriga, on fera halte à Santiago do Cacém et à la Pousada de São Tiago. Cette dernière est une charmante petite demeure à la façade recouverte de lierre, et dont le jardin fleuri abrite une piscine, ce qui est très appréciable par les grosses chaleurs de l'été. La partie principale de l'hôtel compte quatre chambres ainsi qu'une annexe proposant des chambres supplé-

A gauche, vue d'ensemble de la Pousada da Santa Marinha de Costa, près de Guimarães. Ci-dessus, la Pousada do Castelo, à l'intérieur du mur d'enceinte d'Obidos.

fameux prince Henri le Navigateur. Il s'agit d'un établissement moderne avec de grandes chambres très coquettes qui, de plus, offrent une vue imprenable sur l'océan Atlantique.

Le *turismo de habitação* n'est pas aussi répandu dans le sud que dans le nord du pays, mais un endroit mérite d'être signalé : la Quinta do Caracol, qui est située à l'entrée de Tavira, dans la partie orientale de l'Algarve. Elle est ornée de bleu tunisien et de jaune, deux couleurs chères à l'architecture de la région. C'est une demeure basse aux murs blancs. Une petite piscine a été creusée derrière la *quinta*.

LES ARBRES DE L'ALENTEJO

Les Portugais sont des gens proches de la terre : ils décrivent volontiers leur pays comme un jardin cultivé au bord de l'océan. Les légendes se nouent autour d'histoires de roses, de fleurs d'amandiers, et l'œillet reste le symbole de la révolution de 1974. Pourtant la terre portugaise est peu fertile, en particulier dans les vastes plaines et sur le littoral de l'Alentejo, où le sol est caillouteux. La vie dans l'Alentejo

Il y a des siècles, le Portugal était presque entièrement recouvert de belles forêts de chênes. Elles ne représentent plus qu'un tiers du territoire. D'après les mêmes experts, l'économie du Portugal serait en nette amélioration si la forêt réoccupait 59 % des terres, soit le double du chiffre actuel. D'importants projets sont en cours pour atteindre ce but, notamment un plan organisé et financé par la Banque mondiale, visant à reboiser une immense zone au nord du Tage. A ce jour, les arbres représentent une bonne part de l'économie de cette province. L'industrie forestière emploie cent mille personnes.

impose aux habitants de faire pousser des cultures « utiles » plutôt que de se consacrer aux plantes décoratives, ce que pourtant ils affectionnent. Le tiers des portugais sont paysans, trois fois plus que la moyenne européenne. Mais, à cause de la nature du sol et des rigueurs du climat, le rendement est inférieur de plus de 50 % à celui qu'on obtient dans le reste de l'Europe. Ainsi, une grande partie de la surface du pays est consacrée à l'agriculture, malgré l'avis des experts qui estiment qu'une moitié seulement de ces terres sont propres à cet usage. Les agronomes proposent de redécouvrir une richesse historique du Portugal : la forêt.

Le pin sert pour le mobilier et la construction, la résine est employée pour la confection de la poix et de la térébenthine. Les pinèdes représentent environ 40 % de l'ensemble des forêts portugaises. En les traversant, on aperçoit des récipients métalliques attachés sur les troncs pour en récolter la sève. Le prélèvement dure environ un mois, et la sève est collectée à trois reprises durant cette période.

Le principal produit des forêts portugaises reste la pulpe, qui sert à la fabrication du papier et du carton. Dans ce domaine le pin a cédé sa place à l'eucalyptus, dont la pulpe convient mieux à cette industrie. L'eucalyptus australien a été introduit au Portugal en 1856. Cet arbre représente 10 % de la forêt portugaise. Son essence sert aussi en pharmacie.

Les fabricants de papier exercent de nombreuses pressions pour étendre la culture de cet arbre. Leur principal argument réside dans le fait que sa croissance est beaucoup plus rapide que celle du pin (quinze ans contre cinquante). En revanche, certains paysans s'opposent avec vigueur à cette culture, affirmant que ces arbres peuvent détourner l'eau nécessaire aux autres cultures si les plantations ne sont pas faites correctement. Finalement, les arguments des uns et des autres se

monde viennent de l'Alentejo. Pourtant la culture de cet arbre n'est pas une mince affaire. Elle demande d'abord de la patience, puisqu'il faut attendre vingt-cinq ans avant de pouvoir extraire le liège. Il faut ensuite tailler avec soin et régulièrement les branches, qui doivent laisser passer la lumière et permettre aux paysans de travailler plus tard sur le tronc. Enfin, il faut débroussailler systématiquement. C'est en plein été, lorsque l'écorce se détache le plus facilement du tronc, que l'extraction du liège se fait. Ce travail doit obligatoirement se faire à la main : aucune machine n'est capable de se substituer au savoir-

tiennent, puisque les programmes prévoient le reboisement en pins et en eucalyptus dans la même proportion. On trouve ces essences dans de nombreuses régions, notamment dans l'Alentejo.

Le chêne-liège

D'autres arbres sont beaucoup plus typiques de cette province ; parmi eux le chêne-liège. Un chiffre parle de lui-même : les deux tiers du liège employé dans le

Pages précédentes : les plaines de l'Alentejo. A gauche, champ d'oliviers ; ci-dessus, des chênes-lièges.

faire et à la précision de l'homme. Le tronc ne doit pas être endommagé au cours de l'opération, sous peine de faire mourir l'arbre. Chaque arbre fournit entre 30 et 50 kg de liège par prélèvement. Il faut ensuite attendre neuf ans pour que l'écorce se reconstitue. Un chêne est dénudé entre douze et quinze fois au cours de sa vie, qui avoisine les deux cents ans.

Après la récolte, les plaques de liège sont mises à sécher pendant une année. Si cette opération est mal faite, toute une récolte de vins de Porto peut être gâchée par des bouchons défectueux ! Les plaques sont ensuite mises à bouillir une journée entière afin d'assouplir le liège, puis elles sont séchées à la main avant d'être à nouveau exposées au soleil. Elles sont ensuite triées et réparties en une cinquantaine de catégories correspondant toutes à un usage précis. Des machines remplacent petit à petit personnes qui découpent des centaines de bouchons par jour dans des plaques de lièges. Toutefois, la machine ne peut rivaliser avec elles lorsqu'il s'agit de tailler des bouchons parfaits pour les excellents vins ou les grands champagnes. De même, on ne remplacera pas le liège par des matières synthétiques qui ne permettraient pas au vin de respirer convenablement. L'Alentejo produit environ

mettant de dater un objet) ont révélé pour certaines olives de l'Alentejo qu'elles remontaient à l'origine de notre ère. Quoi qu'il en soit, les champs d'oliviers portugais sont le lien le plus fort qui existe entre ces régions et l'ensemble du bassin méditerranéen.

L'huile d'olive, le « fil de la vie », est peut-être la base la plus importante de la cuisine locale, comme le sont le sel et le poivre dans d'autres pays. La plupart des plats portugais commencent par la préparation du *refogado*, oignons émincés et ail revenus dans de l'huile d'olive. Les Portugais arrosent également d'huile

2 000 t de liège par an, mais le chêne-liège est également cultivé dans l'Algarve et dans certains endroits du Ribatejo. Ce produit rapporte plus de 200 millions de dollars par an grâce à l'exportation, et ce secteur ne cesse de croître.

L'olivier

Plus ancienne encore est la culture de l'olivier, qui pousse principalement dans l'Alentejo, mais aussi dans toutes les régions du centre et du sud du Portugal, jusque dans la vallée du Douro, dans le nord. Des datations au carbone 14 (technique de mesure de la radioactivité per-

d'olive le poisson bouilli, les pommes de terre, les légumes et certaines soupes. Une grande partie de l'huile d'olive produite au Portugal, qui a un goût plus relevé que dans d'autres pays, sert pour les conserves de thons et de sardines. La production de cette huile demande un long travail. L'olivier ne donne pas de fruits pendant les vingt-cinq premières années, parfois plus s'il a été touché par le gel. Les olives sont récoltées en novembre, juste avant leur maturation complète, six à huit mois après la floraison de l'arbre. Les récoltes sont très variables d'une année sur l'autre : quelques centaines d'olives une année, des milliers l'année suivante. On étend un drap au pied de chaque arbre et on secoue les branches avec de longues gaules ; les olives qui restent sont ensuite cueillies à la main, en montant dans l'arbre. Des machines à récolter les olives sont apparues : elles enserrent le tronc avec une grande pince pour le secouer. Une partie de la cueillette est conservée dans de l'eau salée pour la consommation en apéritif ou la cuisine. L'huile représente 20 à 30 % du fruit frais. L'obtention de l'huile se faisait autrefois par pressage entre deux grandes meules de pierre ; la pulpe était ensuite rassemblée dans des sacs puis pressée une nouvelle fois. L'huile se déversait dans des réci-

mais plus lourde, en général employée pour la cuisine. Le produit du troisième pressage est destiné à des usages industriels. Ces trois étapes sont les principales, mais les méthodes actuelles, très complexes, permettent d'obtenir beaucoup d'autres degrés de qualité.

Les chênes et les oliviers de l'Alentejo ne sont pas aussi exotiques que les amandiers ou les caroubiers de l'Algarve, mais ils donnent son caractère à cette province.

Le *loquat*, que l'on trouve dans le Sud, est un arbre à feuilles persistantes de la famille des rosiers, originaire de Chine et du Japon. On reconnaît facilement le

pients métalliques avec de l'eau qui servait à retenir les impuretés. Cette méthode est encore assez répandue, mais la plupart des fermiers vendent leurs olives à des coopératives qui se chargent d'en extraire l'huile grâce à des centrifugeuses et à des presses hydrauliques. La quantité produite par ces techniques est évidemment supérieure.

L'huile de meilleure qualité, légère, d'un vert sombre, est celle qu'on obtient après le premier pressage. Le deuxième pressage donne aussi une huile de bonne qualité,

A gauche, eucalyptus et tronc de chêne-liège démasclé ; ci-dessus, fabrique de liège à Portalegre.

loquat à ses feuilles rigides et à ses petites fleurs blanches. Ses fruits jaunes et ovales ressemblent un peu à des prunes, poussent en grappes et peuvent atteindre 7 cm de long. C'est un fruit très juteux.

On pourrait poursuivre l'énumération des plantes qui poussent dans l'Alentejo. Il est impossible de ne pas citer la vigne, bien qu'elle ne soit pas très répandue dans cette région. Il faut trois ans à une vigne pour porter des grappes, et trois autres années pour que le fruit atteigne sa maturité. Les vins de l'Alentejo, le *redondo*, le *borba*, le *beja* et le *vidigueira*, sont bons. Les rouges sont fruités et sombres, les blancs pâles et secs, et tous titrent un degré d'alcool élevé.

LES BATEAUX PORTUGAIS

« Somos o gente do mar » (« Nous sommes des gens de la mer ») proclama Vasco de Gama à son retour à Lisbonne après avoir découvert la route des Indes, en 1498. Grâce à ses explorateurs voyageant à bord de caravelles, petites et légères comme le voulait l'ancien modèle méditerranéen, le Portugal des XVe et XVIe siècles devint la plus grande nation maritime du monde. Mais très vite, le Portugal ne fut plus qu'un pays naufragé dont les fameuses caravelles ne parcouraient plus les mers.

Cependant, la grande tradition maritime à laquelle l'histoire a poussé le Portugal ne s'était pas complètement éteinte. Et il est d'ailleurs remarquable que la retraite du Portugal ait été mise à profit. En effet, les techniques et traditions laissées par les anciens marins furent réemployées à l'intérieur du territoire pour la navigation fluviale. Il en reste de nombreux exemples aujourd'hui.

Les « barcos rabelos »

Ces bateaux au fond plat et à la voile carrée sont les plus connus, surtout aux alentours de Porto. Toute une flotte est amarrée le long du quai du Douro, en face de Lisbonne, à Vila Nova de Gaia ; elle porte sur ses voiles les blasons de diverses marques de portos dont les entrepôts peuplent le débarcadère : Cockburn's, Dow's, Calem, Grahams. Ces embarcations sont désormais les symboles du vin et de la ville auxquels leur destin est lié depuis des centaines d'années.

Il existe de nombreuses similitudes entre ces bateaux et ceux des Vikings qui naviguèrent le long de la côte portugaise du IXe au XIe siècle pour rejoindre la Méditerranée, mais la saga du *barco rabelo* est antérieure à l'apparition de ce peuple nordique ; on le connaissait déjà sur le Douro à l'époque des Romains.

Il fut pourtant construit selon la méthode nordique héritée des Vikings, celle du bordage à clins (constitué de lattes de bois assemblées et ajustées par des rivets de bronze). Une simple comparaison entre la coque d'un *rabelo* et celle d'un *knörr* (vrai nom du drakkar) montre des ressemblances étonnantes, sans parler bien sûr de la fameuse voile carrée.

Lorsque le marché du porto commença à prendre son essor, au début du XIXe siècle, le *rabelo* dut s'adapter. Le raisin était alors cultivé et transformé dans les hauteurs de la vallée du Douro, d'où on le transportait jusqu'à Vila Nova de Gaia pour l'embarquer pour l'étranger.

Les bateaux étaient construits en grand nombre et envoyés sur le dangereux fleuve, chargés de tonneaux de vin. Le fond plat était nécessaire pour le franchissement des rapides, pour ne pas accrocher

les fonds et surtout pour supporter de tels chargements. Mais il fallait aussi une large plate-forme arrière afin que l'homme de barre puisse manier aisément l'imposant gouvernail, appelé *espalda*, nécessaire pour changer rapidement de direction dans les rapides ; il fallait aussi pouvoir retirer vivement le gouvernail de l'eau pour éviter qu'il se brise contre les rochers. L'*espalda* y était parfaitement adaptée.

Les marins prenaient leurs repas et couchaient à bord ; ils cuisinaient leurs plats traditionnels et épicés (et en particulier le *bacalhau*) dans un chaudron suspendu à l'une des poutres appartenant à la superstructure du bateau.

Jusqu'aux années 60, date de la construction du barrage, les accidents étaient fréquents. Les vaisseaux étaient extrêmement chargés, et les courants très dangereux. Pour remonter le fleuve, les bateaux étaient aidés par les vents d'ouest et halés par des attelages de bœufs dans les rapides.

L'une des catastrophes les plus célèbres est celle qui advint à un marin écossais, le baron Forrester, qui en 1862 voyageait par *rabelo* d'une *quinta* à l'autre. Il venait y acheter quelques fûts de porto et transportait l'or nécessaire à ses achats dans sa ceinture. Le bateau chavira et Forrester se

le voyage par la route qui suit le cours du Douro.

On construit toujours les bateaux en grand nombre mais seulement en vue de concourir lors de la régate annuelle qui oppose les divers producteurs de porto. Cette compétition a lieu le 24 juin, lors du festival de São João (saint Jean Baptiste, protecteur de la ville), grand moment de réjouissance dans la vie des Portugais. Les bateaux partent de l'embouchure du Douro pour atteindre le fameux pont à tablier de Porto, le Dom Luis Iᵉʳ.

Une des étapes les plus importantes de la compétition est la fabrication du *rabelo*,

noya. Il arriva à peu près la même mésaventure la fameuse dona Antonia Adelaide Ferreira.

Tradition et adaptation

La construction du barrage hydro-électrique sur le Douro a mis fin au rôle du *rabelo* dans le commerce du porto. En effet, depuis plus de trente ans, le vin fait

Pages précédentes: les «barcos rabelos» en compétition pour des marques de porto. A gauche, un «moliceiro» récupérant des algues; ci-dessus, un «traineira» halé par des bœufs.

qui doit parfaitement respecter la tradition de la grande époque. On le construit sur les rives du fleuve, tout comme jadis. Le mât est fait de pin maritime et la coque répond à la technique du bordage à clins. Les bateaux les plus grands font à peu près 24 m de long par 5,50 m de large, avec une voile de 80 m², et nécessitent un équipage d'au moins douze personnes; ils ont une capacité de 65 tonneaux et peuvent transporter jusqu'à 522 litres de porto. La régate de São João est la preuve que ces navires ne sont pas un simple investissement publicitaire qui servirait au passage la vanité de leurs propriétaires (les bateaux restent à quai toute l'année).

Les « moliceiros »

Moins connu que le *rabelo*, le *moliceiro,* héritier d'une vieille tradition, répond à un usage bien précis depuis des siècles : il sert à la récolte des algues ! Il navigue principalement sur la lagune d'Aveiro (45 km de long), reliée à l'Atlantique par une brèche étroite dans les terres de la province humide de Beira.

Les algues qu'il récolte, appelées *molicos*, poussent en quantité dans le lit de la rivière et servent à engraisser les champs de la région. La haute proue en col de cygne avance lentement dans les marais de long et ont un équipage de deux personnes qui passent plusieurs jours à bord pour retrouver ensuite son port d'attache, Aveiro, Ovar ou Torreira.

Les embarcations sont équipées à l'arrière d'un énorme gouvernail dirigé au moyen de cordes, et le mât central porte une voile de 24 m². On a toujours de solides rames à bord mais on se sert plus volontiers de la perche. Les hommes se tiennent alors sur la proue et plantent leur solide perche en bois dans la boue pour pousser le bateau plat parmi les roseaux. Les instruments nécessaires à la récolte des algues sont les fourches à nombreuses

silencieux, dont quelques oiseaux aquatiques ou l'appel d'un navigateur à ses comparses troublent à peine l'immobilité.

On prétend que les habitants des localités qui se partagent les abords de la rivière seraient les lointains descendants des Phéniciens, auxquels ils auraient emprunté certains traits physiques et quelques vocables. Peu importe que cela soit vrai ou non, il est sûr que le dessin et l'ornement des *moliceiros* doivent beaucoup aux marchands phéniciens. On retrouve les mêmes motifs tout autour de la Méditerranée : fleurs, saints, taureaux, chevaliers ou héros mythiques peints dans des couleurs vives. Les *moliceiros* mesurent entre 10 et 15 m dents appelées *ancinhos*, que l'on promène à la surface de l'eau afin d'arracher les plantes aquatiques.

Tout comme celui des *rabelos*, le nombre des *moliceiros* a diminué. Au début des années 50, seuls 1 000 bateaux faisaient la récolte des algues. De plus en plus nombreux, les engrais artificiels remplacent le *molico*. Il reste juste assez de demande pour permettre à quelques pêcheurs de vivre.

Une régate annuelle, qui a lieu à Torreira le premier week-end de septembre, perpétue la tradition du *moliceiro*.

D'autres bateaux, qui ont un dessin similaire à celui des *moliceiros* bien que moins sophistiqué, fréquentent aussi la lagune. Ils servent surtout au transport et en particulier à celui du sel, collecté sur les bords de la lagune d'Aveiro à l'aide d'instruments spéciaux. Ce sont les *mercanteis*.

La haute mer

Des bateaux différents sillonnent les plages (Praia da Mira, à l'ouest du fleuve, sur le littoral de Beira et en Estrémadure, à Nazaré) avant de gagner le large. Ils ont une plus haute étrave et une coque voûtée apte à affronter la houle océane. Leur style varie sensiblement d'un village à l'autre

qui s'échelonnent tout le long de la côte atlantique. Ils font à peu près 5 m de long, et leurs proues sont effilées comme des pics. L'un des motifs récurrents qui ornent ces bateaux est une paire d'yeux peints sur la proue dans le but de repousser les mauvais esprits (ce sont presque les mêmes que ceux qui ornent les bateaux de pêche de tradition phénicienne comme les *luzzus* de Malte). Du fait de l'identité des motifs, les pêcheurs emploient des cou-

A gauche, motifs colorés selon la tradition et la fantaisie des pêcheurs; ci-dessus, course de «moliceiros».

leurs différentes afin qu'on les reconnaisse de loin.

La violence de l'océan et la largeur des plages permettent difficilement la construction de ports. C'est la raison pour laquelle les bateaux prennent la mer d'une façon originale: ils sont lancés dans les vagues sur des rondins de bois et, à coup de rames, l'équipage leur fait franchir les brisants, atteignant ainsi une distance raisonnable pour la pêche. Les hommes lancent alors les filets et ramènent des sardines, des langoustes, des pieuvres et des calamars.

Les bateaux sortent souvent la nuit et rentrent à l'aube, heure à laquelle des attelages de bœufs ou des tracteurs qui les tirent jusqu'au sable les aident à accoster. La criée a lieu dès l'arrivée des bateaux de pêche.

Les *barcos* de la plage de Mira et d'Armação da Nazaré évoquent le Portugal à ses jours de conquête.

Les «traineiras»

Les *traineiras* aussi ont une longue histoire. Ce sont des chalutiers en bois qui occupent en nombre les principaux ports de pêche du Portugal (Matosinhos, près de Porto, Setúbal et Portimão). Ils ont eux aussi hérité du modèle phénicien, avec ses larges étraves, ses couleurs vives, ses dessins symboliques. Ce sont ces embarcations qui, pendant des siècles, ont affronté les tempêtes en mer, pour les avoir parcourues dans autant de directions, de la côte nord-africaine au Groenland, accostant sur des terres nouvelles, toujours en quête de morue, le plat national.

Certains pensent que les *traineiras* de Cascais auraient atteint l'Amérique en 1482 et qu'ainsi, grâce aux rumeurs qui s'ensuivirent et aux cartes improvisées, Christophe Colomb put atteindre ces côtes une décennie plus tard. Les *traineiras* d'aujourd'hui font entre 10 et 25 m et sont dotés d'une petite superstructure qui domine le pont et l'évitage. Ils sont maintenant équipés de moteurs diesel et les plus «modernes» d'entre eux ont une radio et un radar (bien qu'ils soient peu nombreux à prendre la mer). On les reconnaît sur les pièces de 50 escudos qui représentent des caravelles, avec qui ils ont un air de famille.

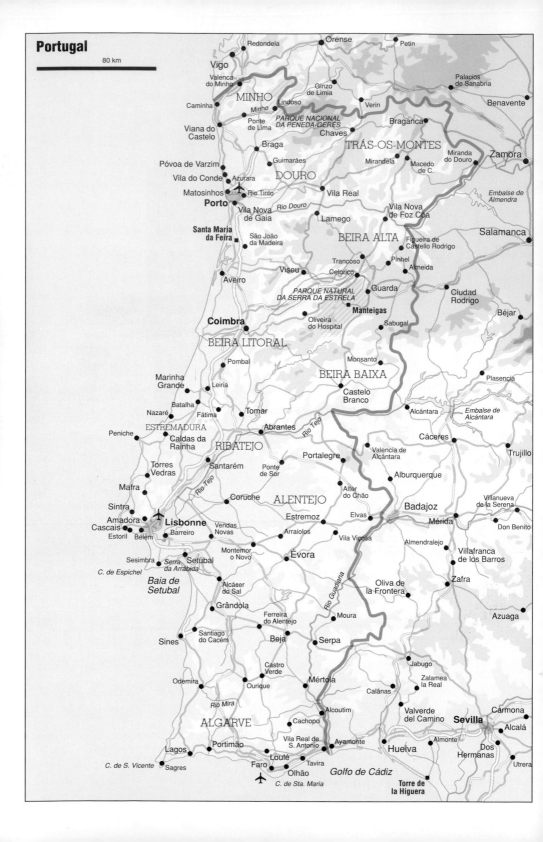

ITINÉRAIRES

Pour découvrir le Portugal, on empruntera les trains et les autocars qui desservent généreusement le pays, à moins que l'on ne préfère le parcourir au volant de sa voiture. Et de fait, le réseau routier s'est considérablement étendu durant les dernières années. Deux routes principales partent de Lisbonne. Vers le nord, une autoroute serpente jusqu'à Porto. Le sud est desservi par un réseau dense, jusqu'aux moindres petites villes. Les routes est-ouest sont très larges et bien entretenues.

Le meilleur point de départ est Lisbonne et ses environs. Quelques jours suffisent à donner une impression juste de l'atmosphère qui règne dans la capitale.

Si le temps s'y prête, on pourra aller vers le sud (trajet de quelques heures sur une bonne autoroute) pour profiter des plages de l'Algarve, que les amateurs de bains de mer et de soleil apprécient depuis longtemps. Si l'on désire ensuite un peu plus de fraîcheur et de tranquillité, on pourra pénétrer vers l'intérieur des terres, où la campagne est très accueillante. Les amoureux de grands espaces seront éblouis par les plaines spectaculaires de l'Alentejo, où trône la cité antique d'Évora. Un peu plus au nord, on accède aux paysages montagneux de la Beira Alta, puis, à la limite nord de l'Alentejo, à la Beira Baixa.

En rejoignant le littoral, on ne manquera pas de faire une halte dans la vieille ville universitaire de Coimbra et les sites des environs, qui permettent de faire une fascinante incursion dans le temps et de s'attarder dans le confort séculaire des *pousadas*.

Le trajet qui, par le bord de mer, mène à la région du Douro permet de découvrir plusieurs villages de pêcheurs. On atteindra le fleuve Douro et les régions viticoles du Douro et du Minho. C'est là qu'on produit les délicieux *vinhos verdes* qui sont ensuite acheminés jusqu'à Porto, sur l'embouchure du fleuve.

Tout au nord, la région intérieure s'appelle le Trás-os-Montes, province sauvage, d'une beauté à couper le souffle.

Enfin, on pourra s'envoler pour les archipels, dont les habitants, fidèles aux traditions de la métropole, sont cependant nourris d'influences cosmopolites. Les îles de Madère et des Açores sont surprenantes; elles voguent entre paradis et désert au cœur de l'Atlantique.

Pages précédentes: troupeau de chèvres à Carviçais; défilé militaire du 25 avril à Belém; le «cavaleiro» plantant les banderilles; l'âne est un compagnon apprécié dans les campagnes.

LISE

LISBONNE

Avant de pénétrer dans Lisbonne, on aura une vue d'ensemble de la ville en empruntant le gigantesque pont qui relie les deux rives du Tage, le **pont du 25-Avril**. Construit sous Salazar et inauguré en 1966, il s'est appelé pont Salazar avant de recevoir son nom actuel à titre symbolique à l'issue de la révolution des Œillets.

Si on y dénombre peu de curiosités architecturales, Lisbonne est l'une des grandes cités d'Europe les plus agréables à visiter. A quelques kilomètres de l'océan Atlantique, la ville a véritablement des qualités méditerranéennes: façades pastel, toitures de tuiles orangées, luminosité du ciel, hivers doux et étés chauds. Mais, parfois, l'influence de l'Atlantique reprend le dessus; la mer est agitée et la ville est alors noyée dans un brouillard épais et froid, trempée par un crachin persistant.

Profitant de l'Expo 1998 pour faire peau neuve, la capitale a décidé de réintégrer son fleuve, longtemps «oublié», à la trame urbaine. Ainsi, sur les quais de **Doca de Santo Amaro**, au pied du pont du 25-Avril, les vieux entrepôts ont été rénovés et abritent des bars et des restaurants à la mode. La ville s'est aussi dotée d'un nouveau pont, inauguré en mars 1998. Baptisé **Vasco de Gama**, l'ouvrage, de 18 km de long, a été conçu pour donner aux Lisboètes un nouvel accès vers le sud.

Avec environ 2 millions d'habitants, Lisbonne et sa grande banlieue ont accueilli de nombreux Portugais venus de la campagne et beaucoup de réfugiés des anciennes colonies portugaises. Les dernières colonies (à l'exception de Macao) ont obtenu leur indépendance en 1975, à la suite de la révolution de 1974. L'arrivée de ces étrangers a contribué à faire de Lisbonne une ville cosmopolite et vivante.

Un peu d'histoire

Selon une croyance chère aux Portugais, Lisbonne aurait été fondée par Ulysse qui l'aurait baptisée Olisipo. En

Pages précédentes: Lisbonne la nuit; vue de la capitale au XVIe siècle. A gauche, soleil couchant sous le pont du 25-Avril.

fait, les Phéniciens ont été les premiers occupants de ce site, vers 1200 av. J.-C., et ils lui auraient donné le nom d'Alis Ubbo, la «rade délicieuse». La cité fut conquise par les Romains vers la fin du Ier siècle avant notre ère, et fut alors rebaptisée Felicitas Julia. Les Romains y érigèrent le Castelo de São Jorge, mais les remparts, construits par les Wisigoths, datent du Ve siècle. L'importance de la cité ne cessa de grandir sous le pouvoir des Maures, entre le VIIIe et le XIIe siècle. A cette époque, Lisbonne s'appela Al-Ushbuna. Au cours des guerres qui opposèrent les chrétiens aux musulmans durant les XIIe et XIIIe siècles, la ville connut une période de grandes constructions dont témoignent de nombreux palais.

Il fallut attendre 1255 et la victoire d'Alphonse III sur les Maures pour que Lisbonne devienne la capitale du royaume. Sous le long règne du roi Denis Ier (1279-1325), la cité fut des plus actives; mais la peste noire décima la population à partir de 1348.

Au XVe siècle, la capitale du Portugal devint un important centre d'échanges commerciaux et la plaque tournante d'un vaste empire qui rivalisait avec Gênes et Venise. En 1497, Vasco de Gama ouvrit la voie maritime vers les Indes, et les navigateurs portugais se mirent à établir des comptoirs dans de nombreux points du globe. Vers 1499, Manuel Ier reçut le nouveau titre de *«seigneur de la conquête, de la navigation et du commerce d'Éthiopie, d'Arabie, de Perse et des Indes»*.

Le XVIe siècle fut véritablement l'âge d'or de Lisbonne. Les échanges maritimes avec les colonies enrichirent prodigieusement la cour. Malgré le déclin de l'empire portugais, la gloire de Lisbonne ne ternit pas et la ville connut même un second apogée sous de Jean V (1706-1750), grâce au commerce de l'or et des diamants en provenance du Brésil.

C'est alors que survint le terrible tremblement de terre de 1755, qui fut suivi par des incendies, entraînant la mort de plus de 30 000 personnes et la destruction d'une très grande partie de la ville. Le marquis de Pombal, aidé de deux ingénieurs, entreprit la reconstruction de Lisbonne, avec une efficacité étonnante mais sans audace ni recherche architecturale : des façades d'une élégance austère, des artères tirées au cordeau... Ce fut un véritable triomphe de la raison dans ce siècle des Lumières.

Le centre

Lisbonne est une ville où il est particulièrement plaisant de flâner, au gré de ses esplanades bordées de cafés, de kiosques et de bancs. Ses belvédères ponctuent de charmants trottoirs pavés de mosaïques noires et blanches. Pour de plus grandes distances, il suffit de prendre l'un des nombreux taxis noir et vert, aussi rapides que bon marché. Autres moyens de transport : les tramways (*eléctricos*), les autobus, ainsi qu'un métro assez peu étendu.

Au cœur de Lisbonne, la **Praça do Comércio** (place du Commerce) s'ouvre sur le Tage. Sur le côté sud, un escalier en marbre bordé de colonnes conduit à cette portion du fleuve qui reçut le nom de « mer de Paille » (Mar de Palha), à cause de la couleur de son eau. Le quai qui la longe est appelé **Cais das Colunas**. Les trois autres côtés sont bordés de bâtiments gouvernementaux qui datent du XVIIIe siècle. Le centre de la place est dominé par la statue équestre en bronze du roi Joseph Ier. C'est à son angle nord-ouest, en face de la poste centrale, que le roi Charles Ier et le prince héritier Louis-Philippe furent assassinés le 1er février 1908 ; cet événement provoqua l'abolition de la monarchie deux ans plus tard. La Praça do Comércio est également le centre du port de Lisbonne, long ruban (24 km) de quais et d'entrepôts. On y a aussi un large angle de vue sur les tramways.

Entre avril et octobre, des excursions organisées sur le fleuve permettent de découvrir de magnifiques points de vue sur la ville et sur le trafic du Tage. Les réservations peuvent se faire soit dans les hôtels, soit directement au point d'embarquement, à l'angle sud-est de la place.

La Praça do Comércio vue de l'angle sud-ouest.

Au nord-ouest de l'esplanade s'étend la **Praça do Município**, où se dresse l'imposant **Câmara municipal** (l'hôtel de ville), qui date du XIXe siècle. Au centre de la place trône un beau pilori (*pelourinho*) du XVIIIe siècle, qui symbolisait autrefois l'autorité municipale. La colonne torsadée est surmontée d'une sphère manuéline, symbole du règne de Manuel Ier que l'on retrouve souvent dans l'architecture portugaise (ainsi que sur le drapeau du Portugal).

C'est un peu plus à l'ouest, à la gare de **Cais do Sodré**, que part la ligne de chemin de fer qui va vers Estoril et d'autres sites du littoral. C'est tout près, au port de la **Ribeira**, que les bateaux de pêche accostent avec leur cargaison.

De l'autre côté de l'avenue, le **Mercado de Ribeira**, coiffé d'un dôme, abrite la halle au poisson, où l'on peut acheter des légumes et des fruits dans une ambiance très chaleureuse. Il est bon de savoir que cet endroit est parfois le seul qui reste animé très tard

La lune au-dessus du Castelo São Jorge.

dans la nuit ; on vient y prendre son petit déjeuner à la sortie des bars et des boîtes de nuit. Dans le restaurant du marché, selon la saison et l'arrivage, on déguste de l'espadon, des sardines grillées ou du bar cuit à la vapeur.

De nouveau sur la Praça do Comércio, en passant sous l'arc de triomphe qui se découpe sur la façade nord, on parvient à la **Rua Augusta** qui, comme la plupart des rues avoisinantes, a été fermée à la circulation. Elle est devenue le royaume des cafés, des vendeurs ambulants et des amateurs de lèche-vitrines.

Ce quartier, qui s'appelle la **Baixa** (la « ville basse »), correspond à la partie de Lisbonne reconstruite par Pombal. L'architecture en est très dépouillée et les façades identiques se succèdent. Les pièces maîtresses des bâtiments étaient fabriquées en série dans des ateliers et assemblées sur place. Le quartier est aujourd'hui celui des banques, mais autrefois la Baixa était divisée entre différentes corpora-

tions. La **Rua d'Ouro** et la **Rua da Prata**, les rues des marchands d'or et d'argent, existent encore et on y voit les vitrines de plusieurs joailliers. Toutefois, d'autres commerçants sont venus s'y installer, dont un nombre étonnant de marchands de chaussures. Dans la partie est de la Baixa, la **Rua dos Fanqueiros** (rue des Tailleurs) est devenue le havre des boutiques de textile et de prêt-à-porter de modeste qualité.

Par la Baixa on parvient à une place que tout le monde appelle **Rossio**, mais dont le nom exact est **Praça de Dom Pedro IV**. Sur le Rossio du Moyen Age se déroulaient les combats de taureaux et les exécutions publiques. Les deux fontaines du centre ont été apportées de Paris en 1890, l'une d'entre elles ayant d'ailleurs servi de cachette à Otelo de Carvalho, qui y dirigea le coup d'État d'avril 1974. Sur le côté nord du Rossio se dresse le **théâtre national Dona Maria II**, néoclassique, construit au milieu du XIXe siècle par les architectes de

Pombal et restauré en 1964; à l'ouest du Théâtre national, la gare du **Rossio**, d'où partent les trains à destination de Sintra et des villes voisines.

Lisbonne possède l'une des meilleures cinémathèques d'Europe, ainsi qu'un grand nombre de salles de cinéma qui passent des films du monde entier. Dans la plupart des cas, les films sont passés en version originale sous-titrée.

Le Rossio débouche au nord-ouest sur la **Praça dos Restauradores**, au centre de laquelle un obélisque est dédié à la mémoire des « restaurateurs de l'indépendance du Portugal », qui se sont soulevés contre le joug espagnol en 1640. Un parc de stationnement souterrain a été aménagé sous cette place : bonne occasion de laisser sa voiture dans un quartier où il est souvent difficile de circuler et de se garer.

La **Rua das Portas de Santo Antão**, toute proche, est le domaine des cireurs de chaussures, qui installent leurs clients sur des chaises aux allures

Marchands de fleurs sur le Rossio.

de trône. Dans ce quartier, les petits restaurants populaires côtoient quelques établissements chics où l'on sert des fruits de mer.

On peut également visiter l'église **Saint-Louis-des-Français** ainsi que le **Coliseu**, qui abrite désormais une salle de spectacle de 5 000 places, où se donnent principalement des spectacles de cirque ou des concerts de variétés et de rock. Sur la Praça dos Restauradores se trouve aussi le **Palácio Foz**, actuel ministère du Tourisme. Au rez-de-chaussée, un office du tourisme municipal a été aménagé pour fournir toutes sortes de renseignements pratiques et assurer les réservations hôtelières.

Au nord, les Champs-Élysées de Lisbonne, l'**Avenida da Liberdade**, est une large artère bordée de palmiers, inaugurée en 1882 ; elle monte en pente douce jusqu'à la **Praça de Marquês de Pombal** (aussi appelée **Rotunda**), que domine une statue du bâtisseur de la cité moderne, juchée sur un haut piédestal.

Le Rossio et le théâtre Dona Maria II.

A peu près à mi-hauteur de l'avenue, on croise une place, le **Parque Mayer**, bordée de plusieurs restaurants et de théâtres spécialisés dans la comédie musicale portugaise, connue sous le nom de *revista* : *c'est un* spectacle politique burlesque dans lequel se mêlent chansons, saynètes et satires acerbes, où l'actualité est passée en revue.

Les jardins de la capitale

Les Portugais sont des jardiniers de talent et Lisbonne compte de nombreux parcs et jardins. Le plus remarquable de tous est le **Jardim Botánico**. Il fut aménagé en 1873, derrière la Rua da Escola Politécnica, et compte des bananiers, des nénuphars, une très belle rangée de palmiers centenaires et beaucoup d'autres plantes tropicales. Dans le jardin se dresse un ancien collège jésuite qui appartient aujourd'hui à l'université de Lisbonne. Il comprend certaines compositions allégoriques qui font allusion à des

scènes bibliques (notamment une palmeraie qui symbolise l'entrée de Jésus à Jérusalem peu avant la Cène et la Passion).

Au nord-ouest du Bairro Alto s'élève une autre colline agrémentée d'un autre parc remarquable, le **jardin d'Estrêla** et où se dresse la **Basilica da Estrêla**; construite au XVIIIᵉ siècle, elle est coiffée d'un dôme et abrite à l'intérieur des décorations en marbre rose, bleu et jaune.

A proximité se trouve le cimetière britannique dans lequel Henry Fielding (1707-1754), auteur de *Tom Jones*, est enterré.

Le **Parque de Eduardo VII**, aménagé pour commémorer une visite du souverain britannique Édouard VII, possède deux superbes serres agrémentées de ponts, de bancs et de statues, au milieu d'un foisonnement de plantes. On visitera plus volontiers l'une d'entre elles, l'**Estufa Fria** (la « serre froide ») qui abrite une forêt tropicale étonnante dans laquelle sont donnés, l'été, des concerts. La hauteur du parc permet de bénéficier d'une vue remarquable sur l'ensemble de la ville et le port.

Les nuits lisboètes

Autour du Chiado, on peut partager son temps entre les théâtres, les cinémas et les lieux où l'on chante le *fado*. Tous les ans au printemps, au Colisée sont organisées de longues nuits de fête au cour desquelles de nombreux artistes inconnus viennent de tout le Portugal entonner ce chant mélancolique. Le but de ces nuits est d'être élu meilleur « fadiste » de l'année.

Les Portugais apprécient particulièrement le théâtre. Il en existe plusieurs à Lisbonne (Teatro Nacional Dona Maria II, Casa da Comédia, Teatro da Comuna, Teatro da Cornucópia, etc.). On peut aussi assister à des opéras, notamment au Teatro São Carlos.

Il existe de plus en plus de bars le long du Tage qui rappellent parfois les ambiances des pays anciennement colonisés. On s'arrêtera en particulier

La statue du marquis de Pombal domine l'Avenida da Liberdade.

dans les nombreux établissement où se joue la musique du Cap-Vert.

La **Rua de São Pedro**, typique des venelles du quartier, mène à **Beco do Mexias**, minuscule allée avec une cour intérieure où les femmes du quartier viennent faire leur lessive. En été, en particulier au mois de juin, les nuits sont un vrai festival de couleurs et de lumières. Les rues sont illuminées et décorées. Il semble que la ville entière converge vers Alfama pour aller manger des sardines et des saucisses grillées, boire du vin et déclamer des poèmes. La plus belle de ces nuits est celle de Saint-Antoine, du 12 au 13 juin : l'Avenida da Liberdade et les rues d'Alfama s'emplissent alors de groupes costumés qui cèdent ensuite la place aux chanteurs et aux danseurs.

Les collines de l'est

La meilleure façon de se rendre à l'**Alfama**, quartier de la ville le plus vieux et le plus envoûtant, est de prendre un taxi jusqu'au point le plus élevé de Lisbonne, le **Castelo São Jorge**, puis de redescendre à pied. Le site est des plus agréable, avec ses terrasses ombragées par des pins et ses nombreux oiseaux. De plus, le panorama est exceptionnel sur la ville entière, la baie et la campagne environnante. A l'intérieur des fortifications s'étend un petit village avec une place et une église pittoresques. En descendant un petit peu, on rejoint le **Largo das Portas do Sol** et un autre belvédère qui donne sur les toits orangés de l'Alfama.

Sur le largo, un charmant palais du XVIIe siècle abrite la **fondation Espírito Santo** et le **Museu Escola de Artes Decorativas**. Le banquier Ricardo Espírito Santo établit cette fondation en 1953 afin de préserver l'artisanat portugais. Une fois par semaine, le mercredi, les ateliers ouvrent leurs portes au public, qui peut assister au travail des artisans spécialisés dans le cuir, la céramique, la laine, le fer, la restauration de tapisseries, etc.

L'église **Santa Luzia** mérite une visite, notamment pour ses *azulejos*. Ces

Cireur de chaussures.

derniers tiennent leur nom du mot arabe *al-zuleiq*, qui signifie «petite pierre polie». C'est au XVIe siècle que l'*azulejo* réapparut de façon fulgurante. On trouvait alors divers motifs, certains variant du bleu au blanc selon un principe de damier, d'autres représentant diverses scènes polychromes. Ils reproduisaient fréquemment des scènes exotiques inspirées par les récits des navigateurs. La tendance alla ensuite au bleu, inspiré par le modèle hollandais et les porcelaines de Chine. Puis, après le tremblement de terre de 1755, la reconstruction de la ville nécessitant la fourniture rapide d'*azulejos*, on en fabriqua en grande quantité, de plus simples. Au XIXe siècle, on conçut de nouveaux dessins. Les édifices publics furent ainsi égayés de motifs de plus en plus variés. On continue d'utiliser cette technique de décoration dans tout le pays, et les azulejos sont encore souvent le produit de l'artisanat, malgré un nombre croissant d'usines. De nombreux artistes contemporains ont fait des azulejos, et notamment la fameuse Vieira da Silva. Sa génération et la suivante ont été très créatives et l'*azulejo* est alors presque devenu un moyen d'expression artistique au même titre que la sculpture ou la peinture. A Lisbonne, on en trouve de superbes, notamment sur les murs extérieurs du palais des Sports, en bordure du parc Édouard-VII, sur les façades et les nefs des églises de l'Alfama et de Nossa Senhora da Graça, au palais du marquis de Fronteira.

En poursuivant la descente par la Rua do Limoeiro, on dépasse les deux prisons **Aljube** et **Limoeiro**, où furent incarcérés de nombreux opposants au régime de Salazar. Aujourd'hui, les prisonniers de droit commun les ont remplacés.

Un nouvel arrêt s'impose pour visiter la **cathédrale**, baptisée **Sé Patriarcal**. Bâtie sur l'emplacement d'une mosquée en 1147, elle fut sévèrement touchée par trois tremblements de terre, dont le plus grave fut celui de 1755. Les restaurations successives ont

Les ruines du cloître de la cathédrale.

nettement transformé les structures d'origine. La cathédrale est l'un des plus grands monuments romans de la péninsule ibérique. Elle abrite des tombeaux comme ceux de Lope Ferandes Pacheco (compagnon d'armes d'Alphonse VII). Dans le trésor, on peut admirer plusieurs pièces dont une croix philippine du XVIe siècle et un ostensoir orné de plusieurs milliers de pierres précieuses.

Sur le chemin on rencontre deux autres églises : **Santo António da Sé**, construite en 1812 sur le lieu de naissance du saint patron officieux de la ville, saint Antoine de Padoue, et l'église **Madalena**, édifiée en 1783, dotée d'un beau porche manuélin.

Une autre façon de visiter l'Alfama est de commencer par le bas, en partant de la place principale, le **Largo do Chafariz de Dentro**. On peut alors remonter les ruelles et les escaliers au gré de son inspiration.

Du *miradouro* (belvédère) juché au sommet de la colline de Graça, au nord de l'Alfama, on a une vue splendide. On ne manquera pas d'admirer les *azulejos* de l'église **Nossa Senhora da Graça** vers laquelle converge la plus ancienne procession de la ville (XIIIe siècle).

D'autres belles églises se dressent sur les pentes orientales de la colline, à l'extérieur des murs médiévaux de Lisbonne. Pour les visiter, il est préférable de prendre un taxi, car si elles sont visibles de loin, le promeneur insouciant risque de se perdre dans le dédale des ruelles qui y conduisent.

São Vicente da Fora (Saint-Vincent-hors-les-Murs) date du XVIe siècle ; son immense dôme fut restauré après le tremblement de terre de 1755. L'église sert en quelque sorte de mausolée à la maison royale de Bragance. La plupart des membres de la famille royale de Portugal sont enterrés ici, notamment le dernier roi, Manuel II, qui s'exila en Angleterre après l'abolition de la monarchie en 1910.

Le panthéon national est situé dans l'église **Santa Engrácia** : il contient les sépulcres de nombreux héros portugais

Rue marchande du Chiado.

dont le prince Henri le Navigateur, Afonso de Albuquerque, Nuno Alvares Pereira et Pedro Alvares Cabral. La construction de l'église débuta au XVIe siècle pour s'achever en 1966.

A la sortie de Lisbonne, au-delà de la gare Santa Apolonia, l'ancien couvent **Madre de Deus** abrite le **Museu dos Azulejos** (musée des Azulejos). Le couvent fut fondé en 1509 par la reine Éléonore ; les carreaux de faïence qui sont exposés constituent l'une des plus belles collections portugaises des XVIe, XVIIe et XVIIIe siècles. Parmi les pièces de valeur, un panorama de Lisbonne datant de 1730 et une vie de saint Antoine de 1780. L'église qui communique avec le musée est dotée d'une décoration intérieure remarquable, restaurée en 1981. Elle compte de belles toiles, des pièces en bois ouvragé et des *azulejos* d'une grande beauté.

Le parc des Nations

Tout à fait au nord-est de Lisbonne, entre l'aéroport et le Tage, les cons-

tructions de l'Expo 1998 ont été réinvesties et constituent l'actuel **Parque des Nações**. On y accède facilement en bus ou en métro (station Oriente). Le long des anciens docks, les raffineries ont cédé la place à la **Foire internationale de Lisbonne**. L'**Oceanário**, conçu par l'architecte américain Peter Chemayeff, est le plus grand aquarium d'Europe. La **place Sony** accueille des spectacles en plein air et la **Torre Vasco de Gama** un restaurant panoramique.

Les collines de l'ouest

Du centre de la ville, la manière la plus rapide de se rendre au **Bairro Alto** est de prendre l'ascenseur de **Santa Justa** (ou Elevador do Carmo). Inspiré de l'architecture métallique de la tour Eiffel, il a été construit en 1902 par l'ingénieur portugais d'origine française, Raoul Mesnier du Ponsart. Pour un prix modique, on se retrouve au sommet de la colline et aux ruines de l'**église du Carmo**. Cet édifice du XIVe siècle fut en grande partie détruit par le tremblement de terre de 1755. Les vestiges actuels forment un cadre de rêve pour les concerts qui y sont donnés en été. Les ruines abritent aussi un musée archéologique orné de bas-reliefs en marbre, qui conserve des tombes du XIIIe siècle et des poteries préhistoriques.

On rejoint ensuite le **Chiado**, quartier commerçant de Lisbonne le plus à la mode. Une partie de ce quartier a brûlé en 1988 dans un incendie criminel qui a tout dévasté. De nombreux bâtiments ont été restaurés sous la direction de l'architecte Alvaro Siza. Les façades ont été préservées dans la mesure du possible, mais les intérieurs ont été complètement refaits.

Du Rossio, on prend la Rua do Carmo, récemment transformée en voie piétonnière, puis la Rua Garrett. On y voit les plus belles boutiques de chaussures, de porcelaine, d'argenterie, ainsi que de magnifiques librairies. C'est également ici, au **café Brasileira**, que les artistes et les hommes politiques lisboètes se donnent rendez-vous.

Messe à l'église São Roque.

Sur le côté sud du Chiado, du **Largo da Biblioteca Nacional**, on a une belle vue sur la ville. A quelques pas, le **Teatro São Carlos**, construit en 1792 sur le modèle de la Scala de Milan, propose une riche programmation. Passé le coin de la rue, le théâtre municipal de **São Luiz**, plus modeste, présente des concerts très appréciés.

En haut de la Rua do Alecrim, au centre d'une petite place, se dresse la statue romantique d'Eça de Queiros, romancier portugais du XIXᵉ siècle, embrassant sa muse légèrement vêtue.

La Rua Garrett mène au Largo de Chiado, où l'on visite deux églises intéressantes, **Nossa Senhora de Loreto**, du XVIIᵉ siècle, qui abrite de jolies sculptures en marbre et en bois, et **Nossa Senhora de Encarnação**, reconstruite au XVIIIᵉ siècle avec un plafond orné de peintures et un mur couvert d'*azulejos*.

La **Praça de Camões** touche le Chiado. Rafraîchie par l'ombre des ormes, la place est consacrée à la mémoire du poète Luis de Camões

(1524-1580). Cet enfant de la ville, mort dans la plus noire des misères, est l'auteur du poème épique *Os Lusíadas,* qui raconte les voyages de Vasco de Gama tout en les parant de mythologie. Non loin de là, une autre église se dresse, **São Roque** : si sa structure date du XVIᵉ siècle, sa façade a été sévèrement endommagée par le tremblement de terre de 1755, mais restaurée avec talent. L'intérieur est remarquable, grâce aux *azulejos*, au plafond de bois peint et aux marbres magnifiques. La chapelle **São João Baptista** est l'une des merveilles architecturales du monde, et la réputation de ses colonnes en lapis-lazuli n'est plus à faire.

Le **musée d'Art sacré** jouxte l'église. Cet ancien bâtiment des jésuites au XVIᵉ siècle, fut détruit par le tremblement de terre de 1755 et refait sans beaucoup de goût. L'intérieur, lui, est très beau, et une pièce maîtresse de l'art du XIVᵉ siècle, une vierge rhénane (*Nossa Senhora dos Ardentes*), fait partie de sa collection. Cette dernière

A gauche, la console de l'orgue de São Roque ; à droite, la Basilica da Estrêla.

affiche également des pièces d'orfèvrerie datant du XVIIe siècle et des vêtements liturgiques de toute beauté. En
remontant la Rua São Pedro de Alcântara, réputée pour ses magasins d'antiquités, on bénéficie d'une très belle vue
sur le centre de la ville et la colline d'en
face, dominée par le château São Jorge.
De l'autre côté de la rue, l'**institut du
Vin de Porto** est installé dans un palais
du XVIIIe siècle.

Derrière s'étend le quartier de
Bairro Alto proprement dit: dédale de
ruelles pavées et de vieilles maisons.
Bâti sur du rocher, le Bairro Alto a en
grande partie résisté au tremblement
de terre de 1755.

Autrefois, le quartier était réputé
pour ses maisons de *fado*. Il existe
deux sortes de *fado*: la musique tra-
gique née dans les anciennes colonies
d'Afrique, inspirée par la *saudade* et le
joyeux *fado corrida* que l'on chante en
général après les combats de taureaux.
Beaucoup de Portugais se rendent
dans des maisons de *fado* après dîner,
pour y boire du vin et se perdre dans
leurs pensées nostalgiques. Ces
dernières années, des maisons du
Bairro Alto ont été restaurées et
transformées en cafés, restaurants,
boutiques et discothèques à la mode.
Deux récentes galeries d'art contemporain, Os Cómicos et Emi-Valentim
Carvalho, exposent et vendent des
œuvres de jeunes artistes.

Il existe plusieurs manières de
rejoindre le **palais de São Bento**, siège
de l'assemblée nationale: descendre la
Calçada da Estrêla ou remonter
l'**Avenida Dom Carlos I**, qui part du
Tage, juste à l'ouest du marché central.
Ce bâtiment symbolise une grande
partie de l'histoire moderne du
Portugal. Monastère à l'origine, le
palais fut transformé en parlement à la
fin du XIXe siècle. Il a été rénové en
1935 et richement décoré. São Bento
fut en quelque sorte l'univers de
Salazar, qui vivait et travaillait dans
l'une de ses petites maisons. C'est ici
que fut promulguée la constitution
révolutionnaire de 1975, largement
amendée depuis.

*Vues
du parc
Édouard-VI.*

Si l'on revient ensuite vers le Tage et que l'on suit vers l'ouest l'avenue qui le longe, on arrive au **Museu Nacional de Arte Antigua** (musée national d'Art ancien), installé dans un palais du XVIIᵉ siècle ayant appartenu au marquis de Pombal. Parmi les collections exposées, citons les porcelaines rapportées par les navigateurs portugais du Japon, d'Inde et de Macao, notamment une belle collection d'art *namban* (*namban* était le mot qu'employèrent les Japonais pour désigner les étrangers qui accostèrent au Japon en 1543). On peut aussi y voir le chef-d'œuvre attribué au peintre portugais du XVᵉ siècle Nuno Gonçalves, un polyptyque représentant saint Vincent, le patron de Lisbonne, entouré d'admirateurs, dont un personnage avec un large chapeau noir, probablement Henri le Navigateur. On ne manquera pas *La Tentation de saint Antoine* de Jérôme Bosch et *Saint Jérôme* de Dürer.

Vers l'ouest, sur l'Avenida do Infante Santo, le **Palácio das Necessidades**, palais royal de Jean V, qui échappa au tremblement de terre, abrite le ministère des Affaires étrangères.

Les collines du nord

La nouvelle Lisbonne s'est étendue sur les collines du nord. La **Praça de Marquês de Pombal** est un bon point de départ. Le **Pavilhão dos Esportes** y accueille diverses manifestations.

De la place vers le nord-ouest par la Rua Joaquim António de Aguiar, on arrive en face des tours rose et bleu des **Amoreiras**, ensemble d'hôtels, de bureaux et de centres commerciaux. Sur la butte au nord du Parque Eduardo VII, s'élèvent la vieille prison, dissimulée par un mur, ainsi que les bâtiments modernes du palais de justice. Au-delà, on atteint les premières maisons de **Benfica**, banlieue que l'Europe entière connaît grâce à son stade et à son équipe de football. On peut également se rendre au **Jardim Zoológico**, qui n'est pas un zoo ordinaire, mais plutôt un parc animalier. Il fut fondé en 1905 dans une très vaste propriété, la

Le complexe futuriste des Amoreiras.

Quinta das Laranjeiras, que ses roses et fleurs de toutes origines ont rendue célèbre.

Légèrement au nord-est de la place du Marquis de Pombal, un quartier récent est apparu : la **Praça de Espanha**. Plus loin, on visitera le centre d'Art moderne et la **fondation et le musée Calouste Gulbenkian**. Gulbenkian était un mécène, enrichi par la vente du pétrole, qui passa les treize dernières années de sa vie à Lisbonne (il est mort en 1955). Le musée abrite l'une des plus riches collections privées du monde. La section la plus remarquable est celle consacrée à l'art de l'islam et du Moyen-Orient. La section européenne compte des toiles de maître : Carpaccio, Van Dyck, Ruysdael, Rubens et Rembrandt. Sans omettre de mentionner les tapisseries italiennes ou flamandes, ainsi que les œuvres des meilleurs ébénistes français du XVIIIe siècle.

Le musée est relié par un parc très agréable au **centre d'Art moderne**, qui rassemble des œuvres des artistes portugais contemporains les plus remarquables. C'est une occasion de découvrir des artistes du début du siècle méconnus à l'étranger. On projette aussi l'ouverture d'un musée Vieira da Silva, qui expose à travers le monde depuis longtemps.

Pour se rendre au nord-est de Lisbonne et à ses «nouvelles avenues», il suffit de reprendre l'Avenida Fontes Pereira de Melo, à partir de la place du Marquis de Pombal. A gauche, on voit l'hôtel Sheraton et, de l'autre côté, un complexe moderne appelé **Picoas**, qui comprend une cafétéria, une librairie, une banque et des salles d'exposition.

Sur la longue Avenida da República, on ne peut pas manquer la **Praça de Touros** (les arènes), appelée **Campo Pequeno**, construite en 1892. La corrida portugaise, la *tourada*, diffère de la corrida espagnole en ce qu'il n'y a pas de mise à mort.

En face, la **Feira Popular** est principalement un parc de loisirs, mais où il est tout à fait agréable de se rendre

Les arènes de Campo Pequeno.

pour déguster des escargots ou des sardines (entre juin et octobre).

L'Avenida da República mène au **Campo Grande**, promenade ombragée qui jouit de la fraîcheur d'un petit lac. À l'ouest se dressent les bâtiments de la **Cidade Universitária**.

La **Bibliothèque nationale,** est rattachée au campus. Fondée en 1796, elle ne s'est installée dans les bâtiments actuels qu'en 1964. Elle conserve plus d'un million d'ouvrages, dont certaines pièces d'une grande valeur, telles une bible hébraïque du XIIIe siècle et la première édition d'*Os Lusíadas*. Les visiteurs ont un aperçu du fonds de la bibliothèque grâce aux deux expositions qui sont organisées chaque mois.

Au bout du Campo Grande, en tournant à droite vers l'aéroport, on peut visiter deux musées. Le **Museu da Cidade** (musée de la Ville), qui occupe un palais du XVIIIe siècle, et le **Palácio do Pimento**. Il présente des objets archéologiques et toutes sortes de documents illustrant l'histoire de Lisbonne.

Sur la route de Lumiar, 2 km plus loin, le **Museu do Traje** (musée du Costume), situé dans le palais du marquis de Angeja, a rassemblé des collections d'arts et traditions populaires, ainsi que de très beaux costumes portugais. Le **Parque de Monteiro-Mor**, qui entoure le musée, est un agréable lieu de repos.

Belém

Dans le quartier vert et spacieux de Belém (dont le nom signifie «Bethléem»), plusieurs monuments témoignent du passé colonial et maritime du Portugal.

Le monument le plus glorieux de Lisbonne est sans aucun doute le **monastère des Jerónimos** (hiéronymites), prétendument construit en mémoire de Vasco de Gama et de son voyage en Inde de 1497. En fait, il fut édifié un an avant ce voyage, en 1496. Vasco de Gama y pria au moment de son départ. En revanche, ce qui lie indiscutablement les deux événements,

La sculpture de l'État nouveau : à gauche, le monument des Découvertes ; à droite, le Christ-Roi.

c'est l'aide financière et symbolique que les richesses ramenées d'Extrême-Orient ont apporté au lieu. Le chantier fut inauguré par le roi Manuel Ier en 1502, sur le site d'une chapelle fondée par Henri le Navigateur. Le monastère a servi de cadre à la cérémonie du 1er janvier 1986 qui marqua l'entrée du Portugal dans la Communauté européenne. Il constitue un vaste bâtiment en calcaire à la décoration tout à fait baroque. Le cloître, achevé en 1517, est l'un des plus beaux du monde. La nef, véritable chef-d'œuvre d'audace, présente à intérieur trois nefs séparées par six piliers ornés, qui ont échappé aux outrages du temps et au tremblement de terre de 1755.

Par ailleurs, il ne faut pas manquer d'admirer les tombeaux de Vasco de Gama et de Luis de Camões. L'ensemble du monastère ne fait pas l'unanimité. Les dégâts que le tremblement de terre a fait subir à l'édifice ont donné lieu, au XIXe siècle, à des restaurations qui sont très critiquées. De cette époque datent toute l'aile sud-ouest et le dôme de la tour, destiné à remplacer le clocher pyramidal. Cette aile abrite le **Museu de Arqueologia** (musée national d'Archéologie et d'Ethnologie), dont les collections sont incontournables pour l'étude de l'Antiquité ibérique. A l'autre bout de cette aile, le **Museu da Marinha** (musée de la Marine) retrace l'histoire des grandes découvertes et de l'empire portugais, à l'aide de nombreuses cartes, peintures et sculptures, ainsi que des maquettes et des pièces de navires.

En face, le **centre culturel** a été achevé en 1992 en vue de marquer l'entrée du pays dans la vie culturelle européenne. Construit par l'Italien Vittorio Gregotti, il abrite une salle des congrès, deux salles de spectacle, dont un opéra, des salles d'exposition qui dépendent de la fondation des Découvertes, et, depuis 1999, le Museu do Design.

De l'autre côté du parc, sur le bord du Tage, se dresse la **tour de Belém**, qui avait été construite au milieu du fleuve entre 1515 et 1521. Le tremblement de terre fut accompagné d'un raz de marée qui ensabla toute une partie du Tage, ce qui explique la «nouvelle position» de la tour. Elle servait à l'origine de résidence aux capitaines du port. La tour a été restaurée en 1846, 1983 et en 1997.

En rebroussant chemin vers le centre de la ville, on aperçoit le **Padrão dos Descobrimentos** (monument des Découvertes), qui fut bâti en 1960. Il s'agit d'une caravelle stylisée, avec à bord les grandes figures des explorateurs maritimes scrutant le large. De l'autre côté de l'esplanade se dresse le **Palácio de Belém**, jadis résidence royale avant de devenir celle du président de la République.

A côté du palais, se trouve le **Museu Nacional dos Coches** (musée national des Carrosses), qui fut autrefois l'école royale d'équitation. On y voit un carrosse du XVIe siècle ayant appartenu à Philippe II d'Espagne, les voitures du marquis de Fontes ou l'attelage peint de Jean VI. Derrière le palais s'étend un grand parc, le **jardin agricole d'Outre-mer**.

A gauche, le portail sud du monastère des Jerónimos ; à droite, la tour de Belém.

CASCAIS ET ESTORIL

La rive nord de l'embouchure du Tage s'appelle la **Costa do Sol** ou **Marginal**. Cette berge au relief accidenté, longue d'une quarantaine de kilomètres, est le lieu d'une belle promenade.

Le train est certainement le moyen de transport le plus agréable pour la visiter. Il part de la gare Cais do Sodré, à Lisbonne et, pendant une demi-heure, serpente le long de la côte jusqu'à Cascais. Il existe aussi un tramway qui part de la Praça do Comércio et va jusqu'à Cruz Quebrada.

Pour ceux qui préfèrent la voiture, l'autoroute est tout aussi agréable. Elle part de la Praça de Marquês de Pombal, longe le centre commercial Amoreiras, puis traverse la vallée d'Alcântara, parallèlement à l'**Aqueduto das Aguas Livres** (l'aqueduc des Eaux libres). Cet ouvrage long de 18 km qui date du XVIIIe siècle n'est pas sans rappeler une construction romaine. A l'époque, il approvisionnait la capitale en eau et, de nos jours, il en alimente encore les fontaines et les jardins publics. La route traverse ensuite l'une des plus belles réalisations de l'époque de Salazar, le **Parque de Monsanto**, agrémenté d'eucalyptus, de pins parasols et de belvédères qui offrent un panorama exceptionnel sur Lisbonne. Après ce parc, l'autoroute parcourt la campagne vallonnée jusqu'à **Cascais** (Caxias), où elle bifurque vers le sud, en direction du Marginal.

Un autre itinéraire routier suit le fleuve. En partant de la Praça do Comércio, on prend l'Avenida de 24 de Julho, qui devient ensuite l'Avenida da India, puis le Marginal au pont du 25-Avril. Sur les murs, le long de la route qui traverse le quartier populaire d'**Alcântara**, le parti communiste a fait peindre des fresques politiques lors de la révolution de 1974. Plus loin s'étend **Restelo**, élégant quartier résidentiel où se trouvent les ambassades et les résidences de diplomates.

Pages précédentes: vues du cap Espichel. Ci-dessous, la plage d'Estoril.

La première ville qu'on rencontre après Lisbonne est **Algés** : c'est là que les chauffeurs de taxi arrêtent leurs compteurs et comptent la course au nombre de kilomètres parcourus.

Dáfundo compte de vieilles demeures élégantes, mais les constructions avoisinantes ne sont pas toujours du meilleur goût. Il est possible de visiter l'**aquarium Vasco de Gama**, fondé en 1898, où l'on découvre les espèces rares du Portugal et d'autres qui proviennent des anciennes colonies d'Afrique. Ces collections appartiennent à la famille royale.

A **Cruz Quebrada**, un très beau stade accueille les rencontres internationales de football.

A **Oeiras**, une église baroque du milieu du XVIIIe siècle trône dans un parc très agréable. On y admire aussi un fort du XVIe siècle, ainsi que le manoir du marquis de Pombal qui ne se visite que sur autorisation. Juste derrière se dresse la forteresse de **São Julião da Barra**, du XVIIe siècle, là où le Tage se jette dans l'Atlantique.

Carcavelos compte de nombreux hôtels à des prix raisonnables et une longue plage de sable.

Estoril est le premier point de ce qui a souvent été appelé le Triangle d'or (formé avec Cascais et Sintra). C'est une petite station climatique qui a acquis une renommée internationale. Après la Seconde Guerre mondiale, elle a accueilli des familles royales et des réfugiés politiques : le roi Siméon de Bulgarie, l'ancien roi Humbert d'Italie, Antenor Patiño de Bolivie... D'autres, comme le comte de Paris, possédaient des résidences dans la région. Les aristocrates d'Estoril commencent à vendre ou à louer leurs villas. De plus en plus de Portugais ou d'hommes d'affaires étrangers sont attirés par le Triangle d'or pour s'y installer, prendre leur retraite ou passer leurs vacances. Estoril est ainsi devenu une villégiature cosmopolite, avec son casino, ses hôtels de luxe, ses tournois de tennis et de golf. Le **casino** est un bâtiment moderne et blanc, peu élevé et entouré d'un parc remarquable-

Les jardins du casino d'Estoril.

ment entretenu. Il comprend une salle de restaurant, une galerie d'art, une salle de cinéma et un bar. Bien sûr, il y a aussi des discothèques, des bars, des pubs anglais ainsi que de bonnes maisons de *fado*.

Le **festival de musique d'Estoril** se déroule chaque année de la mi-juillet à la mi-août. Récitals et concerts ont lieu dans la **cathédrale** d'Estoril et la **citadelle de Cascais**, ainsi que dans le monastère des Jerónimos (à Belém) et dans la cathédrale de Lisbonne. Ces dernières années, la **foire de l'Artisanat** est devenue un rendez-vous de premier plan qui se déroule également aux mois de juillet et d'août. Les stands sont installés près de la gare et présentent toutes sortes de produits de l'artisanat portugais, de vins rares et de mets savoureux. Des concerts de musique folklorique y ont lieu.

La célèbre plage d'Estoril, la **Praia da Vieira**, était ces dernières années aussi polluée que surpeuplée pendant la belle saison. Les étrangers préfèrent souvent la piscine de leur hôtel, et les Portugais qui le peuvent vont plutôt à **Guincho** sur l'Atlantique ; à **Praia Grande**, plus au nord ; ou à **Caparica** sur la péninsule au sud de Lisbonne. Les amateurs de sport ne seront pas désœuvrés dans le Triangle d'or, les golfeurs en particulier : plusieurs parcours retiendront leur attention.

En premier lieu le **golf d'Estoril**, aux limites de la ville, est l'un des plus beaux d'Europe. Plus modeste, le **golf d'Estoril-Sol** est situé dans une pinède à **Linho**, près de Sintra. Juste après Cascais, dominant la côte atlantique, le **golf de Marinha** possède aussi une piscine, des courts de tennis et des chevaux. L'**Estoril Autódromo**, circuit automobile de la ville, sur la route de Sintra, attire une foule gigantesque pour le Grand Prix de Formule 1, qui s'y déroule tous les ans.

Les **arènes de Cascais** sont les plus grandes du Portugal, mais on y programme peu de corridas car elles sont trop exposées au vent. Des démonstrations de dressage de chevaux se déroulent à l'**Escola da Equitação de Birre**, sur la route de Sintra, ainsi qu'au **Centro Hípico da Marinha**, à l'intérieur des terres, derrière la plage de Guincho. Les passionnés de sports pourront aller au **club nautique de Cascais** faire de la voile ou du ski nautique.

Cascais n'a pas le rayonnement de sa voisine, Estoril, même si ce fut une cité royale. En 1870, le roi Louis Ier y établit sa résidence d'été dans la **citadelle** du XVIIe siècle située dans la baie. En 1580, Cascais fut dévastée par les troupes du duc d'Albe, au service du roi d'Espagne puis, neuf ans plus tard, fut reprise aux Espagnols par les Anglais. Mis à part ces événements, l'histoire de la ville est aussi paisible que son atmosphère actuelle. Cascais doit sa réputation à ses belles villas fleuries, ses belvédères du XVIIIe siècle et son pénitencier. Cascais vit au rythme des bateaux de pêche colorés, qui vont et viennent dans la baie, et de la criée, dans le marché au poisson.

Plusieurs édifices religieux valent une visite, dont l'**église da Assunção**, du XVIIe siècle. De style manuélin, cette église de l'Assomption possède de beaux *azulejos* et une nef en marbre. On y admire des tableaux de Josefa de Obidos. Dans la rue piétonne, des boutiques proposent des vêtements, des bijoux et d'authentiques pulls de pêcheurs. Un marché hebdomadaire offre un choix de fruits et de légumes frais ainsi que de produits d'artisanat local (le plus souvent fabriqués selon les mêmes techniques qu'autrefois).

Dans la région, **Albatroz** est un charmant hôtel construit au XIXe siècle pour la famille royale. En sortant de la ville s'étend un jardin exotique : à l'intérieur, le **musée Castro Guimarães** expose des collections d'*azulejos*, d'argenterie, de meubles et de peintures du XIXe siècle.

Après Cascais, on atteint la côte rocheuse de l'Atlantique. Les Lisboètes viennent déguster des fruits de mer dans les restaurants qui s'y sont installés, en particulier à **Boca do Inferno** («bouche de l'enfer»), où les vagues déferlent sur les rochers. Certains vont ensuite à la grande **Praia do Guincho**, encerclée par les caps de Raso au sud et de Roca au nord.

Planches à voile à la Praia do Guincho.

SINTRA

Non loin de Cascais, en Estrémadure, se situe au pied de la Serra de Sintra, petite chaîne volcanique entourée d'une végétation luxuriante. La ville de Sintra (à 32 km au nord ouest de Lisbonne) est depuis longtemps l'un des endroits privilégiés du Portugal. Elle est convoitée par les Portugais en vacances comme par les étrangers élégants et les visiteurs de tous pays. Si le cadre est resté somptueux, il faut compter avec des constructions qui n'ont pas toujours été très judicieuses. Lord Byron qualifiait la cité de *« glorieux Éden »*. Il serait probablement horrifié des apports de la société industrielle, comme par exemple l'hôtel Tivoli, immense immeuble disgracieux érigé à côté du palais national, ou bien par la multitude de petites constructions de toutes les couleurs qui ont remplacé d'anciens domaines et espaces boisés au pied de la cité. Cependant, la forêt, qui abrite de grandes *quintas* blanches, la richesse de la végétation et la proximité de la mer parviennent à préserver la beauté des lieux. Au siècle dernier, l'élite intellectuelle et l'aristocratie se mirent à fréquenter assidûment ces lieux, d'abord pour la beauté de ses paysages, ensuite pour en avoir fait un lieu de rencontres.

Sintra est véritablement un autre monde, grâce à son climat particulier et à son mode de vie bucolique. La façon la plus pratique de s'y rendre est de prendre le train au Rossio. En voiture, le seul impératif est d'éviter les heures de pointe pour échapper aux embouteillages. Les habitants de Sintra vont à Lisbonne en semaine, et ceux de Lisbonne vont à Sintra le samedi et le dimanche. La route de Sintra part de la Praça de Marquês de Pombal; il suffit ensuite de suivre les panneaux indicateurs.

En chemin, on peut faire une halte pour visiter **Queluz**. Cette ville est devenue une cité-dortoir de Lisbonne, mais le **palais** est un bel édifice de couleur rosée du XVIIᵉ siècle qui a été agrandi pour accueillir la cour. L'ensemble est baroque, mais la cour et les jardins ont été inspirés par le château de Versailles. Aujourd'hui, le palais sert de résidence officielle pour les invités de marque du Portugal, comme la reine Élisabeth II ou l'ancien président des États-Unis, Dwight D. Eisenhower. L'été, des concerts sont organisés dans le **salon de musique**. Hormis ces occasions, le public peut visiter la **salle du trône** avec son plafond peint, la **salle des glaces** et bien d'autres. La grande cuisine a été transformée en restaurant de luxe appelé Cozinha Velha. La partie moderne de la ville est **Estefânia**. Depuis le monument aux morts, on a une très belle vue sur la vieille ville.

La route parcourt ensuite des vallées moutonnantes où se dressent les petits villages et les *quintas*, avant d'arriver à la **Serra da Sintra**. Au pied de cette chaîne montagneuse se blottit le village de **São Pedro de Sintra**. Le deuxième et le quatrième dimanche de chaque mois s'y déroule un important marché à la

A gauche, le palais de Pena; à droite, les cheminées coniques du palais royal.

brocante. Le 29 juin, une grande brocante réunit chaque année tous les artisans de la région. En dehors de ces
dates, le village compte de nombreuses
boutiques d'antiquités, mais les prix y
sont très élevés. São Pedro est aussi
réputé pour ses *tavernas* dans lesquelles
on peut déguster des saucisses épicées,
de la morue et un vin de pays. La ville
abrite aussi quelques beaux monuments. Par exemple la **Quinta da Trindade**, cloître de la Renaissance où l'on
peut voir de beaux *azulejos* du XVIᵉ
siècle.

La route grimpe ensuite la colline et
parvient au centre de Sintra. Le bureau
du tourisme possède un hall d'exposition et des boutiques d'artisanat. A
quelques pas, se dresse l'**Estalagem dos
Cavaleiros**, où vécut lord Byron en
1809. Sintra compte deux églises du
XIIᵉ siècle, **Santa Maria** (église romano-
gothique fondée en 1150 par Alphonse
Henriques et située près du Parque de
Liberdade) et **São Martinho**, qui se
sont toutes deux dégradées avec le
temps.

Les palais de Sintra

Le **Palácio Nacional**, ancien palais
royal, est le monument principal de
Sintra. Il s'agit d'une œuvre collective
dont la construction s'est étalée du
XIVᵉ (règne de Jean Iᵉʳ) au XVIᵉ siècle
(Manuel Iᵉʳ), bien que le palais porte
la signature des Avis, dont il fut la résidence d'été. De larges escaliers
mènent aux appartements d'État, et
l'on peut admirer des arches gothiques, des fenêtres mauresques, et deux
étonnantes cheminées coniques. On
visitera plus volontiers la **Sala dos
Brasões**, coiffée d'un splendide plafond peint en 1515 ; la **Sala dos Arabes**
avec sa fontaine en marbre et ses *azulejos* sévillans du XVᵉ siècle ; la **Sala
dos Cisnes**, vaste salle de gala ornée
de cygnes peints sur les panneaux du
plafond ; la **Sala das Pegas**, dont le plafond est couvert de pies brandissant
des bannières qui portent l'inscription
« *Por Bem* ». La légende raconte que la
reine Philippa aurait surpris Jean Iᵉʳ à
courtiser une suivante ; pour toute

*Queluz,
le Versailles
portugais.*

réponse il aurait dit : « *Por Bem* », c'est-à-dire « *en tout bien tout honneur* ». On y visite aussi une chapelle au plafond boisé fortement influencé par l'art mauresque et aux *azulejos* du XVe siècle. A voir aussi la pagode chinoise en ivoire, ainsi que la salle des Blasons, à coup sûr la plus belle du palais, avec ses *azulejos* du XVIIe siècle représentant des scènes de chasse. A l'époque de l'édification de ce palais, de nombreux marocains vivaient au Portugal et les souverains leur confièrent la création d'*azulejos* afin d'en décorer l'architecture. De nombreux ateliers sévillans fournirent Manuel Ier. Étant donnée l'importance que prit l'*azulejo*, le roi prit l'initiative d'une fabrique à Lisbonne.

Le **Castelo da Pena**, second palais de Sintra, il est perché au sommet d'une colline qui domine l'ensemble de la ville. Il est préférable de s'y rendre en taxi. La route qui y mène serpente sur des pentes rocheuses abruptes entre les pinèdes. Le château fut construit à l'emplacement d'un couvent de hiéronymites du XVIe siècle. L'ensemble réunit de multiples styles et influences : minarets arabes, tours gothiques, coupoles Renaissance, fenêtres manuélines. Le palais fut commandé par le prince Ferdinand de Saxe-Cobourg-Gotha, époux de la reine Marie II, à un architecte allemand, le baron von Eschwege, vers 1840. A l'entrée, un tunnel mène aux ruines de l'ancien monastère. Les murs de la chapelle sont ornés d'*azulejos* du XVIIe siècle ; l'autel en albâtre et marbre noir est l'œuvre du sculpteur français Nicolas Chanterène (XVIe siècle). Le palais offre en outre un superbe panorama. En contrebas s'étend le **parc de Pena**, avec ses lacs, ses cygnes noirs et ses fontaines.

Il est un troisième château, lui aussi perché au sommet d'une colline. Il s'agit en fait des ruines d'une forteresse mauresque du XIe siècle, le **Castelo dos Mouros**. Les fortifications visibles sur la crête ont été restaurées au milieu du XIXe siècle. Au sud-ouest se dresse le point culminant de la Serra

La salle du trône à Queluz.

de Sintra, **Cruz Alta** (540 m), signalé par une croix en pierre.

Le **Convento dos Capuchos** est l'un des lieux les plus surprenants de ce massif : un monastère de capucins du XVIᵉ siècle situé au pied du **Pico do Monge**, construit au milieu des rochers et tapissé de liège qui servait d'isolant thermique. Ce couvent fut fondé en 1560 par Alvaro de Castro, fils du vice-roi des Indes. Philippe II d'Espagne affirmait qu'il s'agissait du couvent le plus pauvre du monde.

En quittant Sintra

A la limite de Sintra, on rencontre le **Palácio de Seteais**, « palais des Sept Soupirs », qui fut édifié par un diamantaire hollandais au XVIIIᵉ siècle. Seteais est réputé avoir été le lieu où les généraux Junot et Dalrymphe signèrent la convention de Sintra, en 1809, après la défaite de l'armée française face aux troupes portugaises et britanniques. En 1955, le palais a été restauré et aménagé en établissement hôtelier de luxe ; il mérite amplement une visite, ne serait-ce que pour y boire une tasse de thé ou un café. Le mobilier, les tentures, les lustres sont magnifiques. Le parc, avec ses haies taillées et ses citronniers, offre une très belle vue sur la campagne environnante.

C'est non loin, à la **Quinta de Penha Verde**, que João de Castro, ancien vice-roi des Indes, planta les premiers orangers du Portugal en 1542.

Un peu plus loin, on atteint la **Quinta da Monserrate**, surprenante villa de style mauresque bâtie au XIXᵉ siècle par sir Francis Cook. C'est aujourd'hui une propriété de l'État portugais. La demeure est fermée au public, mais on peut admirer le jardin exotique et la serre qui possèdent de magnifiques espèces du monde entier.

La **Quinta de São Tiago**, manoir du XVIᵉ siècle, faisait autrefois partie du jardin de Monserrate. Elle est de nos jours la propriété d'un Anglais qui l'a ouvert à la visite. On peut y admirer la chapelle, les chambres et le jardin.

La principale manifestation culturelle de la région est le **festival de Sintra**, qui se déroule chaque année au mois de juillet pendant trois semaines. Des concerts, ballets et récitals de grande qualité sont organisés dans le palais national, le palais de Queluz et quelques-unes des grandes *quintas* des environs. De plus, un spectacle « son et lumière » est présenté au Palácio Nacional tout au long de l'été (le samedi et le dimanche soir uniquement).

Sur la route de **Colares**, on découvre des vignobles, des hameaux blanchis à la chaux, des champs bordés de murets de pierre jusqu'à la mer. En chemin, il est possible de visiter la cave traditionnelle **Adega Regional**. Les vignes de Colares donnent un vin sombre et doux.

Le **Cabo da Roca** est un cap désolé et sauvage, à 135 m au-dessus du niveau de la mer, qui marque l'extrémité occidentale de l'Europe.

Au nord se déroulent plusieurs plages principalement fréquentées par les Portugais : **Praia Grande**, grande plage de sable fin, et **Praia das Maçãs**.

Le palais de Seteais.

Azenhas do Mar, village de pêcheurs, offre des piscines naturelles creusées dans le roc. Autre but de promenade possible, Mafra, qui est le plus grand monastère de la péninsule ibérique.

Mafra

Il faut suivre la route d'**Ericeira**, autre village de pêcheurs avec une belle plage, puis bifurquer vers l'arrière-pays et parcourir 10 km.

Mafra fut construit pour rivaliser avec la puissance des Espagnols. D'ailleurs, tout rappelle l'Escorial. Les travaux s'étalèrent sur dix-huit ans à partir de 1717. Mafra était prévu pour accueillir trois cents moines, ainsi que les novices. La réalisation du projet attira tant d'artistes étrangers que le roi décida d'ouvrir l'école de Mafra et de recourir à leurs talents pour former des apprentis. Le maître le plus célèbre fut sans doute Joaquim Machado de Castro. La façade du monastère est longue de 220 m. En son centre se dresse l'**église**, flanquée de deux hautes tours et dotée d'un portique italien. L'intérieur de l'église est décoré par des marbres portugais. Les quatorze statues de saints placées dans le vestibule ont été sculptées dans du marbre de Carrare. Six orgues ont été prévues pour les messes solennelles. La pièce la plus impressionnante est la **bibliothèque**, avec ses décorations baroques. Elle compte trois cent cinquante mille volumes, dont l'édition originale d'*Os Lusiadas* de Luis de Camões et l'une des éditions grecques d'Homère les plus anciennes. Les autres salles intéressantes sont la **pharmacie**, l'**hospice des moines**, les **appartements royaux**. Le monastère compte trois cloîtres et ses deux tours portent plus d'une centaine de cloches, dont certaines ont été fondues en Belgique.

A Mafra, on peut admirer une église du début du XIIIe siècle, **Santo André**. Pedro Hispano fut le curé de cette église avant de devenir pape à cinquante ans sous le nom de Jean XXI (en 1276).

La bibliothèque de Mafra.

SETÚBAL ET LA PÉNINSULE D'ARRABIDA

Les Lisboètes appellent *Outra Banda* (« l'autre rive ») la rive sud du Tage. Elle fut longtemps négligée par les touristes et par les Lisboètes eux-mêmes en raison des difficultés d'accès. Depuis 1966, date de l'achèvement du pont du 25-Avril, tout a changé. La **péninsule d'Arrábida** a pris un rapide essor mais pas toujours dans l'harmonie.

Le modeste port de **Cacilhas** est juste en face de Lisbonne, sur l'autre rive. Ce village ne présente pas grand intérêt, si ce n'est l'enfilade de petits restaurants qui offrent une belle vue sur la capitale.

A l'ouest du pont s'étend **Trafaria**. Cette ville a été reconstruite après avoir été entièrement brûlée en 1777 par le marquis de Pombal, en repré-sailles contre la résistance des habitants à son pouvoir.

Ensuite, on se dirige vers **Almada**, ville industrielle, ou vers la statue du **Cristo Rei** (le Christ-Roi), gigantesque monument (le socle mesure 82 m de haut, la statue 28 m) qui fut érigé en 1938 dans l'espoir que le Portugal fût épargné par la Seconde Guerre mondiale. Le sommet du socle est accessible et domine un panorama exceptionnel.

Enfin, à Almada, le **monastère de São Paulo**, fondé en 1568, mérite une visite.

Pour éviter les cités-dortoirs de l'Outra Banda, mieux vaut prendre l'autoroute qui part du pont. Une sortie proche permet de rejoindre la **Costa da Caparica**, succession de grandes et belles plages dominées par des dunes ocre rouge et dotées de petits bars très agréables. Des hôtels et des restaurants assez bon marché accueillent les visiteurs. Le site est bien moins pollué que la Costa do Sol, et la baignade y est moins dangereuse que sur le littoral au nord du Tage.

L'église de Jésus.

La route indiquée par le panneau **Palmela** mène à une petite ville dominée par un **château médiéval**. Celui-ci abrite désormais une luxueuse *pousada* (hôtel d'État) avec une salle de restaurant aménagée dans l'ancien réfectoire. L'église romane est de toute beauté. Édifié par les Maures, le château fut transformé en monastère, siège des chevaliers de Saint-Jacques en 1147. L'édifice fut endommagé par le tremblement de terre de 1755, puis restauré par les moines. Ces derniers durent quitter les lieux après la dissolution des ordres religieux, en 1834. Au pied du château se dresse l'**église São Pedro**, dont l'intérieur est orné de beaux *azulejos* du XVIIIe siècle illustrant la vie de saint Pierre.

A l'entrée de Setúbal apparaît un autre château transformé en *pousada*, **São Felipe**, d'où l'on a une très belle vue sur l'**estuaire du Sado**. La construction du fort fut décidée par Philippe II d'Espagne en 1590, en vue de surveiller l'arrivée des troupes anglaises dans la région, car à cette époque le Portugal était aux mains des Espagnols. Le château servit de prison entre 1766 et 1965, date à laquelle il fut aménagé en hôtel. Les *azulejos* de la **chapelle** retracent les grands épisodes de la vie de saint Philippe.

Setúbal

Setúbal est devenue une ville industrielle riche de chantiers de construction navale et de conserveries. On y produit aussi des engrais, du ciment, du sel et du moscatel. L'une de ses fiertés est l'**église de Jésus**, un monument spectaculaire dont la construction remonte à 1491. Elle a été dessinée par Diogo Boytac, l'un des précurseurs du style manuélin en architecture, dont elle est certainement le chef-d'œuvre. La nef, étroite, est supportée par des colonnes torsadées et les murs sont décorés d'*azulejos*. Du marbre jaspé a servi à réaliser l'extraordinaire portail. Le cloître a été transformé en musée, où sont exposées des toiles de primitifs portugais. Ces tableaux anonymes sont l'œuvre d'un inconnu qu'on appelle Maître du retable de Setúbal ; certains d'entre eux sont cependant attribués à Gregório Lopes et à Cristóvão de Figueiredo. Des bijoux et des objets flamands du XVIe siècle, trouvés lors de fouilles menées dans la région, figurent aussi dans la collection.

La **Praça do Bocage**, plantée de palmiers, est ornée d'une statue qui rend hommage à l'illustre enfant de la ville, le poète du XVIIIe siècle Manuel Barbosa du Bocage.

Au sud, l'**église São Julião** possède un beau portail manuélin construit en 1513. A l'intérieur, les murs sont ornés d'*azulejos* du XVIIIe siècle, représentant la vie de saint Julien et des scènes de pêche.

Le **musée régional d'Archéologie et d'Ethnographie** retrace l'histoire des principales activités de la ville : l'élevage, la pêche et la production de textile.

L'une des plus belles images de Setúbal est celle de son **port** qui, de bon matin, accueille des chalutiers colorés chargés de poissons. On peut aussi contempler les pêcheurs réparer les filets, ou travailler sur leurs bateaux. Enfin, une petite visite à la criée s'impose : c'est l'occasion de se mêler à une foule animée et riante.

Setúbal est le principal point d'embarquement vers la péninsule de **Tróia**. La traversée ne dure qu'une vingtaine de minutes et les liaisons sont fréquentes en été. Tróia est une mince langue de terre jetée en travers de l'estuaire du Sado ; ce serait le site qu'occupait l'ancienne cité romaine de **Cetóbriga** emportée par le déferlement d'une lame de fond au Ve siècle. Des vestiges ont été exhumés, notamment un temple et des tombes. Sous l'eau, on aperçoit les murs d'anciennes villas romaines. A l'extrémité nord de la péninsule s'étend un grand complexe de loisirs dont l'urbanisme n'est pas des plus séduisants. Il existe un parcours réputé au **golf de Tróia**. A l'extrémité sud de la péninsule, quelques kilomètres de pinède, de dunes et de plages préservées invitent le visiteur au repos.

A l'embouchure du Sado, à 5 km au sud-ouest de Setúbal, on atteint la **Torre de Outão**, ancien temple romain dédié à Neptune d'où l'on jouit d'un splendide panorama.

Un autre itinéraire suit la crête de la **Serra da Arrábida**, qui culmine à 606 m. Les belvédères offrent des vues magnifiques sur les flancs du massif calcaire. De nombreux ermitages et chapelles, construits au XVIe siècle, sont dissimulés au milieu des chênes, des pins, des fougères et des fleurs sauvages. Loin en contrebas, les falaises ocre plongent dans une mer turquoise.

Une route descend vers **Portinho da Arrábida**, plage de sable blanc très prisée où l'eau est transparente, et vers la splendide **grotte de Santa Margarida**, qui abrite d'imposantes stalactites.

On peut ensuite regagner la route des crêtes et bifurquer après quelques kilomètres vers **Sesimbra**, joli village de pêcheurs. Le fort qui domine l'endroit est souvent présenté comme mauresque ; en fait, il a été entièrement rebâti. Il tomba entre les mains d'Alphonse Ier Henriques en 1165, mais les Maures le détruisirent complètement en 1191. La reconstruction se fit sous l'impulsion du roi Denis Ier, puis de Jean IV, au XVIIe siècle. L'intérieur de l'enceinte abrite les ruines d'une chapelle romane, Santa Maria, et l'ancien hôtel de ville. Jean IV fut également à l'origine de la construction du fort São Teodosio, afin de protéger le port des attaques de pirates. Dans le village, l'**Egreja da Misericórdia**, érigée au XVe siècle, possède une belle peinture sur bois attribuée à Gregório Lopes. L'église paroissiale (XVIe siècle) est parée de boiseries remarquables et d'une chaire en marbre jaspé. Le port est très animé et des bistrots sans prétention proposent des plats de poisson frais (l'espadon est la spécialité locale).

A environ 10 km vers l'ouest, la route aboutit au **Cabo Espichel** (cap Espichel), grand promontoire rocheux balayé par les vents. La **chapelle Nossa Senhora do Cabo** est un lieu de pèlerinage très fréquenté par les fidèles au début du mois d'octobre. Au bord de

La plage de la péninsule de Tróia.

la falaise, la chapelle des pêcheurs, **Senhor de Bomfim**, est dans un piètre état, mais elle offre une vue magnifique sur la côte atlantique.

Le chemin du retour vers Lisbonne traverse **Vila Nogueira de Azeitão**, appelé aussi Azeitão («grand olivier»). Au centre du village se dresse le **palais Távora**, dans lequel, dit-on, le duc d'Aveiro et ses amis complotèrent contre le roi Joseph Ier. Ils furent conduits au bûcher et brûlés à Belém en 1759. Les habitants du village ont fait le projet de restaurer le palais et de le transformer en musée. La rue principale est encadrée de fontaines baroques. L'**église São Lourenço**, qui a été rénovée, abrite des peintures et des *azulejos* du XVIIIe siècle.

La **foire à la brocante d'Azeitão**, qui se tenait sur la place principale le premier dimanche de chaque mois, est devenue tellement populaire qu'elle a été transportée *extra muros* en raison des nombreuses nuisances engendrées (bruit, dégâts, etc.). Dans le village, la **cave José Maria da Fonseca** a été fon-

Le cap Espichel.

dée en 1834. L'ancienne demeure de la famille, à proximité, est aujourd'hui un musée. La cave produit l'un des meilleurs vins de table portugais, le periquita, de même que du moscatel de Setúbal et bien d'autres que le visiteur pourra apprécier. Les personnes qui désirent visiter sont bienvenues.

Non loin de là s'élève l'un des plus anciens manoirs habités du Portugal, la **Quinta da Bacalhoa**, édifiée en 1480 et sauvée par une Américaine qui l'acheta en 1936 et la fit restaurer. Les jardins environnent de leurs orangers et citronniers un pavillon orné de beaux *azulejos* et ouvert au public.

La **Quinta das Torres** est un autre manoir, situé juste en dehors du village de **Vila Fresca de Azeitão**. Cette *quinta* du XVIe siècle, entourée d'un parc romantique, a été transformée en auberge-restaurant. Dans le village même, on peut visiter une jolie église, **São Simão**, qui possède des *azulejos* anciens et des panneaux polychromes.

Pour regagner Lisbonne, il est préférable de prendre la nationale 10.

L'ALGARVE

La province la plus méridionale du Portugal, l'Algarve, est séparée du reste du pays par une chaîne de collines. La côte est bordée par une route récemment refaite et donc en bon état.

Il y a trois mille ans, les Phéniciens furent séduits par ce littoral poissonneux ; ils salaient les sardines et le thon pour les conserver et les exportaient dans le bassin méditerranéen. Vers 600 av. J.-C., les Celtes et les Carthaginois s'installèrent à leur tour dans la région, bientôt suivis par les Romains. Ces derniers adoptèrent les techniques phéniciennes de conservation et d'exportation du poisson. En plus, ils construisirent routes, ponts et thermes, comme ceux de Milreu, et profitèrent des sources de Monchique.

Mais l'Algarve prospéra véritablement sous l'occupation des Maures, qui débuta dans les premières années du VIIIᵉ siècle. Le nom d'Algarve vient d'ailleurs de l'appellation mauresque *Al-Gharb* : « l'Occident » ou « à l'ouest ». Cette période fut marquée par une culture vivante et l'apport de progrès scientifiques et techniques. Les poètes maures chantèrent les beautés de Chelb, l'actuelle **Silves**, dont ils firent leur capitale, rivale de Lisbonne ; les occupants introduisirent des plants d'orangers et perfectionnèrent la technique d'extraction de l'huile d'olive, qui est restée une importante ressource de l'économie portugaise. Les amandiers en fleur au mois de février constituent l'une des plus belles images de l'Algarve.

Le roi Alphonse Iᵉʳ Henriques mena la conquête portugaise de l'Algarve au XIIᵉ siècle, puis son fils Sanche Iᵉʳ assiégea Silves avec l'aide des croisés. Les Maures de Silves résistèrent durant quarante-neuf ans avant de livrer la ville. En 1192, ils la reconquirent et l'occupèrent encore pendant quarante-sept ans. Ce fut finalement Sanche II qui, soutenu par les ordres de chevalerie menés par Paio Peres Correia, vint à bout de ce bastion mauresque.

La dernière cité à tomber entre les mains des Portugais fut **Faro**, en janvier 1249. Sept siècles plus tard, l'influence arabe en Algarve est encore présente, ne serait-ce que par le nom de villes commençant par le préfixe *al*, le bleu tunisien employé pour décorer les façades blanches des maisons, les toits en terrasse servant à sécher les fruits, ou les nombreux dômes blancs. Les confiseries de l'Algarve, à base de figues, d'amandes, d'œufs et de sucre, appelées *morgados* ou *dom rodrigos*, sont une autre trace de l'ancien héritage de cette province.

Pendant des siècles, les figuiers, les amandiers et les caroubiers, parce qu'ils supportaient la sécheresse, ont représenté la plus grande part de la production agricole de l'Algarve. Récemment, les agrumes ont pris le dessus, transformant les cycles traditionnels des cultures. Grâce aux différents climats qui règnent sur la région, elle produit désormais des poires, des pommes, des coings, des prunes, des grenades, des tomates, des melons, des fraises, des pastèques, des petits pois et des haricots.

L'exportation des vins d'Algarve a débuté sous l'occupation musulmane et a atteint son apogée au cours des XIVᵉ et XVᶜ siècles. Lagos, Portimão, Lagoa et Tavira sont les principaux centres vinicoles. L'*algar seco* de Lagos est un vin très sec idéal pour l'apéritif, servi frais. Les moscatels de la région, doux et sucrés, vieillissent au moins sept ans dans des tonneaux en chêne et titrent 18 ou 19 degrés. L'*afonso III* est un vin très sec de Lagos, tandis que le *cruz de Portugal* est un vin rouge doux, âgé d'une dizaine d'années, qui se sert chambré au dessert. Tavira produit le *licoroso*, doux, sombre et fruité, servi dans des verres à porto. Le *medronho* est une liqueur de fraises sauvages très connue en Algarve. On en trouve dans tous les bars et on la sert également dans un verre à porto. Un autre alcool tout aussi connu dans la région est le brandymel, sorte de liqueur de miel.

Quant à la cuisine, elle est peut-être plus internationale qu'ailleurs du fait

Pages précédentes : baigneuses sur la Praia Dona Ana ; la côte rocheuse près de Lagos. A gauche, fontaine du XVIIIᵉ siècle dans un palais d'Estói.

des nombreux échanges qu'a connu la région.

En effet, les relations étaient privilégiées avec l'Espagne et le Maroc (l'Algarve fut à la fois fragile et prospère du fait de l'intense vie maritime des XVe et XVIe siècles : commerce avec les Maures, mise à sac de Faro par les Anglais à la fin du XVIe siècle, batailles navales fréquentes).

Les souverains portugais avaient coutume de se dire seigneurs du Portugal et de l'Algarve, car cette région était vraiment à part. Puis on parla des deux Algarves, celle « d'en deçà » et celle « d'au-delà », à compter du moment où Alphonse V conquit quelques villes du Maroc et étendit ainsi son royaume. Ce n'est qu'à partir du XVIe siècle que l'Algarve se lia économiquement au reste du Portugal. Jusque-là, elle jouissait d'un régime particulier.

L'Algarve compte onze villes dont huit ports de pêche. Le tourisme a succédé avec brio à la pêche au thon pour ce qui est des ressources économiques de la région.

L'artisanat traditionnel tend à disparaître, mais il reste possible de trouver des objets en paille ou en osier à Loulé, Albufeira, Monchique, Vila Real de Santo António, Alcoutim, Castro Marim, Odeleite, São Bras et Aljezur. Lagor, Loulé, Tavira et Martinlongo sont célèbres pour leurs poteries, notamment des pichets à eau à deux anses qui ressemblent à des amphores romaines, et les « cheminées-bijoux » qui ornent le toit des maisons. On trouve aussi d'habiles ferronniers à Silves, Portimão, Loulé et Tavira ; le travail du cuivre, semblable à celui d'Afrique du Nord, est plutôt la spécialité de Lagos et de Loulé. Un très bon exemple de cet artisanat est la *cataplana*, sorte d'ancêtre de l'autocuiseur moderne, devenue le symbole de l'Algarve. Autrefois utilisé par les chasseurs, cet ustensile sert désormais à préparer de nombreux plats de fruits de mer comme l'*amêijoas na cataplana* : plat de palourdes cuites à la vapeur avec des oignons, du porc, du persil, du poivre vert et de l'huile d'olive. Les autres activités artisanales

sont le travail du bois (les cuillers sculptées d'Aljezur en sont un bel exemple) ou le tissage de la laine, dans les régions montagneuses. En visitant la région au sud de Monchique, on rencontre parfois des tailleurs de pierre qui fabriquent les carrés bleus et blancs servant à réaliser les trottoirs en mosaïque dans tout le Portugal.

On a le choix entre plusieurs solutions pour se rendre en Algarve. La plus directe et la plus rapide consiste à prendre un avion jusqu'à l'aéroport international de Faro, la capitale de la province.

Faro

Il est probable que cette ville fut fondée par les Phéniciens avant d'être un foyer de commerce pour les Grecs et les Romains. Plus tard, elle devint une cité mauresque de première importance. C'est une ville qui a souffert de catastrophes naturelles (elle fut en grande partie détruite par le tremblement de terre de 1755) autant que de pillages et d'incendies (1596).

Grâce au tourisme florissant, elle a développé une véritable industrie du bâtiment. L'agglomération s'étend tout autour d'un joli port de plaisance, bassin fermé et isolé de la mer.

Une arche de style Renaissance, l'**Arco da Vila** (XVIIIe siècle), décorée à l'italienne et surmontée d'une statue de saint Thomas d'Aquin, marque l'entrée de la vieille cité et permet de parvenir à la **cathédrale**. L'édifice, de style à la fois gothique et baroque, a été endommagé par le tremblement de terre et reconstruit par la suite. A l'intérieur, la deuxième chapelle possède de beaux *azulejos* hollandais représentant des scènes bibliques. Une autre chapelle, du XVe siècle, dédiée à Notre-Dame de Conceição, abrite de très beaux *azulejos* du XVIIe siècle. L'orgue rouge date du XVe siècle.

L'église carmélite, le **Carmo**, est plus étonnante. En fait, l'intérêt principal de cet édifice du XVIIIe siècle est la **Capela dos Ossos** (chapelle des Ossements), qui donne sur l'ancien cimetière et qui est entièrement « ornée » de squelettes.

Un bain rafraîchissant sur la côte.

Le musée aménagé dans l'ancien **couvent des Clarisses** abrite une belle collection d'antiquités romaines trouvées à Faro et sur le site de Milreu, plus au nord. On y trouve les vestiges d'une villa romaine agrémentée de thermes, qui aurait été habitée jusqu'à l'époque musulmane.

Le **Musée ethnographique**, dans le bâtiment de l'assemblée locale, Praça Alexandre Herculano, mérite également une visite. On peut y admirer des répliques exactes de maisons typiques de l'Algarve et des objets artisanaux.

Enfin, le **musée maritime Ramalho Ortigão**, situé sur le port, pourra faire l'objet d'une visite rapide pour son évocation de l'histoire de la pêche en Algarve et ses reproductions d'anciens bateaux de pêche. On remarquera au passage que la pêche au thon, richesse maritime principale de l'Algarve depuis des siècles, ne se pratique plus à cause de la pollution. Le reste de la ville est divisé en quartiers, dont le plus intéressant est celui qui date du XVIIIe siècle.

Estói

Il s'agit d'un tout petit endroit où les archéologues ont trouvé des vestiges de l'ère paléolithique et de l'âge du bronze. Non loin de là, les ruines de **Milreu**, l'ancienne Ossonoba romaine, sont accessibles au public et un guide conduit les visiteurs aux bains. D'anciennes mosaïques représentant dauphins et poissons sont encore visibles, ainsi que les murs d'un temple. Les spécialistes pensent que la cité romaine aurait été détruite après un tremblement de terre.

Au nord d'Estói se trouve la petite ville de **São Bras de Alportel**, qui fut fondée par les Maures. De la vaste colline qui domine l'endroit, on a une très belle vue sur les plaines de l'Algarve.

A environ 15 km à l'ouest, **Loulé** est une autre petite ville aux maisons blanches. Le vieux quartier, l'Almedina, est un dédale de ruelles bordées d'échoppes qui proposent des produits artisanaux. La vieille église paroissiale

Les falaises d'Aljezur.

fut construite par le roi Denis Ier (1279-1325). On peut également se rendre au **Mae Soverana**, chapelle construite au XVIe siècle, dont l'intérieur est décoré d'*azulejos* et de fresques du XVIIe siècle.

En poursuivant vers le nord, on atteint la **Serra do Caldeirão**, qui va de l'Algarve à l'Alentejo. Cette chaîne de collines, qui culmine à 545 m, est restée sauvage. Elle traverse **São Marcos da Serra**, village qui possède un excellent restaurant.

La route passe ensuite à **São Bartolomeu de Messines**, dont la petite église en grès rouge (XVe siècle) est ornée d'*azulejos* du XVIIe siècle.

Albufeira

Albufeira était autrefois un petit village de pêcheurs, déjà fréquenté par les Romains et les Maures. Aujourd'hui, il est devenu une station touristique en vogue, avec des centaines de bars, des boîtes de nuit et des restaurants aussi peu typiques que bondés. Toutefois, les vieux quartiers de la ville ont gardé leur beauté, de même que les plages où les pêcheurs amarrent leurs bateaux colorés. Tous les jours, sauf le lundi, se tiennent deux marchés : l'un de fruits et légumes, sur la place principale, et l'autre de poissons, près de la plage des pêcheurs.

La distance qui sépare les villes à l'est et à l'ouest d'Albufeira est négligeable, et les routes sont ennuyeuses mais rapides. Les promoteurs ont construit tant de complexes touristiques qu'il est parfois difficile de dire où commencent et où finissent les localités. Comme souvent dans pareil cas, ces constructions ne sont pas une réussite esthétique ; le littoral y a perdu de sa beauté.

Il reste cependant des criques quasi désertes que l'on trouve à condition de s'écarter des grandes plages et de marcher un peu. On peut aussi louer un bateau (piloté bien entendu par son propriétaire) pour la journée. Il est préférable d'emporter des victuailles et de la boisson, surtout si l'on

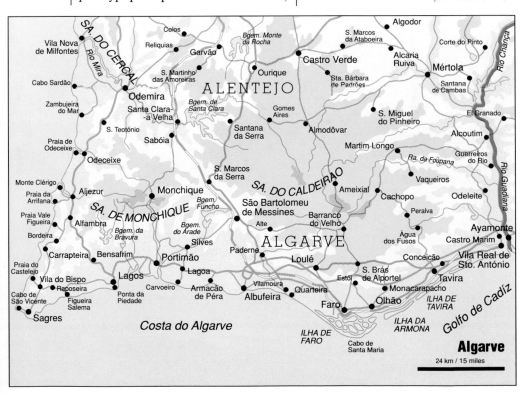

Algarve

24 km / 15 miles

veut aller explorer des grottes et des criques.

La plupart des parcours de golf renommés se situent à l'est d'Albufeira : **Quinta do Lago**, **Vale do Lobo** et **Vilamoura**, ce dernier étant enclavé à l'intérieur d'un ensemble touristique de 1 600 ha. **Penina**, dont le parcours a été dessiné par le champion Henry Cotton, s'étend à l'ouest d'Albufeira, plus près de Portimão.

Au nord-est d'Albufeira, **Alte** est un joli village qui ceint son église paroissiale, au pied des collines. **Nossa Senhora da Assunção**, bâtie au XVIe siècle, abrite des *azulejos* du XVIIIe siècle.

Ceux de **Nossa Senhora de Lurdes** sont considérés comme les plus beaux de la province. Ce hameau est hérissé de ses superbes cheminées blanches, et ses maisons sont très dépouillées. On appréciera la sereine atmosphère qui y règne. Un ruisseau a transformé le secteur en oasis, contrastant avec les paysages desséchés alentour. Dans ce jardin poussent des oliviers, des figuiers et des rosiers. On voit sur les carreaux de faïence qui décorent la fontaine, **Fonte da Bicas**, des poèmes de Cándido Guerreiro. C'est l'endroit idéal pour pique-niquer, faire des balades, ou grimper la colline de Pena à dos de mule.

Ce sera l'occasion de visiter la **Buraco dos Mouros** (grotte des Maures). Plus haut encore, on atteint **Rocha dos Soidos**, caverne tapissée de stalactites et de stalagmites.

Silves

Silves, ville au nord-ouest d'Albufeira, est la plus ancienne cité d'Algarve. Fondée au IVe siècle avant J.-C., elle ne cessa de croître jusqu'à l'époque des Maures, à laquelle elle connut son apogée. Elle devint alors la capitale de l'Algarve. On peut évidemment s'y rendre en voiture, mais il est plus amusant de remonter en bateau le cours de l'Arade à partir de **Portimão**, soit l'itinéraire que suivirent les croisés, et de s'arrêter en route pour visiter les

La plage d'Albufeira.

grottes d'**Ibne Ammar** et d'**Algar**, ou celles près de **Nossa Senhora de Rosario**, ou simplement de regarder les moulins à eau qui se succèdent sur les rives.

A Silves vécurent quelques-uns des plus grands poètes arabes ; ils ne purent que déplorer la mise à sac de la ville lorsqu'elle tomba entre les mains du roi Sanche Ier en 1189. Les Maures reprirent la ville en 1192 avant de la perdre définitivement. Le **château** (situé au-dessus de la citadelle romaine, elle-même établie sur des fondations néolithiques) et les tours défensives Albarra furent restaurés par la suite, lors de l'occupation des Almohades (XIIe et XIIIe siècles).

La **Sé** (cathédrale) est le second édifice qui domine Silves. Le grès rouge contraste avec les couleurs pastel des maisons plus anciennes qui l'entourent. La cathédrale gothique, édifiée au XIIIe siècle, fut restaurée au XIVe siècle et presque entièrement détruite par le tremblement de terre de 1755. La **chapelle de João de Rego**, du XVe siècle, abrite des tombes de croisés qui périrent au cours de la prise de la ville en 1244.

Au nord, le réservoir d'eau mauresque, avec ses quatre arches de 7 m de haut, suffisait autrefois à approvisionner la ville. Son architecture est tout à fait semblable à celle des citernes du XIIIe siècle, découvertes en Palestine et à Cacares en Espagne. Ces gigantesques réalisations, construites par les Romains et par les Maures, faisaient partie des techniques d'irrigation très modernes qui ont transformé l'Algarve en jardin du Portugal.

L'économie de Silves est devenue fortement dépendante du tourisme, même si quelques productions locales, comme les gâteaux à base de figues ou d'amandes et le travail du liège, subsistent.

En quittant Silves par la route de São Bartolomeu de Messines, on croise un calvaire de 6 m de haut, la **croix du Portugal**, qui représente d'un côté le Christ supplicié et de l'autre la descente de croix.

La cathédrale de Silves.

Au sud de Silves, **Lagoa** est un important centre viticole ; les paysans de la région apportent leur raisin à la coopérative.

De là, on rejoint **Porches** (à l'est), dont les poteries peintes à la main sont célèbres, et le **Cabo Carvoeiro** (au sud, après avoir traversé les champs d'amandiers), côte rocheuse bordée de nombreuses plages isolées, comme celle d'**Algar Seco**.

Carvoeiro est un centre touristique très vivant.

Portimão est à l'ouest ; dépourvue de monuments, cette petite ville est cependant commerçante et très agréable. Construite au bord de l'océan, elle compte de nombreuses terrasses de cafés et un marché aux poissons. Portimão est réputée pour ses sardines grillées et ses pâtisseries.

Juste en dehors de la ville, on peut se baigner à la **Praia da Rocha**, plage impressionnante où la mer est peuplée de rochers brun-jaune plantés au milieu de l'eau et sculptés par les siècles.

Lagos

Située plus à l'ouest, à l'embouchure de la Bensafrim, cette ville fut, dit-on, fondée par un chef carthaginois avant de devenir la Lacobriga (« lac fortifié ») des Romains au Ve siècle avant J.-C. Les Maures s'en emparèrent au VIIIe siècle et la rebaptisèrent Zawaia (« lac »). Puis Lagos devint alors cité portugaise sous le règne d'Alphonse III. C'est de là que partirent les expéditions portugaises vers l'Afrique à la fin du Moyen Age. En 1434, Gil Eanes quitta Lagos et devint le premier marin à doubler le cap Bojador, au sud des îles Canaries, qui était alors la limite des terres connues. Enfin, Lagos était la base d'Henri le Navigateur.

La plus grande partie de la cité a été rebâtie au XVIIIe siècle. Quelques traces d'un passé plus ancien subsistent néanmoins, telles les colonnes et les arches du premier marché aux esclaves du Portugal sur la **Praça da República**. Jadis, en effet, les Portugais

L'architecture variée de Silves.

importaient des esclaves de Guinée et du Sénégal. Là se dresse une statue du sculpteur João Cutileiro qui représente le roi Sébastien partant pour la bataille désastreuse de Ksar el-Kébir.

Une promenade dans les ruelles de la ville conduit devant la **chapelle Santo António** qui cache, derrière une façade sobre, des décorations baroques extraordinaires. Sous un plafond en trompe-l'œil, la nef est recouverte d'une quantité impressionnante de boiseries et de sculptures dorées. Elle est devenue un musée d'art sacré, qui comprend notamment un diptyque portugais du XVIᵉ siècle représentant l'*Annonciation* et la *Présentation*.

La Praça da República, ancienne Praça do Infante, bénéficie du magnifique portail Renaissance de l'**église Santa Maria**.

De Lagos, en remontant la route qui longe les plages, on atteint le **Ponte da Piedade**, d'où le panorama sur l'océan est exceptionnel. Dans la région, les pêcheurs louent leur bateau et emmènent les touristes visiter les nom-

breuses grottes avoisinantes. Elles sont d'une grande beauté grâce à l'éclat de leurs eaux émeraude.

La campagne change de façon spectaculaire vers l'ouest, particulièrement à partir de **Salema** et **Figueira**. Le relief devient plus ondulant et rocailleux ; les arbres, battus par les vents du sud-ouest, tendent à diminuer en taille et à s'espacer.

Monchique

L'Algarve occidental se divise en deux parties : le littoral atlantique et les montagnes de Monchique. Au printemps, la **Serra de Monchique** se couvre de mimosas, de narcisses et d'azalées ; des centaines d'espèces florales sauvages tapissent les profondes vallées verdoyantes, encaissées entre les sommets de **Foia** et de **Picota**. Foia est le point culminant de l'Algarve, à 900 m d'altitude, mais la vue que l'on a de Picota est plus belle.

La ville de **Monchique** offre au marcheur des ruelles pentues et les

Les fortifications de Lagos.

fameuses sources (*caldas*) environnées de chênes-lièges, d'eucalyptus, de pins et d'orangers. Les vertus curatives de ces eaux étaient déjà appréciées sous l'occupation romaine. Huit sources au total coulent à Monchique, dont quatre ont des vertus médicinales.

Sagres

La côte la plus spectaculaire de l'Algarve commence à **Odeceixe** et serpente jusqu'au cap Saint-Vincent, à Sagres. C'est certainement la partie du littoral la moins fréquentée de la province. Odeceixe, petit village de style mauresque, s'étend jusqu'à de superbes plages de sable que dominent de belles falaises. **Aljezur**, dernier bastion des Maures, est plus au sud.

Juste à l'ouest, on arrive aux plages de **Monte Clérigo**, **Arrifana**, **Popa** et **Atalaia**. A **Saicera**, on peut explorer des grottes et des galeries sousmarines qui servirent de refuge aux pirates avant de devenir le havre des oiseaux aquatiques.

D'Aljezur, la route conduit au promontoire venteux de **Sagres** et du **cap Saint-Vincent** (Cabo São Vincente). L'endroit fut considéré comme le lieu où s'assemblaient les dieux, car il se trouvait à la limite du monde connu. Même par temps calme, les vagues s'écrasent sur les falaises avec une violence inouïe et projettent d'immenses gerbes d'écume. Au printemps, l'air est empli du parfum des cistes (arbrisseaux dont les pousses sécrètent une huile dont les Égyptiens se servaient pour embaumer les morts). Le cap, avec ses à-pic de 80 m au-dessus de l'océan, est la dernière parcelle de terre avant le large. Le nom de Sagres viendrait de l'ablatif latin *sacris*, ce qui rend compte de la valeur mythique prêtée à ce lieu. Le christianisme succéda aux légendes et, au XVe siècle, un ermitage et un couvent franciscain doté d'un hôpital furent édifiés.

Une immense rose des vents, la **Rosa dos Ventos** (39 m de diamètre), décore le sol de la forteresse qui jaillit d'un

Maison de Sagres.

socle rocheux de 2 km de périmètre. Un très long promontoire (1 km de long et 300 m de large) offre une vue magnifique sur la baie de Belixe. La forteresse en ruine est un des plus anciens vestiges militaires (un hôtel y est installé). On y trouve également une église aux fondations médiévales séparant Sagres du cap Saint-Vincent.

Sagres est redevenu une petite ville de pêcheurs qui utilisent la **baie de Baleira** comme port. Là, il ne faut pas manquer de voir **Torre d'Aspa**, rocher de 150 m de haut qui est le point culminant de la région.

Les régions sauvages

Au delà du cap, on accède aux plages de **Cor do Homen**, **Barriga** et **Cara da Teira**. L'endroit est tout à fait sauvage, comme en témoignent les oiseaux de proie qui errent sur ces lieux.

Plus au nord, dans l'arrière-pays, non loin de Sagres, on atteint **Vila do Bispo**, fondée par Henri le Navigateur. C'est le site présumé de la fameuse «école de Sagres», qui aurait accueilli des savants du monde entier dont Henri s'entourait afin de mener à bien son extraordinaire entreprise. Vila do Bispo, bien que modeste, a une belle église baroque du XVIIᵉ siècle ornée d'*azulejos*.

Dominant les impressionnantes falaises du cap, s'élève un grand phare rouge. Saint Vincent y aurait été enterré par des chrétiens qui défiaient les Maures. On raconte que sur l'autel, dix corbeaux sacrés veillaient sur le lieu. Vila do Bispo est une ville traditionnelle où les moulins à vent tournent encore et où les femmes portent toujours leur lessive aux lavoirs communaux.

Au nord, **Castelejo** est une magnifique plage bordée de rochers striés de blanc. En revenant sur ses pas, vers Lagos, on traverse **Salema**.

Cette ville touristique abrite une chapelle romano-gothique du XIIIᵉ siècle, **Nossa Senhora de Guadelupe** qui, dit-on, fut bâtie par les templiers. Les plages environnantes sont peu fré-

Mer d'émeraude à Sagres.

quentées car l'eau y est froide et les lieux d'hébergements peu développées.

A la frontière de l'Alentejo

Si l'on arrive en Algarve par l'Alentejo (à l'est de la capitale), la route la moins fréquentée est celle qui longe le cours du **Guadiana**, le long de la frontière espagnole. L'un des avantages de cet itinéraire est qu'il permet de visiter les villages les mieux conservés de l'Algarve.

Juste au sud de l'Alentejo, la route passe près d'**Alcoutim**, l'une des plus jolies cités de cette partie de la province; des maisons disposées en amphithéâtre y ont été parfaitement conservées. Le temps paraît ne pas avoir de prise sur l'endroit. L'église du village est ornée d'un portail Renaissance et ses fonts baptismaux sont ornés d'un très beau bas-relief du XVIe siècle. Les panneaux qui indiquent le «château» mènent à de simples ruines médiévales; toutefois, la vue qu'offre le site mérite sans aucun doute une visite.

En reprenant la route vers le sud, on rejoint **Castro Marim**, près de l'embouchure du Guadiana. Les rois de Portugal s'en servirent comme base d'offensive orientale pour détruire les bastions maures. Castro Marim fut largement reconstruit après le tremblement de terre de 1755; le château d'Alphonse III, qui a résisté aux secousses, domine toujours les vallées voisines.

La cité est entourée par le **marais de Castro Marim**, où vivent de nombreux oiseaux migrateurs, des flamants roses et des cigognes ainsi que des centaines d'espèces de plantes aquatiques. Pour effectuer une visite guidée ou obtenir toutes les informations nécessaires, on peut s'adresser au *Servico de Parques e Reservas* de Castro Marim.

Du château, on a une très belle vue sur la vallée du Guadiana.

A proximité du marais se déroule la **foire São Bartolomeu**, où se vendent les produits de l'artisanat local.

Clochers : à gauche, Tavira; ci-dessous, à Sagres.

Plus au sud, à la frontière espagnole, **Vila Real de Santo António** est une ville au tracé rigoureusement géométrique, inspiré par le marquis de Pombal au siècle des Lumières. Ce dernier avait l'intention de faire de cette ville un exemple administratif et industriel et un phare de l'activité de la pêche. C'est pour cette raison qu'il y fonda la bourse du thon. Aujourd'hui, le tourisme a largement pris le dessus sur la pêche.

Tavira

En reprenant le voyage vers l'ouest, après avoir dépassé les villes touristiques (et leurs plages) de **Monte Gordo**, **Verde**, **Alagoas** et **Cacela**, on rejoint **Tavira**, petite ville qui s'étend sur les deux rives de la Sequa.

Ville d'estuaire, Tavira connut son apogée au XVIᵉ siècle ; avec la raréfaction du poisson, le commerce déclina. L'agglomération compte vingt-trois églises et monastères : les plus intéressants sont **Senhora da Ajuda**, l'**église**

Église à Boliqueime.

da Misericórdia et **Santa Maria**, construite sur le site de l'ancienne mosquée. Une petite église, **Nossa Senhora das Ondas** (Notre-Dame-des-Eaux) du XVIᵉ siècle, est dite église « des pêcheurs ». C'est là que l'on vient prier avant de partir en mer. L'église de la Misericórdia, la plus importante église de la Renaissance en Algarve, est malheureusement fermée au public.

De Tavira, on atteint facilement **Fuzeta**, puis **Olhão**, ville du XVIIᵉ siècle à l'architecture d'inspiration mauresque.

Au petit port de Fuzeta, on prend le bateau pour l'île du même nom dotée de longues plages dans une vaste zone protégée, la **Ria Formosa**, qui s'étend d'**Ancião**, à l'ouest, jusqu'à **Cacela**, à l'est. Cet ensemble naturel de lagunes isolées de l'océan par des bancs sablonneux est un site essentiel pour l'économie du Portugal, car il fournit 90 % des palourdes et des huîtres du pays. La Ria est aussi une importante réserve écologique pour diverses espèces en voie de disparition.

ÉVORA ET L'ALENTEJO

La province de l'Alentejo, dont le nom signifie littéralement « au-delà du Tage », possède un caractère particulier et une beauté qui n'est commune à aucune autre région portugaise. Ses vastes plaines prennent une teinte brune en été, et seuls les chênes-lièges et les oliviers donnent un peu d'ombre aux petits troupeaux de moutons et de cochons noirs. Cette contrée n'a pourtant rien d'un désert ; surnommée « la terre du pain », elle offre aux yeux des visiteurs de vastes étendues de céréales et de vignes.

L'histoire de l'Alentejo remonte à la conquête romaine. Cette province fut reconnue par Vespasien comme *municipium*. Plus tard, elle devint la terre de prédilection de l'aristocratie terrienne et le domaine des anciens rois. Jusqu'en 1828, Évora, capitale de la région, était considérée comme la deuxième ville du Portugal et elle a été classée en 1986 dans le patrimoine mondial par l'Unesco.

L'Alentejo est la province la plus vaste et la moins vallonnée du Portugal. Presque de la taille de la Belgique, elle représente le tiers de la surface totale du pays (23 000 km² sur 90 000 km²). Elle s'étend d'est en ouest, de la frontière espagnole au littoral, et du nord au sud, des provinces du Ribatejo et de la Beira Baixa à l'Algarve. Les paysages très ouverts sont ponctués de villages blancs bâtis sur les quelques collines qui rehaussent un peu l'horizon. On trouve partout des produits artisanaux : poteries ornées de motifs naïfs et colorés, couvertures brodées main d'Arraiolos, tapis de Reguengos, fromage de Serpa, tapisseries de Portalegre, ou gâteaux d'Elvas.

Comparées aux autres routes portugaises, celles qui sillonnent l'Alentejo sont excellentes ; le trafic est principalement local. Il vaut mieux se munir d'une carte routière détaillée, car les panneaux indicateurs sont malheureusement peu nombreux.

Fraîcheur et simplicité sont les maîtres mots de l'architecture alentéjane : les maisons basses sont blanchies pour accentuer la réflexion du soleil, et leurs bordures bleues évoquant le ciel sont aussi un moyen efficace pour chasser les mouches. Toutes les maisons présentent un intérêt, soit par leur forme ou leur décoration, soit par un détail de leur architecture, notamment les balcons. A ce sujet, une coutume assez étrange d'Évora veut que les personnalités en visite soient accueillies avec des dessus-de-lit colorés suspendus aux balcons.

L'architecture simple s'applique également aux riches haciendas des propriétaires terriens. Les bâtiments les plus ornés, les plus spectaculaires sont tous des édifices religieux. Il est à noter que la capitale, Évora, ne compte plus aucun monument musulman. Cependant, les traces de cette architecture sont perceptibles un peu partout, à travers de nombreux détails.

Géographiquement, la province se divise en deux parties, le haut (*Alto*) et le bas (*Baixo*) Alentejo. Portalegre est la capitale de la première et Beja de la seconde. Vers l'est se dressent deux chaînes montagneuses, la Serra São Mamede et la Serra Ossa. Certaines villes occupent des sites extraordinaires. Le troisième fleuve du Portugal, le Guadiana, qui coule dans l'Alentejo, forme à certains endroits une frontière naturelle avec l'Espagne. Mais ce n'est pas le seul cours d'eau de la région : un réseau dense de rivières et de ruisseaux irrigue les cultures.

Les transformations politiques

Depuis la révolution des Œillets, en 1974, la province a été le fief du communisme portugais. Beaucoup de grandes propriétés (si vastes qu'elles incluent parfois plusieurs villages, une école et même des hôpitaux) ont été accaparées par les fermiers pendant la révolution. Certains des propriétaires terriens ont été expulsés de la région, mais la plupart du temps, en fait, ils vivaient dans des domaines plus proches de Lisbonne ou de Porto. Et si

Pages précédentes : champ de coquelicots près de Serpa ; la rue principale de Monsaraz. A gauche, une vie restée traditionnelle.

la plupart de ces domaines placés en autogestion ont été conduits au bord de la faillite par manque d'expérience, d'autres se sont rapidement développés. Les gouvernements ont fait en sorte que les anciens propriétaires ne soient pas lésés, soit en leur rendant tout ou partie de leurs terres, soit en obligeant les fermiers à leur donner des compensations financières. Depuis une quinzaine d'années se met en place une nouvelle génération de propriétaires terriens, formés aux techniques de gestion du patrimoine.

L'agriculture est au cœur de la vie de l'Alentejo, et l'existence des habitants est rythmée par le cycle des saisons. Autour d'Évora, les villes sont de petite taille, et le reste de la population se répartit en hameaux liés aux grandes fermes. On ne trouve des écoles du second degré que dans les villes importantes ; dans les endroits plus reculés, les enfants quittent en général l'école de bonne heure pour se mettre à travailler dans les champs. Tout au long de l'année, on voit sur les routes les paysans aller et venir à leur travail, à pied, à bicyclette ou entassés dans des autocars découverts. La plupart de ces *Alentejanos* portent des vêtements traditionnels : chapeau noir à large bord pour les hommes comme pour les femmes ; pantalon noir, gilet, veste et chemise blanche sans col pour les hommes ; châle noir et jupe en drap épais pour les femmes. Les hommes nouent autour de leur cou un foulard pour mieux se protéger du soleil et de la poussière ; les femmes préfèrent le porter sur la tête et sous le chapeau. Les visages des vieillards sont cuivrés, burinés par le soleil, creusés de profondes rides.

L'une des activités traditionnelles pour les hommes est la chasse au sanglier, d'octobre à février dans les plaines dégagées. La danse et le chant sont deux des caractéristiques du Portugal. L'Alentejo n'échappe pas à la règle : les chants, lents et mélancoliques, sont le domaine réservé des hommes. Ces mélodies ne ressemblent pourtant pas au *fado*. Les hommes chantent en chœur et battent du pied pour marquer le rythme. Pour assister à de tels concerts, il faut se renseigner auprès des bureaux de renseignements touristiques.

Sur la route d'Évora

Il faut environ deux heures et demie de route entre Lisbonne et Évora, si bien qu'on peut prévoir une excursion d'une journée pour visiter la ville, mais le site mérite un détour plus long, ne serait-ce que pour voir les villages alentour. Il y a de nombreux hôtels et pensions, ainsi que des chambres chez l'habitant. En partant de Lisbonne, il faut prendre le pont du 25-Avril et emprunter l'autoroute pour Setúbal, puis bifurquer sur la nationale 4 vers Évora.

Pegóes est la première petite cité alentéjane sur la route d'Évora. Aujourd'hui, l'endroit est plutôt sec et désert, d'autant plus que la nouvelle route le contourne. Ce fut pourtant un important foyer de commerce, grâce à ses nombreux marchés vivants et colorés.

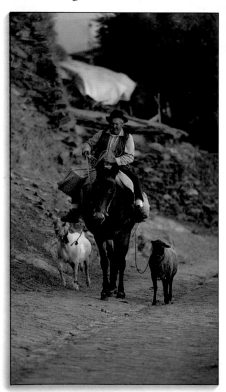

Sur la route de Monsaraz.

Plus loin, **Vendas Novas** est de la même taille et elle aussi à l'écart de la route, mais le contraste est étonnant : la ville est ombragée, propre et semble animée, même si elle ne mérite pas vraiment qu'on s'y arrête.

Montemor-o-Novo se voit d'assez loin, grâce au château fort médiéval érigé sur une butte. Les remparts en remontent sans doute à l'époque romaine. La cité se divise entre les quartiers de la vieille ville et ceux de la nouvelle ville. Évidemment, le centre historique est beaucoup plus intéressant que la partie moderne. C'est ici que naquit, en 1495, saint Jean de Dieu ; il fut baptisé dans l'église paroissiale, dont il ne reste que le portail manuélin en granit. Sur la place du village, une statue rend hommage à ce franciscain qui mena une vie agitée avant de se convertir. On dit qu'une nuit de tempête, il porta sur son dos un mendiant jusqu'à l'hôpital. Il est ainsi devenu en 1886 patron des malades et des hôpitaux. La ville compte un nombre remarquable d'édifices religieux : cinq églises, trois couvents et deux monastères.

Évora

A l'entrée d'**Évora**, devant les fortifications romaines de la ville, un bureau de renseignements touristiques propose ses services ; il y en a un plus grand dans le centre, mais le premier distribue des cartes comprenant plusieurs itinéraires de visite. Le meilleur endroit pour se garer est certainement la Praça do Giraldo, grande place bordée d'arcades sur deux côtés. Une église du XVIe siècle et une fontaine en occupent le centre.

Évora est la ville la plus grande et la plus importante de la province, vraie ville-musée qui possède des monuments dans un état de conservation remarquable. L'un d'entre eux abrite une université.

L'histoire d'Évora remonte aux premières civilisations de la péninsule ibérique. Son nom actuel provient de l'appellation celte, Ebora Cerealis. Les

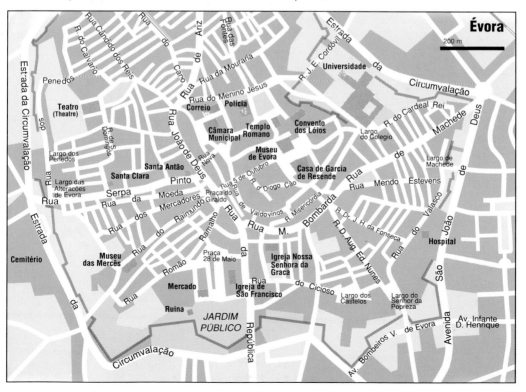

Romains fortifièrent la cité et la rebaptisèrent Liberalitas Julia. Elle devint rapidement un centre prospère avant de décliner quelque peu sous l'occupation wisigothique. Elle retrouva rapidement la richesse au cours de la longue occupation mauresque du début du VIIIᵉ siècle jusqu'en 1165. Une grande partie de l'architecture de la ville reflète cette période : les patios dallés, les venelles surmontées d'arcades, l'abondance de plantes qui fleurissent les terrasses.

La cour royale s'installa ici à la fin du XIVᵉ siècle. Évora connut son apogée en 1551, lorsque le roi Jean III y fonda le collège du Saint-Esprit, qui rassembla de nombreux humanistes. C'est dans ce creuset que Garcia de Resende, auteur du *Cancionero general*, commença à se faire connaître ; de même, Gil Vicente, père du théâtre portugais, y fit jouer ses premières pièces. Ce collège favorisa considérablement l'essor de la Renaissance au Portugal. Plus tard, Jean III confia bientôt la direction de l'établissement aux jésuites, lesquels appuyèrent la Contre-Réforme. Évora devint donc un foyer du catholicisme (et le resta jusqu'en 1759, date à laquelle le marquis de Pombal expulsa les jésuites). Son nom est attaché aux grands débats théologiques modernes. En 1580, après l'annexion du Portugal par l'Espagne, la gloire de la cité se mit à pâlir. Les Espagnols ne virent en effet en Évora qu'un intéressant foyer d'échanges agricoles. La ville ne parvint pas à retrouver sa splendeur passée, même après le retour de la souveraineté portugaise, en 1640. De plus, les luttes avec l'Espagne ne favorisèrent pas un nouvel essor.

Le **temple de Diane** est le monument le plus ancien d'Évora ; il fut édifié au IIᵉ ou au IIIᵉ siècle apr. J.-C. Pour s'y rendre, il faut emprunter la Rua 5 de Outobro, à partir de la Praça do Giraldo. Ce temple est l'un des mieux conservés de la péninsule. Au Moyen Age, le temple fut muré et transformé en forteresse avant de servir d'abattoir à partir du XVIIᵉ siècle jusqu'en 1870.

Évora.

Cet usage eut le mérite de sauver le monument d'une destruction presque certaine, car les murs de briques maintinrent les colonnes. Les colonnes corinthiennes sont en granit, avec une base et un chapiteau taillés dans du marbre de la région. Malheureusement, il n'est plus possible, pour le moment, d'approcher l'édifice, car des mesures ont été prises pour en garantir la conservation. De l'arrière du temple, on a une jolie vue sur les jardins qui surplombent la vieille ville et les plaines environnantes.

Le couvent de **Lóios**, également appelé église Saint-Jean-l'Évangéliste, fut construit pour dom Manuel par Francisco de Arruda, architecte qui a conçu la tour de Belém. Le couvent a été transformé en *pousada*, mais l'église a conservé sa vocation religieuse. Elle fut fondée en 1485 en style romano-gothique mais remodelée après le tremblement de terre de 1755, à l'exception du portail de la façade. On remarquera les panneaux d'*azulejos* (1771) qui dépeignent la vie de saint

Le temple de Diane.

Laurent Giustiniani et sont l'œuvre de l'un des plus grands maîtres de cet art, António de Oliveira Bernardes. Des visites guidées de l'église, du cloître et de la salle capitulaire sont organisées.

La **cathédrale** (Sé) est consacrée à la Vierge Marie. Les travaux de cette construction massive en granit ont débuté en 1186 et se sont poursuivis jusqu'au XIIIe siècle. Le style architectural, mélange de roman et de gothique, est le même que celui de l'église Saint-Jean-l'Évangéliste. La façade principale est flanquée de deux tours coniques asymétriques qui ont été ajoutées au XVIe siècle, et dont l'une est ornée de céramique bleue. Les magnifiques sculptures de la façade (XIVe siècle) représentent les apôtres. C'est la cathédrale la plus vaste du Portugal, dont les trois nefs s'étirent sur 70 m. Ses voûtes à arc brisé sont impressionnantes, avec les candélabres qui y sont suspendus d'une grande hauteur.

Moyennant une somme modique, on peut visiter l'imposant et austère cloître de granit du XIVe siècle attenant à la cathédrale, les stalles du chœur Renaissance, logées en haut dans la galerie et sculptées de motifs religieux et profanes dont les plus charmants sont ceux qui évoquent la vie de tous les jours, et le **musée d'Art sacré**, auquel mène un petit escalier et dont l'essentiel des collections se composent du trésor de la cathédrale. Du haut des stalles du chœur, on a une vue aérienne sur toute la cathédrale. Le clocher roman « en pomme de pin », qui rappelle ceux du Périgord, est véritablement le chef-d'œuvre de l'édifice.

A côté de la cathédrale, les portes du **musée régional** (ancien palais de l'évêque) s'ouvrent sur une belle collection de peintures primitives, portugaises et flamandes. Mais le musée abrite également de belles sculptures, des meubles, ainsi qu'une section d'arts décoratifs et d'objets d'art sacré.

Le **cloître des étudiants** est le monument le plus remarquable de la ville. Il se trouve à l'**Universidade** (l'université des jésuites). Bâti au XVIe siècle, il a conservé une atmosphère de tranquillité étonnante. Les portes d'entrée des salles d'étude, au bout de la galerie, sont décorées d'*azulejos* très nombreux et raffinés qui illustrent la matière enseignée dans chaque salle : rhétorique, histoire, sciences, mythologie, et la Bible. On y découvre un art érudit qui surpasse en éclat la fresque ou la tapisserie. Cette université est un véritable musée de l'*azulejo*.

En revenant ensuite vers São Francisco, on passe devant une autre église, la **Misericórdia**, avec de très beaux *azulejos* du XVIIIᵉ siècle et des décorations baroques.

Juste derrière, la **Casa Soure** est une résidence manuéline du XVᵉ siècle qui faisait autrefois partie du palais de l'infant dom Luis.

Avant d'atteindre l'église de la Misericórdia, on peut faire un petit détour vers le **Largo das Portas de Moura**, qui est la place la plus élégante de la ville. La porte était l'entrée nord des anciennes fortifications de la cité. L'esplanade est ornée en son centre d'une fontaine de marbre blanc, surmontée d'une sphère manuéline, construite en 1556. L'ensemble de l'espace reste harmonieux malgré la présence d'un palais de justice moderne qui détonne avec le cadre.

L'église **Nossa Senhora da Graça**, dans la Rua Miguel Bombarda, date du XVIᵉ siècle, et son architecture fut inspirée par le style de la Renaissance italienne.

L'église **São Francisco** date de la fin du XVᵉ siècle ou du début du XVIᵉ siècle. L'intérêt principal de cette église dédiée à saint François est la célèbre **Capela dos Ossos** (chapelle des Ossements), salle entièrement recouverte d'ossements de plus de 5 000 personnes. Elle date du XVIᵉ siècle. Des tresses de cheveux datant du siècle dernier sont suspendues à l'entrée de la chapelle : ce sont des *ex-voto* offerts par de jeunes mariées.

La **salle capitulaire** qui relie la chapelle à l'église est ornée d'*azulejos* représentant des scènes de la Passion du Christ et un *altar dos promessas* (« autel des promesses ») sur lequel

Apôtres du XIVᵉ siècle à la cathédrale d'Évora.

sont placées toutes sortes d'effigies en cire, notamment des parties du corps (jambes, bras, pieds, etc.). Les malades se rendent à l'autel pour prier et, lorsque la guérison se produit, on offre une figurine de cire en remerciement.

Le **jardin public** d'Évora, situé près de l'église, est un lieu rêvé pour se promener ; de temps en temps, un orchestre joue dans un kiosque à musique d'autrefois. Toujours dans le parc, se dresse le **palais du roi Manuel Iᵉʳ** (1495-1521). Ses fenêtres géminées dans des arcades en fer à cheval sont représentatives du style mauresque. Des restaurations maladroites ont détérioré l'aspect d'origine du bâtiment.

Des expositions se déroulent assez régulièrement dans la galerie des Dames. Chaque année, pendant la dernière semaine de juin, Évora se remplit de visiteurs qui viennent assister à la **Feira São João** (fête de la Saint-Jean). Cette immense manifestation occupe toute l'esplanade en face du jardin public : on y trouve de nombreux produits artisanaux, animaux, et le bric-à-brac habituel des brocanteurs, sans oublier les orchestres et les petits restaurants où sont préparés des plats typiques.

Si l'on visite Évora l'été et qu'on souhaite se rafraîchir, la meilleure solution est d'aller dans l'une des piscines situées à la limite de la ville. Elles sont assez fréquentées car l'entrée est bon marché. Pourtant, elles sont très propres et disposent de pelouses où s'étendre confortablement ainsi que de buvettes.

Une visite nocturne de la cité permet de goûter la beauté de son architecture. Presque tout est illuminé jusqu'à minuit et les ruelles sont un cadre parfait pour savourer les longues soirées d'été.

Les plaines de l'Alentejo

Les plaines de l'Alentejo comptent de nombreux alignements de mégalithes, dont certains des plus importants se trouvent dans le voisinage immédiat

Les murs macabres de la Capela dos Ossos.

d'Évora. Le **Cromleque de Almendres**, à 12 km à l'ouest de la cité, près de la colline de Herdade dos Almendres, est remarquable et c'est le cromlech le mieux préservé de toute la péninsule, avec ses 95 pierres levées.

A proximité du département d'agriculture de l'université d'Évora, à **Valverde**, on peut voir le plus grand dolmen de la péninsule, celui de **Zambujeiro**, qui a une hauteur de 5 m et un diamètre de 3 m. Les spécialistes estiment qu'il aurait été érigé environ trois mille ans avant notre ère.

Estremoz

Estremoz est une cité dont l'histoire remonte au Moyen Age. Plus petite qu'Évora, elle compte pourtant un certain nombre de monuments qui méritent largement une halte de quelques heures. De la vieille ville émerge un château qui fut fondé par Alphonse III en 1258 ; il est aujourd'hui transformé en *pousada*. Au XIVᵉ siècle, il devint la résidence du roi Denis Iᵉʳ, auquel il est le plus souvent associé.

La mémoire de sa femme, la reine Isabelle d'Aragon, est honorée par une statue sur la place principale, et une **chapelle** dite **de la Reine sainte** lui est consacrée dans l'une des tours. Pour la visiter, il suffit de s'adresser à la *pousada*, ou au musée sur la place principale. Cette chapelle, petite et richement décorée, est au sommet d'un escalier étroit. On dit que la reine y mourut (à moins que ce ne fût dans la salle d'audience du roi !). Ses murs sont recouverts d'*azulejos* et de tableaux qui illustrent la vie de la souveraine.

L'événement le plus célèbre représenté ici est le « miracle des roses ». La reine était une femme d'une exceptionnelle bonté. Un jour qu'elle faisait l'aumône, le roi Denis Iᵉʳ vint la trouver, irrité par cette charité qu'il trouvait exagérée. La reine se hâta de dissimuler ses pièces d'argent dans les plis de sa robe, mais le roi exigea de voir ce qu'elle cachait. Lorsqu'elle

Jardin public d'Évora.

s'exécuta, les pièces s'étaient miraculeusement transformées en roses. Derrière l'autel se trouve une petite salle pourvue d'un second autel sur lequel les fidèles de la cité placent leurs *ex-voto*.

La plus belle partie du château est le **donjon** du XIIIe siècle, auquel on accède par la *pousada*. Au deuxième étage, on peut visiter une salle octogonale percée de fenêtres trilobées. Des terrasses, la vue est absolument magnifique : à 450 m de hauteur, on domine presque toute la province, et l'on a une belle vue sur Évora.

De l'autre côté de la place s'élève le **palais du roi Denis**. Son arsenal ayant explosé en 1698, il n'en reste plus que la colonnade gothique et la salle d'audience du roi, illuminée de sa voûte à nervures étoilées.

La vieille ville médiévale, faite de marbre blanc de la région, est reliée à la ville basse par des remparts qui datent du XIVe siècle et des bâtiments modernes qui datent surtout du XVIIe siècle ; les balcons en fer forgé sont décorés d'*azulejos*.

Estremoz doit en partie sa renommée aux cruches en terre cuite qui y sont fabriquées. On peut en acheter dans toutes les boutiques. Cependant, il est préférable d'attendre le marché du samedi, sur la place principale de la ville basse : le choix est beaucoup plus important, et des cruches de toutes sortes sont exposées avec beaucoup de goût.

Les vins de l'Alentejo

L'Alentejo est une région réputée pour ses bons vins, et qui donne lieu à une appellation d'origine contrôlée. Les rouges ont du corps et vieillissent bien en bouteille. La plupart des villes ont leur coopérative, où l'on peut acheter du vin en vrac à des prix défiant toute concurrence.

On retiendra principalement deux noms : **Reguengos**, pour ses vins rouges et surtout pour ses délicieux blancs, et **Borba** (l'existence de ce village remonterait à l'époque des

Estremoz.

Celtes), où l'on peut de surcroît admirer une splendide fontaine, construite en 1781 avec du marbre blanc de la région, dont le vin est produit par la coopérative de la **Quinta do Carmo** à Estremoz (qui est dans la région du *borba*). Mais, en ce qui concerne les blancs, ceux de la coopérative de **Vidigueira** sont nettement supérieurs à tous les autres.

Le liège employé pour les bouchons est produit dans la région et sa qualité est exceptionnelle. On l'obtient à partir du chêne-liège, après une longue attente : il faut tout d'abord attendre vingt-cinq ans avant de pouvoir inciser le tronc, qui fournit ainsi des bandes de liège assez épaisses. Il faudra ensuite neuf ans à l'arbre pour reconstituer son écorce et être à nouveau productif. Un chêne-liège peut vivre jusqu'à deux cents ans.

Vila Viçosa

Vila Viçosa est l'ancienne résidence des ducs de Bragance. Le cadre est

extrêmement agréable et forme un contraste étonnant avec les cités mauresques habituellement perchées au sommet de collines. La ville est fraîche et ombragée, sa place principale, la Praça da República, est plantée d'orangers ; partout ailleurs, on rencontre des fleurs et des citronniers. Viçosa signifie « verdoyante » ; les promenades que l'on peut faire ici seront des plus agréables.

La place de la ville est dominée par un **château** médiéval, remanié à l'époque classique, qui abrite de nombreux nids de colombes. Un petit **musée archéologique** y a été récemment installé : on y voit, entre autres, la collection de vases grecs du roi Denis Ier.

Vila Viçosa est plus connue pour son **palais ducal**, vaste monument dans lequel sont organisées des visites guidées. On y admire les décorations intérieures et une belle collection de carrosses du XVIIe au XIXe siècle. Le palais domine une place où trône une statue en bronze de Jean IV, premier roi de la dynastie des Bragance. Au nord de la place, sur la route de Lisbonne, on croise un curieux édifice, la **Porta do Nós** (porte des Nœuds), ainsi appelée à cause de ses colonnes torses nouées au-dessus de son arc. Cette porte est un vestige des remparts érigés au XVIe siècle.

Évoramonte

Situé entre Évora et Estremoz, **Évoramonte** est un village qui s'étend au pied d'un château rénové il y a quelques années.

Cette bourgade a été reprise aux musulmans par le fameux Geraldo Sem-Pavor, après quoi elle fut fortifiée au XVIe siècle. C'est également là que fut signée la *convenção* qui mettait fin à la guerre civile, le 26 mai 1836. Une plaque commémorative a été placée sur la maison où se déroula la signature.

La visite de la ville haute est un grand plaisir. Évoramonte est perché sur une colline importante, et la vue sur la région est splendide. Un château, construit au début du XIVe siècle

La Porta dos Nós, à Vila Viçosa.

sur les ruines de l'*alcáçova* musulmane, fut abîmé par un tremblement de terre en 1531 et restauré au XVIᵉ siècle par le duc de Bragance, dom Jaime, qui prit la liberté de changer le donjon en une sorte d'édifice inspiré de la Renaissance italienne et française. La terrasse supérieure, qui s'ouvre sur un très beau paysage, est accessible par un escalier de 65 marches. Dans le quartier bas, on peut visiter l'**église São Pedro**, élevée au XVᵉ siècle.

Elvas

Elvas, ville située près de la frontière espagnole, à environ 50 km d'Estremoz, est une ancienne place forte fondée par les Romains, longtemps occupée par les Maures avant d'être libérée par les Portugais en 1230.

La ville occupa un site stratégique au cours des nombreuses guerres d'indépendance contre l'Espagne au milieu du XVIIᵉ siècle. La **forteresse Santa Luzia** fut érigée à cette époque par un Allemand, le comte Lippe. Le

Après-midi paisible à Vila Viçosa.

château qui domine la ville est plus ancien ; ce fut à l'origine un fort romain, reconstruit par les Maures et agrandi au XVᵉ siècle. En faisant le tour des remparts, on ne peut manquer d'être impressionné par ce polygone irrégulier qui enserre la cité.

La visite d'Elvas ne manque pas non plus d'intérêt, de la place triangulaire de Santa Clara avec son pilori en marbre qui date du XVIᵉ siècle, à la place principale, la Praça da República.

On peut aussi faire halte dans une jolie *pousada* qui abrite l'un des meilleurs restaurants du Portugal. L'une des spécialités de l'établissement est le *bacalhau dourado*, plat de morue frite avec des pommes de terre finement coupées, des oignons, des olives et des œufs brouillés.

L'un des monuments les plus impressionnants est sans doute l'aqueduc d'**Amoreira**, conçu par un grand architecte du XVᵉ siècle, Francisco de Arruda. Il fallut presque deux cents ans pour achever la construction de

ses 7,5 km et de ses 843 arches. Le coût des travaux fut supporté par les habitants d'Elvas, soumis à un impôt spécial, le *real de agua*.

Les couvertures tissées, autrefois fabriquées partout dans l'Alentejo, ne le sont plus qu'à **Reguengos**. Elles sont confectionnées dans un atelier qui se sert des mêmes métiers à tisser depuis plus de cent cinquante ans. Mais Reguengos est aussi le point de départ d'une promenade ponctuée de mégalithes et de dolmens, présents tout autour de la ville.

Monsaraz

Cette cité fut un site stratégique du fait de sa position élevée et de sa proximité avec la frontière espagnole. Dès le XIVe siècle, elle appartient à l'ordre du Christ. Avec la disparition progressive de la menace hispanique, Reguengos prit de l'importance et Monsaraz se transforma en paisible village. Son artère principale, la **Rua Direita**, est bordée de maisons des XVIe et XVIIe siècles parfaitement conservées. De plus, son architecte implantée dans le schiste et peinte à la chaux se mêle remarquablement aux demeures anciennes.

On visitera l'église **Nossa Senhora da Lagoa**, qui date de la fin du XVIe siècle, et le **château fort**, construit entre la fin du XIIIe siècle et le début du XIVe siècle.

Portalegre

La campagne aux alentours de la capitale du haut Alentejo est assez différente de celle de la plaine. **Portalegre** s'étend au pied de la **Serra de São Mamede**. Le climat y étant plus humide, elle est verdoyante.

Comparée à la moyenne de l'Alentejo, Portalegre est plutôt une grande ville. De plus, elle est originale car elle n'a pas été construite sur une butte ; elle occupe en fait l'emplacement d'une cité antique nommée Ammaia. Au milieu du XIIIe siècle, le roi Alphonse III décida la construction

Jeu d'ombres à Monsaraz.

d'une cité qui devait porter le nom de Portus Alacer : *Portus* parce que la ville devait être vouée aux échanges commerciaux avec l'Espagne et *Alacer* («joie») en raison de la beauté du site. Le roi Denis Ier décida d'y faire bâtir des fortifications en 1290 (il n'en reste plus que de maigres vestiges) et Jean III lui donna le statut de ville en 1550.

L'intérieur de la **cathédrale** est un bel exemple de style Renaissance (on remarquera la voûte). On y voit aussi un riche ensemble d'œuvres portugaises datant de l'époque de la construction, ainsi que des *azulejos* du XVIIIe siècle représentant des scènes de la vie de la Vierge Marie.

Portalegre dut sa richesse à l'essor du commerce de ses tapisseries au XVIe siècle. Ce succès provoqua l'installation au siècle suivant des soyeux (les artisans de la soie). Il ne faut pas manquer d'aller voir la manufacture des tapisseries qui est installée dans l'ancien collège de jésuites. Les cartons (sur lesquels figurent les modè-les) employés sont dus à de grands artistes de l'époque.

Portalegre fut également le havre de l'un des plus célèbres poètes du Portugal : José Régio (1901-1969). Sa maison ayant été transformée en **musée**, on peut y admirer notamment des collections d'art sacré.

Autre centre d'intérêt, le **palais Albrancalhas**, du XVIIe siècle, couramment appelé **palais jaune**. Les ferronneries de ses fenêtres forment le plus bel ensemble de ce genre au Portugal.

Marvão

Autre site réputé de l'Alentejo, **Marvão** se trouve à environ 25 km au nord de Portalegre. Cette cité médiévale fortifiée est perchée au sommet de la **Serra de São Mamede**, à 862 m d'altitude ; on y a une vue qui va bien au-delà de la frontière espagnole.

Le **château** paraît impénétrable. Il date du XIIIe siècle et fut bâti dans le granit gris de la région. A ses pieds s'étend le bourg, quelques maisons

Marvão.

blanches aux toitures rouges qui bordent de minuscules ruelles. Près de l'**église Espírito Santo**, dans la rue du même nom, se trouve une fontaine baroque en granit ; on peut aussi admirer la **maison du Gouverneur**, ornée de deux superbes balcons en fer forgé du XVIIe siècle.

En prenant la route qui mène à Castelo de Vide, on atteint les ruines du site romain de **Medóbriga**. Des fouilles ont permis de mettre au jour de nombreux objets dont la plupart ont été envoyés à Lisbonne.

Castelo de Vide

La visite de **Castelo de Vide** est nécessaire pour compléter le triangle des cités les plus attrayantes du haut Alentejo. C'est une bourgade construite au pied d'un château médiéval, à 630 m d'altitude, et une ville thermale. On s'y procure des eaux curatives dans des bouteilles vendues dans les supermarchés ou bien directement à l'une des trois cents fontaines de la cité et de ses environs. La plus belle de toutes est la fontaine couverte (**Fonte da Vila**).

Des mégalithes sont encore présents autour de Castelo de Vide ; ces *pedrus talhas*, innombrables, sont dressées au milieu des champs, dans les villages ou au milieu des broussailles.

L'histoire de Castelo de Vide est ancienne. A côté de la ville passait la principale voie romaine qui traversait toute la péninsule ibérique. La cité fut mise à sac par les Vandales au début du IVe siècle apr. J.-C. avant d'être occupée par les Maures. Elle fut ensuite reconquise et fortifiée par les Portugais en 1180.

Comme presque toutes les places fortifiées d'Alentejo, Castelo de Vide a deux visages. Le premier est celui de la vieille ville, près du château.

L'ancien quartier juif, la **Judiaria**, est remarquable : il présente de jolies ruelles en pente, des maisonnettes blanches fleuries et des portes ouvragées. De nos jours, seules y demeurent quelques personnes âgées. La syna-

L'église Santa Maria à Castelo de Vide.

gogue est assez modeste, ainsi que la niche de pierre qui sert de tabernacle. Grâce à de récentes excavations, on a découvert des silos à grains dans le sous-sol de l'édifice religieux.

Plus bas, le second visage est celui de la nouvelle ville, principalement constituée de bâtiments des XVIIᵉ et XVIIIᵉ siècles. Les rues sont plus larges et moins inclinées, disposées avec plus d'ordre et d'élégance. Sur la place principale, la **Praça Dom Pedro V**, s'élèvent une **église paroissiale** monumentale du XVIIIᵉ siècle ainsi que l'ancien hôtel de ville, **Paços de Concelho**.

En poursuivant la route au nord de Castelo de Vide, on rejoint rapidement **Nisa**, bourg qui a su faire de son fromage une spécialité très appréciée.

Situé à 25 km au sud de Nisa (sur la route d'Estremoz), le village de **Crato** doit sa réputation à l'ancien prieuré de l'ordre de Malte qui y avait installé son siège. La place du hameau est dominée par une belle véranda de pierre du XVᵉ siècle, la **Varanda do Grão-Prior**, qui est malheureusement le seul vestige de la résidence des anciens prieurs. Deux mariages royaux furent célébrés à Crato : celui de Manuel Iᵉʳ avec Éléonore d'Espagne en 1518 et celui de Jean III avec Catherine d'Espagne en 1525.

Au sud, au milieu des champs d'oliviers, se trouve **Alter do Chão**, cité médiévale réputée pour son haras. Les spécialistes du monde hippique sauront certainement que la souche de l'Alter Real vient d'ici, élaborée au milieu du XVIIIᵉ siècle par la famille de Bragance. Le haras prospéra régulièrement jusqu'aux guerres napoléoniennes, époque à laquelle les meilleurs chevaux furent volés et les écuries royales supprimées.

Des plages préservées

Une partie de l'Alentejo est particulièrement convoitée par la plupart des touristes : son littoral découpé en falaises et plages tranquilles, traversé de routes paisibles et de villages pré-

Chênes-lièges dans la plaine de l'Alentejo.

servés. L'océan est beaucoup plus violent ici que sur la côte de l'Algarve. L'eau est fraîche mais les plages sont tentantes. Il n'y a pas, sur cette côte, de boîtes de nuit, de restaurants pour touristes et de «bars américains», ni d'immenses complexes hôteliers (sauf à Vila Nova de Milfontes). En revanche, nombreux sont les terrains de camping, sans oublier que chaque village propose au moins une *pensão*.

L'accès au littoral est desservi par l'ancienne nationale qui reliait le Nord du pays au Sud. Il suffit ainsi de rouler jusqu'à Grandola puis de tourner en direction de **Santiago do Cacém**, que domine un château construit par les templiers. De là, il ne reste plus que quelques kilomètres à faire pour rejoindre la plus grande ville côtière de la province, Sines.

Sines resta longtemps un village de pêcheurs, connu parce que Vasco de Gama y était né, et la vieille ville a gardé tout son cachet. Les alentours, en revanche, ont subi les effets de l'industrialisation, avec l'installation d'une raffinerie qui dénature complètement le paysage.

Pour oublier la laideur de l'endroit, il faut se réfugier dans le village de **Porto Corvo**. La route qui y conduit est ombragée et en principe peu fréquentée. De la route principale, plusieurs chemins rejoignent de belles plages jalonnées de rochers noirs. Porto Corvo est un village minuscule aux magnifiques ruelles pavées. La petite place principale, baptisée **Largo Marquês de Pombal**, est bordée de maisons blanc et bleu au milieu desquelles s'élève l'église paroissiale. Près de la mer, de nombreuses boutiques, des cafés et un restaurant proposent leurs services.

Au large de la côte de Porto Corvo s'étend l'**Ilha do Pessageiro** (l'île du Pêcher), qui offrait autrefois un abri idéal contre les attaques des pirates hollandais et algériens.

Environ 15 km plus loin, on atteint le village de **Cercal** et la bifurcation vers **Vila Nova de Milfontes**, le plus actif des centres balnéaires du littoral.

A gauche, le château gothique de Beja; à droite, oléoducs.

Ici, la vie nocturne n'est pas celle des endroits à la mode, mais plutôt celle des restaurants de fruits de mer. On peut dormir dans un petit hôtel, face à l'océan, mais il existe plusieurs formules : des chambres d'hôte, des appartements à louer, le camping, l'hôtel dont on a déjà parlé, ou bien le complexe hôtelier qui se trouve en dehors de la ville, à **Moinho Asneira**.

Almograve et **Zambujeira** sont beaucoup plus appréciées par les amateurs de plages désertes et de falaises. La plage qui se trouve entre ces deux sites, **Cabo de Girão**, est malheureusement une propriété privée. L'arrière-pays est magnifique.

Le village d'**Odemira**, sur les berges de la Mira, est si verdoyant que l'on a tendance à oublier que l'on se trouve dans l'Alentejo. L'eau est présente partout grâce au **Barrage de Santa Clara**, qui alimente la Mira et approvisionne la région. On peut y pratiquer toutes sortes de sports nautiques.

Ourique est un bourg agricole pittoresque au nord du barrage. Dans les champs qui l'entourent (**Campo do Ourique**) poussent des arbres fruitiers, des oliviers et des chênes-lièges.

Des archéologues ont trouvé dans le hameau d'**Atalaia** un tumulus de l'âge du bronze.

Beja

Beja est la capitale du bas Alentejo, sans doute la ville la plus chaude du Portugal en plein été. Sur le site actuel de la ville, les Romains installèrent un camp en 48 avant notre ère, juste après que la paix fut conclue entre Jules César et les Lusitaniens. Pour cette raison, le camp reçut le nom de Pax Julia. Au cours des quatre siècles d'occupation mauresque, le nom fut peu à peu transformé en Baju, Baja et finalement en Beja.

Aujourd'hui, Beja prospère grâce au commerce de l'huile d'olive et du blé. Un camp d'entraînement pour les pilotes de combat de l'aviation allemande y a été installé. L'architecture de Beja n'est peut-être pas des plus

Les couleurs du soleil.

remarquables, mais il faut tout de même noter plusieurs monuments intéressants.

Le **Convento da Conceição**, du XVe siècle, est un beau bâtiment qui illustre bien la transition architecturale entre le style gothique et le style manuélin. La décoration de la chapelle reflète, pour sa part, l'influence plus tardive du baroque avec une décoration surchargée de dorures. La salle capitulaire, menant au cloître, est ornée de splendides *azulejos* du XVIe siècle, les seuls qui soient dignes de rivaliser en beauté avec ceux du palais royal de Sintra. Le couvent abrite également le **musée régional**.

La petite église **Santo Amaro**, la plus ancienne de Beja, remonte au VIe siècle ; elle constitue l'un des très rares exemples de l'architecture wisigothique.

On ne peut manquer d'admirer le **château** du XIIIe siècle, dont les fortifications dessinent le périmètre de la ville. Le donjon qui s'élève à l'un des angles abrite un **musée militaire** assez intéressant. Deux balcons permettent de jouir d'une vue admirable sur la plaine.

Serpa est un village des environs que l'on aura plaisir à visiter. Le château et les fortifications sont une commande du roi Denis Ier. Les remparts renferment un aqueduc, ce qui les distingue des autres ouvrages du XIIIe siècle.

La **Porta de Beja** est assez bien conservée, même si une partie en a été détruite en 1707 lorsque l'armée du duc d'Osuna occupa la ville pendant la guerre de succession d'Espagne. Plusieurs églises méritent une visite, de même que l'élégant palais appartenant au comte de Ficalho.

Le **Paço dos Condes de Ficalho** fut construit au XVIe siècle ; on notera tout particulièrement les *azulejos* et un escalier majestueux.

Le **Guadiana**, d'ordinaire paisible, devient subitement tumultueux à **Pulo do Lobo**, près de Mértola. Il se transforme en rapides impressionnants qui valent vraiment que l'on s'y arrête.

Mértola est une ancienne ville fortifiée au confluent du Guadiana et de

l'Oeiras. L'église paroissiale est une ancienne mosquée, la seule du Portugal qui soit intacte.

Spécialités culinaires

Il serait dommage d'oublier les spécialités culinaires de la province au cours de ce voyage. La *sopa alentejana* est une soupe à base de pain, de coriandre, d'ail, et garnie d'œufs pochés. La *sopa da cação* est une riche soupe de poisson. Un autre plat classique est le *carne de porco a alentejana*, fait de morceaux de viande de porc marinés dans du vin, de la coriandre et des oignons, servis avec des palourdes. Il faut aussi goûter l'*ensopada de cabrito*, chevreau bouilli avec des pommes de terre et du pain, et la *favada de caça*, ragoût de gibier (lièvre, lapin, pigeon sauvage ou perdrix) servi avec des haricots.

Les meilleurs fromages viennent de Serpa et de sa région. Ce sont des chèvres, crémeux et forts. Évora produit ses propres fromages de chèvre, secs, salés et légèrement acides, qui sont conservés dans des jarres d'huile d'olive.

Les « ermidas »

De nombreuses petites chapelles, appelées *ermidas*, sont éparpillées dans tout l'Alentejo. Contrairement à ce qu'indique leur nom («ermitages»), il s'agit plutôt d'édifices votifs.

Outre leur fonction religieuse, ces chapelles ont pour rôle de rapprocher les hommes. En effet, les villages, souvent éloignés les uns des autres dans les plaines alentéjanes, sont en quelque sorte reliés par ces lieux de prières, qui ont aussi pour fonction de rassurer ceux qui parcourent seuls ces espaces désolés.

De plus, comme ces chapelles ne sont jamais éloignées de sites sacrés par tradition (et ce quelles qu'en soient les origines), on accorde à ces lieux une valeur protectrice presque superstitieuse. Malheureusement, l'aménagement du territoire progresse et menace les lieux sacrés qui rythmaient les grands espaces.

La chapelle São Gens, à Serpa.

COIMBRA

Perché sur un promontoire, Coimbra domine le cours du Mondego et la campagne environnante. La ville est une combinaison étonnante de quartiers modernes et anciens, d'aspect citadin et rural. Les vestiges de la colonisation romaine sont peu nombreux ; en revanche, les témoignages de l'époque médiévale abondent. Les promenades que l'on peut faire dans certains quartiers constituent de véritables voyages dans le temps et donnent l'impression de vivre des sensations aux lointaines résonances.

L'université de Coimbra est sans conteste la plus farouche gardienne du passé. Les étudiants portent toujours une grande cape noire frangée. Tous les ans, au printemps, l'université organise une grande cérémonie, la *Queima das Fitas*, au cours de laquelle les diplômés brûlent les rubans qu'ils portent sur les épaules durant l'année. Cette cérémonie dure une semaine et s'achève par un grand défilé des participants. Les étudiants ne sont pas les seuls à porter le noir. C'est également la couleur du costume traditionnel des paysannes qui viennent en ville.

Le *fado* est la seconde grande tradition de Coimbra. Celui de cette ville est un cousin sérieux et intellectuel de celui qui se joue à Lisbonne. Ici on n'applaudit pas un morceau, mais on se racle la gorge en signe d'approbation ; le rythme est lent et seuls les hommes, des diplômés de l'université pour la plupart, se produisent en public.

Coimbra, la troisième ville du Portugal, est le centre d'une région agricole et elle abrite un grand marché. Coimbra possède encore plusieurs industries et de nombreux ateliers d'artisanat.

Les racines romaines

L'histoire de Coimbra remonte à la fondation de la cité romaine d'Aeminium. L'importance de celle-ci augmenta à partir du moment où sa voisine Conímbriga se révéla vulné-rable face aux attaques des envahisseurs. Les Maures occupèrent la ville pendant trois cents ans, avec quelques interruptions. L'une d'elles se produisit en 878 lorsqu'Alphonse III, roi des Asturies et de León, s'empara de la ville. Il fallut toutefois attendre 1064 pour que Coimbra devienne définitivement chrétienne. A partir de cette date, la ville fut le point central de la reconquête, et des remparts furent érigés. Coimbra fut la capitale du Portugal aux XIIe et XIIIe siècles. Le XIIe siècle fut d'ailleurs foisonnant de grands projets : l'établissement des plans d'un pont sur le Mondego et la construction du plus grand monastère de la ville, Santa Cruz. Les deux programmes furent mis en œuvre à partir de 1131. Coimbra était alors un centre commercial actif, avec des quartiers juifs et mauresques. Cela n'excluait pas les divisions non seulement religieuses mais également sociales. L'aristocratie et le clergé vivaient dans l'enceinte des remparts ; les marchands et les artisans étaient établis à l'extérieur dans le quartier qui s'appelle aujourd'hui la Baixa.

L'**université** (qui fut jusqu'en 1911 la seule du Portugal) fut fondée en 1290 à Lisbonne, transférée en 1308 à Coimbra avant de revenir à Lisbonne en 1377. Ce va-et-vient reflétait l'existence de conflits politiques entre la monarchie et les chefs de file de l'université. L'installation définitive d'une université à Coimbra date de 1537. Quelques années plus tard, elle s'installa dans les bâtiments qu'elle occupe encore au sommet de la cité, dans l'ancien palais royal qui lui fut attribué par Jean III. Les travaux de restauration durèrent trois ans. La plupart des monuments intéressants sont assez proches les uns des autres ; on les rejoint soit à pied soit en empruntant l'autobus, dont le réseau est dense. L'université et la vieille ville occupent la colline centrale de Coimbra ; à leurs pieds, la Baixa, principal quartier commerçant, le long de la rive du Mondego ; Santa Clara s'étend sur la rive opposée.

La vieille ville

Autrefois située à l'intérieur de remparts, la vieille ville est un enchevêtrement de ruelles et de passages étroits bordés de maisons anciennes, ponctués de nombreuses petites places.

Peu de temps après l'installation de l'université à Coimbra, le roi Jean III offrit sa résidence royale pour accueillir l'institution. C'est encore dans ces bâtiments, rénovés depuis, qu'elle se trouve. La statue du roi Denis Ier, son fondateur, marque le centre de l'université moderne : autour d'elle sont situés les bâtiments qui abritent les facultés de sciences, de technologie, de médecine, de lettres ainsi que la nouvelle bibliothèque, achevée en 1956.

A l'inverse de ces constructions essentiellement fonctionnelles, le **Pátio das Escolas** revêt un attrait certain. Pour y pénétrer, il faut franchir une porte décorée du XVIIᵉ siècle, la **Porta Férrea**, qui ouvre sur une large esplanade, hélas transformée en parc

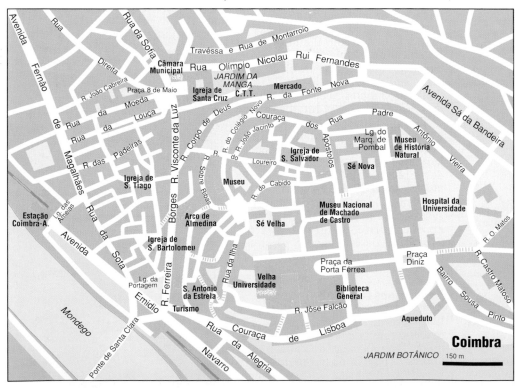

Coimbra

de stationnement. C'est ici que se trouvent les bâtiments les plus anciens et les plus prestigieux de l'université. En outre, on y jouit d'une vue superbe sur le Mondego.

A l'opposé de la Porta Férrea s'élève la partie la plus belle de l'université : son ancienne **bibliothèque**. Pour la visiter, il suffit de sonner et d'attendre le gardien. Les trois salles baroques du XVIIe siècle ont été construites sous le règne de Jean V. Les rayonnages sont ornés de dorures, de motifs orientaux, et les plafonds sont peints en trompe-l'œil.

Juste à côté fut édifiée en 1517 la **chapelle Saint-Michel**, remaniée aux XVIIe et XVIIIe siècles. On remarquera les *azulejos*, le plafond peint, l'autel et l'orgue baroque. A côté de la chapelle, un petit **musée d'Art sacré** s'est ouvert.

A droite de la Porta Férrea, le bâtiment à galerie couverte possède plusieurs salles remarquables. Dans la **Sala dos Capelos** («salle des chapeaux») se tenaient les cérémonies de remise du bonnet aux étudiants qui avaient soutenu leur thèse avec succès. Cet endroit était probablement une salle de réception, du temps où l'université était encore une résidence royale. Sur les murs, des portraits des rois de Portugal sont accrochés. A voir également : la salle des examens et le rectorat.

A gauche de la Porta Férrea s'élève le **collège São Pedro**, du XVIe siècle, rénové à plusieurs reprises.

En sortant de l'université, on atteint rapidement la nouvelle cathédrale, **Sé Nova**. Construite pour les jésuites en 1554, elle ne devint cathédrale qu'en 1772. L'intérieur est pourvu d'un autel en bois doré. Quatorze des seize tableaux qui entourent l'autel sont des copies de maîtres italiens.

Le **musée Machado de Castro**, construit sur les ruines d'une crypte romaine, a été aménagé dans l'ancien palais épiscopal et dans l'église **São João de Almedina**, tous deux du XIIe siècle. Il abrite des collections magnifiques et très variées : objets de

Coimbra la nuit.

l'époque romaine, sculptures portugaises du Moyen Age, peintures du XVe siècle, pièces d'orfèvrerie, céramiques, meubles, tapisseries et même deux carrosses. En outre, de l'esplanade où il est situé, on a une vue magnifique sur l'ancienne cathédrale, **Sé Velha**, et sur les toits de la ville.

La Sé Velha, récemment restaurée a été édifiée au XIIe siècle. Elle a fait fonction de cathédrale jusqu'en 1772, date à laquelle elle a été remplacée par la Sé Nova. Son architecture massive lui confère une allure de forteresse. Le retable gothique en bois polychrome a été réalisé par deux artistes flamands de la Renaissance. A gauche, une porte du XVIe siècle, en mauvais état, est ornée d'un superbe médaillon sculpté. L'église abrite plusieurs tombeaux, dont celui de l'évêque dom Egas Fafes (XIIIe siècle) et celui d'une princesse byzantine qui a vécu à la cour de Coimbra au XIVe siècle, dona Vetaca. Le **cloître** (XIIIe siècle), d'une sobriété étonnante, est une œuvre de transition entre le style roman et le style gothique.

Le **Colégio de São Agostino**, dans la Rua Colégio Novo, date de 1593. Aujourd'hui, ce beau bâtiment orné d'*azulejos* est le département de psychologie de l'université.

A proximité, dans la Rua Sobre Ripas, s'élève la **Torre do Anto**, tour médiévale qui faisait autrefois partie des remparts de la ville. On y vend de l'artisanat traditionnel de la région de Coimbra. Dans la même rue, la **Casa de Sobre-Ripas**, est une résidence aristocratique du XVIe siècle. On admire la porte et les fenêtres, typiques du style manuélin. Un centre d'artisanat occupe désormais les lieux.

L'**Arco de Almedina**, situé Rua Ferreira Borges, marque la limite de la vieille ville; il faisait également partie des remparts.

La **Baixa** est le quartier commerçant. Son artère principale, bordée de nombreuses boutiques de mode, se nomme **Rua Ferreira Borges**. De multiples rues adjacentes mènent au Mondego. Même s'il est en dehors des limites de la vieille ville, ce quartier date de la même époque.

Le **monastère de Santa Cruz**, situé Praça 8 de Maio, au bout de la Rua Ferreira Borges, fut fondé en 1131 par le premier roi de Portugal Alphonse Ier Henriques. La façade et le portail datent du XVIe siècle, époque à laquelle l'église fut restaurée. Les murs sont décorés d'*azulejos* du XVIIIe siècle : le côté droit représente la vie de saint Augustin, tandis que le côté gauche est consacré à la crucifixion du Christ. Près du maître-autel, les tombeaux des deux premiers rois du Portugal, Alphonse Ier Henriques et Sanche Ier, sont de véritables chefs-d'œuvre de la sculpture manuéline. La **sacristie** abrite plusieurs tableaux de l'école portugaise du XVIe siècle (le plus grand est la *Pentecôte*, de Nuno Gonçalves), des vêtements et des pièces d'orfèvrerie. On visite également la **salle capitulaire** et le **Claustro do Silencio** («cloître du silence»).

La **Rua da Sofia**, de l'autre côté de la Praça 8 de Maio, date du XVIe siècle et affiche une largeur exceptionnelle pour l'époque. En fait, elle abritait plusieurs des bâtiments de l'université avant l'installation de celle-ci sur la colline. En redescendant vers la Rua Ferreira Borges, on atteint la **Praça do Comércio**, place au tracé surprenant bordée de maisons des XVIIe et XVIIIe siècles. Sur le côté nord se trouve l'**église São Tiago**, édifiée à la fin du XIIe siècle. Les chapiteaux sont ornés de motifs animaliers. Sur le côté sud se dresse l'église **São Bartolomeu**, du XVIIIe siècle.

Le quartier de **Santa Clara** s'étend sur l'autre rive du Mondego. Le **monastère Santa-Clara-a-Nova** vaut une visite, ne serait-ce que pour la vue sur la ville de l'esplanade où il est situé. A l'intérieur, au milieu d'un décor baroque, trône le **tombeau de la reine sainte Isabelle**, patronne de la ville. L'ouvrage est en cristal et en argent ciselé du XVIIe siècle.

Plus proche du Mondego, l'ancien monastère, **Santa-Clara-a-Velha**, est aujourd'hui en partie submergé. Cet édifice du XIIIe siècle est plus simple et plus élégant que celui qui l'a remplacé en 1677. A quelques pas de là, le **Portugal dos Pequenitos** est un jardin d'attractions pour les enfants. On y montre les maquettes des principaux monuments portugais et des habitations typiques des différentes régions du Portugal.

Parmi les monuments intéressants, on peut aussi visiter le **couvent de Celas**, célèbre pour son cloître et l'église **Santo António dos Olivais**, un ancien couvent de franciscains.

Flâner dans Coimbra est très agréable. Les magasins de Baixa sont très variés, des boutiques les plus à la mode aux minuscules échoppes. Ceux que l'artisanat passionne auront déjà noté l'adresse de la **Torre de Anto**, dans la vieille ville. Ceux qui préfèrent les produits comestibles iront sans hésiter faire un tour au **marché couvert** de la Rua Olimpio Nicolau, à proximité de la Baixa. Ce marché, où l'on trouve du poisson, de la viande, des fleurs, du pain, des fruits et légumes et des animaux vivants, est ouvert tous les matins.

Les différents parcs de la ville pourront ensuite accueillir les amateurs de sieste et de tranquillité. Le **jardin botanique**, sur l'Alameda Dr. Júlio Henriques, près de l'aqueduc, est l'un des plus agréables, avec son extraordinaire variété de plantes. Toutes les sections ne sont pas ouvertes au public, mais il en reste assez pour faire une belle promenade. Il fut aménagé à l'occasion de la réforme de Pombal, et son plan rappelle celui des jardins à la française.

Deux autres parcs méritent d'être mentionnés: celui de **Santa Cruz**, au-delà de la Praça da República, et celui de **Choupal**, à l'ouest de la ville (le plus grand). Enfin, le tout petit parc **Penedo da Saudade** offre une belle vue générale sur la cité.

On a la possibilité de louer des barques au club municipal, près du **pont Santa Clara**, sur l'autre rive du Mondego.

Certains villages proches de Coimbra sont accessibles à pied et méritent une visite. On se renseignera à l'office du tourisme, situé sur le Largo de Portagem.

Réunion de l'école de médecine sur le perron de l'ancienne université.

LA RÉGION DE COIMBRA

Coimbra est la capitale de la **Beira Litoral**, province délimitée au sud par l'Estrémadure et le Ribatejo, provinces verdoyantes, sillonnées de nombreux cours d'eau. Des rizières ont été aménagées dans cette partie basse du littoral surnommée la Costa da Prata («côte d'argent»). On a planté à certains endroits des pins pour retenir les dunes. A mesure qu'on pénètre dans l'arrière-pays, les terres s'élèvent progressivement. On y cultive des fruits et du blé. L'Estrémadure prolonge au sud la partie côtière de la Beira Litoral, presque jusqu'à Lisbonne, et constituait d'ailleurs, avant la *Reconquista,* la limite sud du Portugal. Son nom signifie la «terre la plus lointaine sur le Douro». Ses plages sont en fait le prolongement de celles de la Costa da Prata, et l'agriculture pratiquée ici est semblable à celle de la Beira Litoral. Le Ribatejo (la «rive du Tage») s'étend à l'est.

Cette région est le haut lieu de la tauromachie. Dans les prairies sont élevés les chevaux et les taureaux qui participent aux corridas. A **Vila Franca de Xira** se déroule en juillet une grande fête taurine, le festival du Blouson rouge (qui comprend toutes sortes d'animations, des corridas, des lâchers de taureaux dans la rue et des régates sur le fleuve). La fête dure cinq jours.

Conímbriga

Le site romain le plus important découvert à ce jour au Portugal, agrémenté de l'un des plus beaux musées du pays, se trouve à environ 15 km au sud de Coimbra, à côté de la ville de **Condeixa-a-Velha**. C'est un lieu réellement fascinant, qui comprend les vestiges du rempart, de plusieurs bâtiments publics et de maisons particulières, avec des mosaïques si belles qu'elles valent à elles seules le déplacement. Les spécialistes estiment que

Le monastère de Batalha.

ce site couvre une surface de près de 15 ha, dont seuls quelques centaines de mètres ont été fouillés à ce jour. Il est probable que les vestiges vont jusqu'à la route principale et peut-être sous les habitations du village voisin, Condeixa-a-Velha.

L'origine de Conímbriga remonte sans doute à l'âge du fer (800-500 avant J.-C.). Le nom de l'endroit comprend le suffixe *briga*, qui est d'origine celte. Le site fut probablement choisi pour sa position défensive stratégique car il est entouré par de profonds ravins.

L'installation des Romains fut assez tardive, elle date du IIᵉ siècle av. J.-C. Les premiers occupants participèrent sans doute à la campagne de conquête de la Lusitanie, nom donné par les Romains à cette partie de la péninsule ibérique. A la fin de ces deux siècles de guerre, les habitants de la région furent progressivement romanisés, leurs noms latinisés, et ils adoptèrent les dieux de leurs conquérants. De leur côté, les Romains reconnurent certains cultes et divinités des autochtones. Avec la paix, la prospérité revint. Conímbriga profita de sa proximité avec la voie romaine qui reliait Olisipo (l'ancienne Lisbonne) à Bracara Augusta (devenue Braga). En 70 après J.-C., les Romains lui donnèrent le statut de *municipium* et la rebaptisèrent Flavia.

En 391, le christianisme devint la religion officielle de l'empire. Le premier signe de cette conversion, à Conímbriga, est une tombe datant de 522.

La richesse de la cité romaine ne devait pas durer. Les crises que connut l'empire et les incursions des barbares en Ibérie accélérèrent l'édification d'un **rempart** défensif qui frappe encore la vue dès qu'on arrive sur le site. Toutes sortes de matériaux furent employés pour sa construction : des pierres, des briques et des restes d'anciennes demeures. Afin de profiter pleinement de l'avantage défensif de l'endroit et de restreindre le périmètre à protéger, la partie habitée de la cité fut réduite. Certaines maisons restèrent en dehors du rempart. Malgré ces précautions, les Suèves réussirent à s'emparer de Conímbriga en 464. On sait que la femme et les enfants de Cantaber, noble romain dont la maison a été déterrée, furent capturés lors de cette première attaque. Quatre ans plus tard, les Suèves revinrent, pillèrent les habitations, incendièrent la cité et massacrèrent la population.

Dès lors, Conímbriga perdit de son importance au profit d'une cité voisine plus facile à défendre, Aeminium. Petit à petit, les habitants la délaissèrent et il n'y eut probablement que très peu de nouvelles maisons construites. L'épiscopat fut certainement transféré à Aeminium au cours du VIᵉ siècle. Le succès grandissant d'Aeminium altéra même le nom de Conímbriga, puisqu'il se réduisit à Coimbra.

Juste devant le rempart, à droite, se trouvent les ruines (pas complètement excavées à ce jour) d'une vaste maison qui fut en partie détruite lors de l'édification du mur dont on récupéra les

La Côte d'Argent
40 km / 25 miles

matériaux pour le rempart. L'épaisseur considérable des murs et la présence de vasques servaient à conserver la fraîcheur des villas romaines pendant la saison la plus chaude. La maison comprend une petite cour et un atrium, des pièces de dimensions modestes et un vaste péristyle central agrémenté d'un bassin qui servait de vivier. Le péristyle est orné de plusieurs mosaïques superbes (qui sont certainement les plus belles de la péninsule ibérique) qui représentent des animaux dans des scènes allégoriques : Persée et le monstre marin, un homme qui revient de la chasse avec un lapin, un tout petit Minotaure et un vaste labyrinthe. Ces motifs servaient non seulement à décorer les villas, mais aussi à perpétuer l'héritage des traditions mythologiques grâce à l'image, la population étant largement illettrée.

Lorsque l'on pénètre dans la cité par la porte du rempart, on aperçoit, en face et à droite, plusieurs éléments de l'aqueduc qui a été reconstruit. On trouve également les restes de bâtiments qui devaient être de petites boutiques. La partie la plus intéressante de la maison est certainement celle qui comprend les **bains**, à l'extrémité sud. On les reconnaît facilement à leur forme ronde ou hexagonale et au système de chauffage, qui fonctionnait grâce à un système de canalisations acheminant l'eau chaude. La pièce carrée est le *frigidarium*, réservé aux bains froids ; le *tepidarium* était destiné aux bains tièdes et le *caldarium* aux bains chauds. Les Romains préconisaient le passage successif dans ces trois lieux pour s'assurer d'être en bonne santé.

Les **thermes** publics sont situés de l'autre côté du mur. Le système de chauffage employé ici était moins perfectionné et moins coûteux que celui de la villa de Cantaber. Le plancher était surélevé par des piliers ; un esclave allumait le feu et dirigeait l'air chaud dans cet espace pour réchauffer la pièce au-dessus. Les thermes avaient une importance capitale dans

Un moliceiro à Aveiro.

la vie des cités romaines ; les plus riches y passaient plusieurs heures par jour. Il s'agissait en fait du principal lieu de rencontre, et l'on y discutait de tous les problèmes concernant la communauté.

Derrière les thermes, on remarquera des mosaïques polychromes. Les couleurs en étaient beaucoup plus vives à l'origine. Les nuances rouges et jaunes sont particulièrement admirables.

Un **musée** a été aménagé en vue de présenter au public la riche collection de mosaïques, de statuettes, d'éléments de sculpture, de bijoux et d'objets relatifs à la vie de la cité qui furent découverts à l'occasion des fouilles. La salle consacrée aux croyances et aux superstitions est particulièrement digne d'intérêt. On y voit des pierres tombales dont les inscriptions sont traduites en portugais. Dans une vitrine sont exposées des amulettes qui servaient à chasser les mauvais sorts et à apaiser le courroux des dieux, ainsi que les figures des principales divinités adorées à Conímbriga ; la dernière vitrine est consacrée à l'arrivée du christianisme.

Aveiro

Mis à part Coimbra, la plus grande agglomération de ces trois provinces est **Aveiro**, parfois surnommée la « Venise du Portugal », même si elle n'a rien d'une ville italienne. La comparaison vient des canaux qui traversent la ville et qui mènent à la partie la plus intéressante de l'endroit, une lagune longue de 47 km. Cette dernière joue un rôle primordial dans l'économie locale, avec ses *molicos* (algues draguées par les *moliceiros*). L'activité économique d'Aveiro comprend également la production de sel, de bois, de liège, la pêche et la fabrication de céramiques près de Vista Alegre. On pense qu'à l'époque romaine Aveiro (elle s'appelait alors Talabriga) était située directement au bord de l'océan. Une barrière de sédiments se serait formée plus tard, pour constituer cette lagune parfaitement abritée. Aveiro ne fut

Un canal d'Aveiro.

qu'un modeste lieu de peuplement jusqu'au Moyen Age. Au XIIIᵉ siècle, elle devint une ville, fortifiée en 1418 sur les conseils de l'infant dom Pedro. Peu après elle reçut du roi le privilège d'organiser des foires (il s'en déroule toujours une au mois de mars). Le XVIᵉ siècle fut une période d'expansion : bénéficiant d'un accès aussi facile par mer que par terre, Aveiro devint rapidement l'un des foyers d'échanges les plus importants de la région. Un accident naturel arrêta brutalement la prospérité de la ville en 1575. Une violente tempête barra le rivage d'une levée de sable à une dizaine de kilomètres à l'ouest. Les petits fleuves se déversèrent alors dans la lagune et non plus directement dans la mer, si bien que le port s'envasa. La population d'Aveiro décrut de façon dramatique, et la ville perdit son importance économique.

En 1808, une deuxième tempête ouvrit un nouveau passage vers la mer, mais il fallut attendre la seconde moitié du XIXᵉ siècle pour que les activités

reprennent. L'un des personnages clefs de ce redémarrage économique fut José Estevão, dont la statue orne la **Praça da República**. Le canal principal divise la ville en deux parties. Le côté nord abritait le quartier des pêcheurs tandis que la partie sud, organisée autour de la Praça da República, hébergeait surtout la noblesse. L'**hôtel de ville** (XVIIIᵉ siècle) est le plus beau des édifices qui la bordent, et la tour de l'horloge domine l'ensemble de la place. Sur le côté est se dresse l'église de la **Misericórdia**, qui date de la fin du XVIᵉ siècle. Sur une autre place, plus au sud, se trouve l'**église des Carmélites**, du XVIIᵉ siècle. Les peintures qui en ornent le plafond représentent la vie de sainte Thérèse.

Le musée de la ville est aménagé dans l'ancien **Convento de Jesus**, bâti au XVᵉ siècle. L'église de ce bâtiment est ornée d'une véritable débauche de boiseries sculptées et de dorures. Au-dessus du chœur, le plafond à caissons peints est remarquable. Juste en dehors de l'église gît le **tombeau de sainte Jeanne de Portugal**, fille du roi Alphonse V qui s'était retirée dans ce couvent contre la volonté de son père. Les autres salles du couvent présentent diverses œuvres notables : des autels décorés, des peintures de scènes bibliques.

La **cathédrale São Domingos** n'est qu'à quelques pas du musée. Sa façade baroque est ornée de colonnes torsadées et de sculptures allégoriques des trois vertus théologales : la Foi, l'Espérance et la Charité. L'intérieur est particulièrement lumineux et donne une impression d'espace, souvent absente dans les constructions de ce type. On y voit le **tombeau de Catarina de Atalide**, femme que le poète Camões chanta dans plusieurs sonnets sous le nom de Natércia. La cathédrale fut construite en 1423, et réaménagée au XVIᵉ puis au XVIIᵉ siècle.

Plus loin s'étend le **Parque Dom Infante Pedro**, certainement l'un des jardins publics les plus agréables du Portugal, avec un petit lac où l'on peut se livrer aux plaisirs du canotage. Au nord du canal débute le quartier des

Détail du couvent du Christ.

pêcheurs. Les maisons sont d'étroites constructions à un ou deux étages, dotées d'étonnantes façades souvent plus hautes que le toit. Tous les matins a lieu le **marché aux poissons**. On peut également visiter une chapelle blanche, **São Gonçalinho**, qui date des XVIIᵉ et XVIIIᵉ siècles, et dont les *azulejos* sont de facture récente.

Mais la **Ria** est le véritable but de la visite. On peut en faire le tour en bateau, en autocar ou en voiture. Cette lagune s'étend de **Mira**, au sud, à **Ovar**, au nord. Des services de bateaux et de vedettes ont lieu sur la Ria en été, et des excursions en autocar sont programmées. C'est le syndicat d'initiative qui s'occupe de leur organisation (Praça da República). Il est plus agréable de s'y rendre à l'aube ou au coucher du soleil.

Tomar

A 120 km au sud-est d'Aveiro, et à 60 km au sud de Coimbra, cette ville superbe possède un monument d'un grand intérêt historique : l'église du château ayant appartenu aux templiers puis à l'ordre du Christ. Cette cité est enserrée entre le cours du Nabão et les bois qui couvrent les collines voisines. Dans la vieille ville, les ruelles pavées sont bordées de maisons blanches fleuries.

L'ordre du Temple fut fondé en 1118, pendant les croisades. Il prit un rapide essor dans toute l'Europe et accumula une richesse fabuleuse, en argent autant qu'en terres. Les chevaliers devinrent dès lors de puissants ennemis : au début du XIVᵉ siècle, ils furent accusés d'hérésie et de pratiques criminelles. L'ordre fut dissous et les templiers vinrent se réfugier dans leur propriété de Tomar. Ils réapparurent en 1320, placés sous l'autorité du roi et non plus sous celle du pape, dans l'ordre du Christ. Leurs richesses contribuèrent à la réalisation des premières expéditions maritimes. Les templiers ont laissé à Tomar les très belles ruines de l'ancien château ainsi que l'église et les cloîtres encore

Aux abords de la Ria, on coupe les foins.

intacts. Le château est situé sur une colline qui offre un panorama admirable sur les toits de la vieille ville. L'édifice est bordé par une forêt, ses jardins sont vastes et tranquilles.

Le château lui-même est un dédale d'escaliers, de passages, de coins et de recoins. Les sept cloîtres (quatre seulement se visitent) ont été rajoutés au bâtiment principal selon un plan qui laissait des espaces vides au milieu. Curieusement, l'entrée principale est située dans un angle.

On l'emprunte pour accéder à l'**église des Templiers**, sur la droite. Commencé en 1162, ce temple octogonal s'inspirait du Saint-Sépulcre de Jérusalem. Même si leurs couleurs ont pâli, les immenses panneaux peints ont gardé une grande majesté. Les fresques, en revanche, sont beaucoup plus abîmées. La **galerie du chœur**, de construction plus tardive, offre un contraste saisissant avec le temple original. Plus lumineuse et aérée, elle est l'exemple même du style manuélin dans toute sa splendeur. L'église a été

décorée de nombreux stucs et de statues polychromes.

Attenant à l'église primitive se trouve un **cloître** du XVIe siècle orné d'*azulejos* du XVIIe siècle. Il abrite certaines tombes des chevaliers. De là, on accède au niveau supérieur de la galerie et aux autres cloîtres. De la terrasse du petit **cloître Santa Barbara**, on peut admirer la célèbre **fenêtre de Tomar**, l'une des plus étonnantes réalisations de l'art manuélin. Cette fenêtre sculptée, haute de 4 m, est ornée d'une multitude de motifs : cordages, algues, chaînes, filets et coraux, madrépores (autre sorte de corail). L'ensemble est surmonté d'une croix du Christ et de sphères armillaires (le symbole de dom Manuel) : une façon de sceller l'alliance de la couronne et de l'Église.

L'autre côté de l'édifice donne sur la forêt et l'esplanade sur laquelle les chevaliers entraînaient leurs montures. Toujours de ce côté se trouve une chapelle inachevée. Plusieurs incidents s'étant produits au cours de sa construction, les chevaliers, supersti-

Matin brumeux à Tomar.

tieux ou prudents, décidèrent d'abandonner l'édifice.

La **synagogue** de Tomar est située au n° 73 de la Rua Joaquim Jacinto. Bien que beaucoup de Portugais aient des ancêtres juifs et qu'à Tomar ait vécu une importante communauté, ils sont très peu nombreux aujourd'hui à Tomar comme dans le reste du Portugal. A cela une explication historique : lorsque, en 1497, Manuel Ier épousa Isabelle de Castille, il s'engagea à chasser les juifs du royaume. Il leur accorda toutefois l'autorisation de rester au Portugal s'ils se convertissaient au catholicisme. Cette tolérance fut, plus tard, brutalement remise en cause par l'Inquisition. Cette synagogue, d'une architecture simple et dépouillée, abrite aujourd'hui un musée.

Le plafond en bois sombre de **São João Baptista** accentue l'impression d'obscurité qui envahit le visiteur lorsqu'il y pénètre. Elle est décorée de peintures attribuées à des artistes portugais, dont une *Cène* de Gregório Lopes. Les très beaux portails flamboyants ont probablement été exécutés par des artistes français.

Dans la partie neuve de la ville se trouve une autre église, **Santa Maria dos Olivais**, du XIIe siècle, qui fut la nécropole d'une grande partie des maîtres de l'ordre du Temple et des supérieurs de l'ordre du Christ.

Le syndicat d'initiative de la ville se trouve sur l'Avenida Dr. Cándido Madureira, près du chemin qui mène au château.

Santarém

La ville principale du Ribatejo, **Santarém**, est située à environ 50 km de Tomar, quand on descend le Tage. Elle doit son nom à sainte Irène (Santa Irmé), qui fut accusée, en 653, de luxure et jetée dans le fleuve. Son corps finit par s'échouer ici et de nombreuses apparitions attestèrent son innocence. La **basilique São João de Alporão** abrite désormais un musée archéologique ; on peut y admirer le

Les chapelles inachevées de Batalha.

tombeau sculpté de Duarte de Meneses, qui présente la particularité de ne contenir qu'une dent du chevalier, la seule relique que possédait sa femme. Il ne faut pas manquer non plus de visiter l'église **Santa Clara**, qui faisait à l'origine partie d'un couvent du XIIIᵉ siècle. Elle abrite deux tombeaux de dona Éléonore, fille d'Alphonse III, l'original et un cénotaphe exécuté au XVIIᵉ siècle (sous la rosace). L'**église Nossa Senhora da Graça** est un superbe édifice gothique, avec une nef remarquable. Parmi les tombeaux, on remarque celui de Pedro Alvares Cabral, découvreur du Brésil.

Le monastère de **Batalha**, ou **Santa Maria da Vitória**, se dresse en bordure de l'autoroute qui relie Lisbonne à Porto. Commandé par Jean Iᵉʳ et construit entre 1388 et 1533, il est considéré comme l'un des plus beaux monuments du Portugal. Le portail d'entrée est plus petit que dans la plupart des églises gothiques. Les arches rejoignent une sculpture représentant la hiérarchie du tribunal céleste, tel qu'on le concevait au Moyen Age, avec le Christ au centre, entouré des évangélistes, Matthieu, Marc, Luc et Jean. L'intérieur est d'une simplicité et d'une élégance propres au style gothique. La salle qui s'ouvre sur la droite, la chapelle du Fondateur, fut construite entre 1426 et 1434; elle abrite en son centre les dépouilles de Jean Iᵉʳ et de la reine Philippa. D'autres tombes, dont celle d'Henri le Navigateur, sont enserrées dans les murs. De l'autre côté de l'église, on accède au **cloître Dom João**, dont les arcades sont ornées de motifs végétaux. La **salle du chapitre** est la première pièce près du cloître. Elle est carrée et surmontée d'une coupole en pierre de taille qui n'est soutenue que par une étoile de nervures. L'unique fenêtre est ornée de vitraux aux couleurs éclatantes. Les autres parties du monastère comprennent un **musée militaire** et le **cloître Dom Afonso V** (XVᵉ siècle) de style gothique, sobre, avec un superbe jardin central.

A gauche, les lignes pures d'Alcobaça; à droite, l'intérieur de Batalha.

Il faut ensuite ressortir du monastère pour accéder aux **Capelas Imperfeitas** (les chapelles inachevées). La construction de cette structure octogonale fut décidée par le roi Édouard pour recevoir sa tombe et celles de ses proches. Les travaux commencèrent en 1430 et ne furent jamais achevés. Le bâtiment possède sept chapelles, chacune placée dans un mur. Celle à l'opposé de l'entrée contient les tombeaux du roi et de sa femme Éléonore. Cet ensemble comporte un portail monumental, haut de 15 m, l'une des réalisations les plus époustouflantes de l'art manuélin.

Mis à part le monastère, il y a peu de chose à voir dans le village de Batalha. Une suite de boutiques touristiques longe le monastère, près duquel se trouve le syndicat d'initiative.

Alcobaça

L'abbaye cistercienne d'Alcobaça.

Il faut parcourir une douzaine de kilomètres au sud de Batalha pour rejoindre **Alcobaça**. Le nom de cette

ville vient des deux rivières qui la traversent, l'Alcoa et la Baça. La ville doit sa réputation à l'**abbaye cistercienne** située dans son centre. Alphonse Ier Henriques la fit construire pour remercier saint Bernard de la prise de Santarém, et en posa lui-même la première pierre en 1148. Les moines cisterciens faisaient partie d'un ordre très actif. Ils plantèrent tous les champs environnants d'arbres fruitiers et, de nos jours, cette région reste la première productrice de fruits du Portugal. La longue façade baroque de l'édifice a été ajoutée au XVIIIe siècle ; seuls le porche gothique et la rosace sont des éléments d'origine. On pénètre directement dans l'église, la plus vaste du pays. La simplicité de l'ensemble est impressionnante. Les trois nefs sont d'égale hauteur, sans chapelles latérales et sans galerie de circulation. Les **mausolées** de Pierre Ier et d'Inès de Castro sont remarquables.

Au nord, une porte mène au **cloître du Silence**. L'architecture porte la même empreinte de simplicité, voire d'austérité. Par là, on peut se rendre dans plusieurs salles, dont la salle du chapitre et le dortoir des moines (à l'étage).

La pièce la plus étonnante est sans aucun doute la **cuisine**, haute de 18 m, avec des cheminées gigantesques recouvertes d'*azulejos*. Le **réfectoire** se trouve juste à côté. Quand à la **salle des Rois**, elle abrite des statues de la plupart des souverains de Portugal, probablement réalisées par les moines. Le revêtement d'*azulejos* (XVIIIe siècle) raconte les épisodes de la fondation du monastère.

Fátima

Le pèlerinage de **Fátima** est l'un des plus célèbres au monde. Le 13 mai 1917, la Vierge apparut à trois jeunes enfants, puis, le 13 de chaque mois jusqu'en d'octobre, elle se manifesta de nouveau, demandant aux habitants d'agir en faveur de la paix dans le monde. Depuis lors, des pèlerinages sont organisés chaque année qui attirent des fidèles venus du monde entier.

LES VILLAGES DE PÊCHEURS

La connaissance précise des vents et des marées, la maîtrise des techniques de construction des bateaux et de navigation, la bravoure et la curiosité des navigateurs ont poussé les Portugais à sillonner toutes les mers du monde inconnues aux XVe et XVIe siècles. Dans ce pays où le littoral est sculpté par les vagues de l'Atlantique, la pêche est restée l'une des composantes majeures du mode de vie portugais. Les pêcheurs d'aujourd'hui, à une autre échelle, certes, font preuve d'autant de courage lorsqu'ils partent chercher la morue dans l'Atlantique nord, traquer la baleine au large des Açores, et quand ils affrontent la houle dans des embarcations qui semblent ridiculement petites.

Peniche

Un voyage d'environ une heure et demie au nord-ouest de Lisbonne conduit au port de **Peniche** et au cœur d'une région où l'industrie de la pêche est ancestrale. Comme la plupart des villes et des villages de cette côte, il n'y a pas ici de port naturel, juste une baie abritée par le promontoire rocheux d'un cap, le **Cabo Carvoeiro**, seconde pointe la plus à l'ouest de l'Europe. Les habitants ont construit une longue jetée pour mieux se protéger des tempêtes de l'Atlantique. Environ 15 000 personnes vivent à Peniche. Les maisons blanches, éparpillées sur les pentes des collines, cherchent à échapper aux rafales des vents de nord-ouest qui soufflent régulièrement. Le tourisme n'a jamais pu s'implanter dans ce port, et la vie y est restée typique.

La forteresse-prison de **Fortaleza** domine la cité. Le chef historique du parti communiste portugais, Alvaro Cunhal, fut incarcéré ici sous le gouvernement de Salazar. Il s'évada en 1960 et se rendit au pied des falaises, où il s'embarqua sur un bateau qui le conduisit à bord d'un sous-marin

Pages précédentes : la plage de Mira. Ci-contre, le port de Nazaré.

soviétique. Plus tard, Fortaleza servit de camp de réfugiés pour les *retornados*, ceux qui revenaient des colonies devenues indépendantes. C'est désormais un musée qui conserve objets d'artisanat et vestiges préhistoriques.

Aujourd'hui, beaucoup de bateaux qui partent de Peniche sont des chalutiers propulsés par un moteur diesel. Une petite cabine abrite la barre et une radio de portée limitée. Les chalutiers n'ont pas complètement remplacé les barques bariolées, nombreuses encore à sortir leurs voiles, ou leurs rames, et qui font du cabotage. Leur coque est en bois, l'étrave est haute et évasée. Ils sont peints et décorés de motifs de couleurs vives, rouge, jaune, bleu et vert. Lorsque les chalutiers reviennent de la pêche, en général tôt le matin, le port de Peniche devient une véritable ruche. Les coques sont profondément enfoncées dans l'eau, sous le poids du poisson, et les mouettes suivent le convoi avec l'espoir de partager le festin. La marée est ensuite transportée par les femmes à la criée, la *lota*, où elle est rapidement vendue. D'un jour sur l'autre, la quantité et la nature des poissons varient, mais on trouve en général une forte proportion de sardines (elles représentent le tiers de la pêche portugaise, en volume). Les chalutiers rapportent également à Peniche de la morue du Groenland et de Terre-Neuve, ainsi que du thon de Madère et des Açores. Les sardines et le thon sont mis en conserve pour l'exportation et la consommation nationale, dans des usines identiques à celle de Peniche, qui traite une autre production locale, l'huile d'olive.

Les nouveaux navigateurs

L'industrie de la pêche emploie environ 40 000 mille hommes ; certains passent de longs mois dans le froid glacial de l'Atlantique nord pour pêcher la morue, d'autres partent pour la côte septentrionale de l'Afrique, le reste affronte les eaux dangereuses du littoral portugais.

L'équipement précaire, la vétusté et les techniques archaïques font peser un risque constant sur la vie des équipages. On peut se faire une idée assez précise de la houle de l'océan, ce compagnon permanent du pêcheur, en prenant le bateau pour se rendre dans les **Ilhas Berlengas**, situées à environ 15 km au large de Peniche. Une fois que l'on est sorti des eaux protégées de la baie, les courants s'emparent du bateau et le font danser avec une force inouïe. Le voyage, bien que mouvementé, vaut vraiment la peine d'être accompli. Une **forteresse** du XVIIᵉ siècle transformée en hôtel, le **phare** et quelques chaumières sont les seules constructions de l'endroit. L'île est une réserve naturelle, elle est peuplée de toutes sortes d'oiseaux. Outre la visite de l'île principale, une promenade en bateau dans les îlots de l'archipel s'impose : on y découvre des grottes, des couloirs, des calanques extraordinaires. On peut également passer dans le **Furado Grande**, le « grand tunnel », sur des eaux vert émeraude. La promenade dure une heure ; de juin à septembre seulement. Les amateurs de

plongée sous-marine et de pêche sportive connaissent bien ces îles. Le maquereau et la sardine y abondent, et il n'est pas rare, avec un petit peu d'expérience et d'habileté, de ferrer un espadon de 45 kg. La plupart du temps, il n'est pas obligatoire de prendre un permis pour pêcher au large. On peut se procurer tout le matériel nécessaire à Peniche, Ericeira ou Nazaré.

Les dangers qui pèsent sur la vie des marins ont probablement renforcé leur ferveur religieuse. C'est du moins l'impression que l'on retire des nombreuses fêtes qui se déroulent sur le littoral : des prêtres bénissent les embarcations et prient pour que la mer soit favorable aux hommes. Le premier dimanche du mois d'août, les habitants de Peniche célèbrent **Nossa Senhora da Boa Viagem**, Notre-Dame du Bon Voyage. Une image de la Vierge, protectrice des pêcheurs, est transportée de nuit par une procession de bateaux, du cap au port. Les navires sont décorés de papiers colo-

Un pêcheur réparant ses filets à Nazaré.

rés et de lanternes. Les habitants de la ville se rassemblent sur les quais, tandis qu'un prêtre bénit la flottille. Après cette cérémonie, la fête bat son plein pendant plusieurs jours. Les tâches quotidiennes des pêcheurs de Peniche et les fêtes saisonnières sont communes à l'ensemble du littoral portugais.

Nazaré

Mais chaque port a ses propres traditions et son caractère propre. A 48 km au nord, le village de **Nazaré** est abrité par une vaste baie. Cet endroit coloré et souriant offre un contraste frappant avec Peniche. L'été, des milliers de touristes viennent y savourer les plaisirs de la baignade. La fréquentation touristique a ses inconvénients, mais elle a le mérite de procurer au visiteur tout ce qu'il peut rechercher : des restaurants de poissons et de fruits de mer et de petits hôtels sur le front de mer ; de nombreux cafés et des boutiques de souvenirs qui fourmillent de bibelots en tous genres. La vie des pêcheurs, elle, est la même qu'il y a plusieurs siècles, presque indifférente au flux de touristes.

Parce qu'il n'y avait pas de port naturel à Nazaré, les pêcheurs prirent l'habitude de mettre à l'eau leurs bateaux à partir de la plage en les faisant glisser sur des rondins. Dès qu'ils étaient à flot, tous montaient dedans et ramaient de toutes leurs forces pour passer les premiers rouleaux. Au retour, les embarcations étaient tirées sur la grève par des bœufs, puis, plus récemment, par des tracteurs. La construction d'un mouillage au sud de la plage a libéré les marins de cette manœuvre harassante.

Le costume traditionnel qui a fait la réputation des habitants de Nazaré a presque disparu, on ne le trouve plus guère que dans les boutiques de souvenirs. Les hommes mettent toujours des chemises de laine, mais le bonnet retombant sur les épaules ne se fait plus ; en revanche, quelques femmes portent encore les sept jupons de cou-

Au festival de Viana do Castelo.

leurs différentes sous une large jupe, et couvrent leur tête d'un châle noir.

Le bateau de pêche traditionnel de Nazaré est une embarcation d'environ 5 m de long avec une étrave en croissant de lune. Elle est décorée de divers motifs peints, des étoiles, des yeux, des fleurs… De plus en plus de chalutiers à moteur prennent la relève. Sardines, maquereaux, soles et bars, forment le gros de la marée qui part directement à la *lota* (la criée) pour y être vendue, ou à la conserverie.

Le village doit son nom à une statue de la Vierge rapportée de Nazareth par un moine du IVe siècle. Il est divisé en deux parties : le village haut et le port. La partie basse est composée de maisons de pêcheurs serrées les unes contre les autres, le long de minuscules ruelles.

En haut de la falaise, qui culmine à 109 m, s'étend le quartier de **Sítio**. On s'y rend en empruntant un funiculaire qui s'élève le long de la plus haute falaise du Portugal. Ce quartier est dominé par une grande place sur laquelle on aperçoit une **chapelle** construite pour commémorer un miracle survenu en 1182 : un jour où la brume était épaisse, Notre-Dame de Nazaré sauva le seigneur de Porto de Mos en empêchant son cheval de tomber du haut des falaises alors qu'il poursuivait un daim : un éclair zébra le ciel et la monture freina des quatre fers. Des corridas sont organisées dans les arènes de Sítio. De l'autre côté de la place s'élève l'église **Nossa Senhora da Nazaré** (XVIIe siècle), centre des fêtes religieuses qui se déroulent pendant la deuxième semaine du mois de septembre.

Pour avoir une vue magnifique sur les rouleaux de l'Atlantique qui s'écrasent contre les rochers, il suffit de se rendre au **phare**, à l'ouest de l'église.

L'un des plus grands plaisirs qui accompagne la découverte des villages de pêcheurs portugais est de déguster un excellent poisson. A cet égard, on ne peut trouver mieux que Peniche et Nazaré pour le poisson grillé, en général servi avec des pommes de terre, des légumes et une sauce au beurre. On a le choix entre le *robalo* (bar), le *cherne* (turbot), la *salmoneta* (rouget) ou la *garoupa* (mérou). On propose en hors-d'œuvre de *l'espadarte* (l'espadon) grillé ou fumé, moyennant un supplément : voilà un délice qui mérite son prix ! D'autres spécialités sont peut-être moins connues des visiteurs : le *tamboril* (lotte), dont la chair rappelle celle des mollusques, la *lulas* (seiche), le *chocos* (calamar), le *polvo* (pieuvre) ou le *safio* (congre).

Ericeira

Un autre village agréable, **Ericeira**, se trouve à 48 km de Lisbonne, au sud de Peniche. Le nom de l'endroit vient des *ouriços* (oursins) qui y abondent. Le village est perché au sommet des falaises qui dominent l'océan ; un petit chemin serpente jusqu'à la plage des pêcheurs, protégée par une jetée et des blocs de béton destinés à briser les vagues. Ici aussi la vie des autochtones est particulièrement animée. La petite chapelle **Santo António**, au-dessus du port, est au centre de la fête d'été d'Ericeira. Cette chapelle, ainsi que la réplique d'un bateau avec une Vierge, sont remplies de centaines de bougies en signe de prière pour que les pêcheurs aient la vie sauve.

D'autres lieux sont intéressants : **Sesimbra**, blotti dans les collines de l'Arrábida, au sud de Lisbonne ; la superbe baie de **São Martinho do Porto** ; et **São Pedro de Moel**, entouré de pinèdes, non loin de Nazaré.

Dans le nord, le grand port de **Vila do Conde**, situé à l'embouchure de l'Ave, doit une bonne part de sa célébrité au défilé costumé des dentellières qui se déroule à la Saint-Jean (le 24 juin). La ville entière est illuminée de bougies, et la procession serpente jusqu'à la plage.

Le port de **Viana do Castelo** est encore plus vaste : sa prospérité remonte au XVIe siècle, date à laquelle les pêcheurs commencèrent à embarquer pour l'Atlantique nord. Aujourd'hui, la pêche lointaine demeure l'une des activités principales, les constructions navales et le tourisme, qui a contribué à mettre en valeur les vieux quartiers de la ville.

Une bonne pêche de sardines.

LES RÉGIONS VITICOLES

Le nord du Portugal est le pays du vin par excellence. Et si l'on cultive la vigne dans l'ensemble du pays, les meilleurs vins, connus depuis l'époque romaine, viennent des provinces du Minho et du Douro. Ces deux régions forment une sorte de grand L: de la vallée du Minho sur la frontière espagnole au nord, jusqu'au Douro, puis vers l'est en remontant le fleuve. Les vignobles font l'originalité du paysage; les ceps de vigne couvrent les collines et les plateaux. Ils sont souvent menés en hauteur, en treilles, ce qui présente l'avantage de protéger les grappes des ardeurs du soleil et de libérer le sol, juste au-dessous, pour d'autres cultures. Les vendanges (*vindimias*) ont lieu entre septembre et novembre, selon les années et les endroits. Cette opération est toujours effectuée à la main, et il faut parfois des échelles pour cueillir les grappes au sommet des vignes. Dans les régions vallonnées, le transport du raisin se fait à dos d'homme, dans de grandes hottes. Les vendanges sont toujours l'occasion de grandes fêtes, mais celles-ci ont évolué avec le temps. Autrefois, les paysans foulaient le raisin pieds nus, au rythme de la musique. Aujourd'hui, le travail est fait par des machines, mais dans de petites fermes il reste possible d'assister au pressage avec les pieds.

Le Douro

Le nom de ce fleuve signifie « doré »: certains jours, quand le ciel est couvert, les eaux du Douro prennent une teinte ocre, au fond des vallées qu'il traverse. La campagne environnante est d'une grande beauté, en particulier au printemps et en automne. Pour découvrir la vallée du Douro, le meilleur point de départ est Porto. Le

Pages précédentes: le Tâmega passe sous un pont près d'Amarante; partie de cartes à Gerês. A droite, jour de marché.

fleuve coule sur 210 km au Portugal et sur 110 km le long de la frontière espagnole. Plusieurs agences de tourisme de Porto proposent des visites en autocar à travers les plus grands domaines viticoles de la région. La nationale 108 suit la rive nord jusqu'à Régua et la nationale 222 longe l'autre rive, parfois loin au-dessus, parfois à proximité du fleuve. On peut également prendre un train qui passe par la rive nord, franchit le Douro à **São João da Pesqueiro** et longe ensuite la rive sud jusqu'à **Barca de Alva**, sur la frontière espagnole. Le voyage dure environ six heures.

Le bas Douro est la région du *vinho verde*, même si c'est au Minho que l'on associe habituellement les vins «verts», c'est-à-dire jeunes. La ville principale de cette contrée est **Penafiel**, située entre deux fleuves, le Sousa et le Tâmega. On y admire plusieurs maisons anciennes en granit, ornées de gargouilles et de balcons en bois, ainsi qu'une **église paroissiale** du XVIe siècle.

A quelques kilomètres de là, vers le nord-est, la petite ville d'**Amarante** est installée sur la rive du Tâmega. Le pont à trois arches qui enjambe le fleuve, date de 1790; il mène à l'ancien couvent **São Gonçalo**, qui est le patron d'Amarante et le protecteur des mariages.

La fête de saint Gonzalve, au mois de juin, donne lieu à des réjouissances hautes en couleur. La construction du couvent débuta en 1540, mais elle ne fut pas achevée avant 1620. L'édifice abrite le tombeau de saint Gonzalve d'Amarante, né à Vizella, dans le diocèse de Braga, et mort en 1259. La nef baroque comprend de nombreux ornements, des feuillages recouverts d'or et des colonnes peintes. Le couvent possède deux cloîtres; le second, très abîmé, permet d'accéder au premier étage des bâtiments conventuels, dans lesquels a été installé le **musée Albano Sardoeira**, consacré principalement aux expositions de peinture moderne (Sardoeira était un peintre cubiste d'Amarante).

Les caves de la société Sandeman.

Non loin se trouve la **Quinta da Aveleda**, l'un des plus grands domaines viticoles portugais, et le premier exportateur de *vinho verde*. Sa visite est souvent comprise dans les excursions que proposent les agences de tourisme. Les visiteurs isolés sont reçus, mais il est préférable de prendre rendez-vous au siège de la société, à Porto. Dans ce parc de 200 ha s'élève la **chapelle familiale**, construite en 1671. Les jardins abritent une ruine qui faisait partie du palais d'Henri le Navigateur à Porto. On propose aux visiteurs de déguster plusieurs types de *vinhos verdes*; si l'on désire en acheter, on sera conduit dans l'ancienne distillerie aménagée en boutique.

Après la Quinta da Aveleda, la route tourne vers le sud et longe le cours du Douro. De **Mesão Frio**, perché sur une colline pentue, on bénéficie d'une vue plongeante sur le confluent du Teixeira et du Douro. Ici, le fleuve traverse les terres où sont produits les vins de Porto. En 1756, le marquis de Pombal attribua un statut légal à la province du Douro, qui devint la première région viticole du monde ainsi officiellement désignée.

Des textes ultérieurs désignèrent le haut Douro comme la région des vins de Porto. Cette région s'étend dans la vallée du Douro de **Barqueiros**, au sud de Mesão Frio, à **Barca de Alva**, sur la frontière espagnole. Les vignes sont cultivées en terrasses. Des manoirs seigneuriaux et des fermes blanchies à la chaux se dressent au milieu des vignobles et des champs d'oliviers.

Régua est une cité active, où siège l'Institut des vins de Porto. Dans cette région se trouvent certains des plus anciens domaines anglais et portugais. La route traverse ici le Douro, puis elle en longe la rive sud avant de le franchir de nouveau à **Pinhão**, autre centre de production vinicole.

Non loin de là s'étend la **Quinta do Infantado**, ancien domaine qui a appartenu au prince dom Pedro. Depuis le début du siècle, ces terres sont la propriété de la famille Roseira, qui a commencé récemment à com-

Vignobles en terrasses sur le Douro.

mercialiser un porto « mis en bouteilles au domaine », en dehors des circuits habituels de production.

Les autres portos indépendants, qui concurrencent le monopole des chais de Vila Nova da Gaia, sont le *quinta de cotto* et le *roma nera*.

De Pinhão, il est facile de faire un petit détour par **Sabrosa**, au nord, où est né Fernão de Magalhães, plus connu sous le nom de Magellan, qui réalisa le premier tour du monde en 1522 sous pavillon espagnol.

A quelques kilomètres au nord-ouest se trouve **Mateus**, village célèbre pour son manoir du XVIIIᵉ siècle et ses jardins. Il orne les étiquettes des vins rosés servis dans les restaurants. Cette imposante demeure à façade blanche dotée de deux grands escaliers extérieurs, à l'intérieur richement décoré, mérite d'être visitée.

Plus au sud-est, la route mène à la **vallée de la Tua**, couverte d'orangers, puis franchit le Douro et grimpe des collines vers **São João da Pesqueiro**, perché sur un plateau.

On suit alors les contours des collines et, après avoir dépassé plusieurs églises originales et les ruines d'un château, on atteint **Vila Nova de Fozcôa** et la vallée de la **Côa**.

La route s'écarte ensuite du cours du Douro. Le chemin de fer continue à longer le fleuve jusqu'à **Barca de Alva**, à la frontière espagnole, qui marque la fin de la région des vins de Porto.

Le Minho

De nos jours on appelle le **Minho** la Costa Verde, la « côte verte », à cause des vignes et des épaisses pinèdes qui bordent le littoral. C'est une très belle province animée par une multitude de fêtes, de festivals et de pèlerinages. En prenant à nouveau Porto comme point de départ, la meilleure façon de visiter le Minho est de remonter la côte puis de redescendre par l'arrière-pays. Les plages sont larges et couvertes d'un beau sable fin, mais l'océan est plutôt froid et agité.

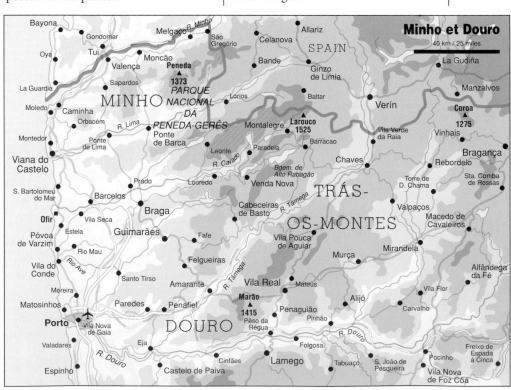

A **Vila do Conde**, on peut visiter le couvent de **Santa Clara**, fondé en 1318, l'église paroissiale **São João Baptista**, ainsi qu'une **forteresse** du XVIIᵉ siècle. On peut également assister à la construction des bateaux de pêche ou découvrir l'école de dentelle.

A quelques kilomètres de là se trouve un autre port, **Póvoa de Varzim**, avec une forteresse du XVIIIᵉ siècle et une belle **église paroissiale**. Il est également possible de se divertir dans un casino et se reposer dans un établissement de luxe, l'hôtel Vermar Dom Pedro, qui possède une piscine et des courts de tennis.

Plus au nord, on atteint **Ofir**, station balnéaire entourée de pinèdes.

Sur l'autre rive du **Cávado**, la ville d'**Esposende** abrite les ruines d'un **fort** du XVIIIᵉ siècle.

Du temps des Romains, **Viana do Castelo** s'appelait Diana. Ce port de pêche fut le centre du commerce du vin jusqu'au XVIIIᵉ siècle ; à cette époque, Porto prit le dessus. Il y a ici beaucoup de monuments à visiter, en commençant par l'ancien **palais des Távoras** (XVIIIᵉ siècle), qui est désormais le siège de l'office du tourisme. Sur la Praça da República se trouvent une très belle fontaine du XVIᵉ siècle et l'**hôpital de la Misericórdia**, orné de loggias, d'arcades et de cariatides. A proximité s'élève l'**église paroissiale** (XVᵉ siècle), avec son portail gothique, ses tours romanes. La ville est dominée par la basilique du **Monte Santa Luzia**, édifice néo-byzantin construit à partir de 1900. A l'ouest, au milieu d'une vaste prairie, l'église **Nossa Senhora da Agonia** est le lieu d'un pèlerinage au mois d'août.

En poursuivant la route vers le nord, on rejoint **Caminha**, jolie ville qui conserve de nombreuses traces d'un passé prospère. L'église paroissiale, datant du XVᵉ siècle, a un superbe plafond en bois sculpté. Tout autour de la place principale, on admirera des bâtiments construits aux XVᵉ et XVIᵉ siècles.

A l'estuaire du Minho, la route pénètre dans l'arrière-pays et longe le fleuve qui marque la frontière avec l'Espagne. **Valença do Minho** est une ville frontalière animée, avec de nombreux magasins et des marchés. Les vieux quartiers de la ville ont été préservés, et il est tout à fait agréable de flâner dans les rues pavées, au milieu des maisons en pierre agrémentées de balcons en fer forgé. Cette partie de Valença est entourée d'un rempart de granit du XVIIᵉ siècle. De l'ancien couvent transformé en *pousada*, on a une superbe vue sur le fleuve et l'Espagne.

Monção est une cité réputée pour ses eaux et ses vins. De là, on prendra la route qui part vers le sud, au cœur de la province ; la campagne y est verte et sillonnée de cours d'eau qu'enjambent des ponts en pierre du Moyen Age. Les églises sont d'une grande simplicité, et leurs murs blancs contrastent avec les porches et fenêtres de granit ouvragé.

Bien entendu, la vigne est omniprésente. Du fait de l'importante densité de la population, les terres ont été divisées et redivisées au cours des générations ; la taille moyenne des exploitations est inférieure à 1 ha. Les

Vila do Conde.

habitants font pousser les ceps en hauteur, le long des maisons ou des haies, et laissent le sol libre pour la culture de légumes.

La route traverse **Arcos de Valdevez**, bourgade située sur les deux rives du **Vez**, d'où l'on a une belle vue sur la vallée.

A quelques kilomètres plus au sud, on passe par le **Ponte de Barca**, sur le cours du **Lima**, construction remarquable réalisée en 1543 et restauré depuis ; sur ses rives se trouve une belle église du XVe siècle.

On peut ensuite se diriger vers l'ouest, dans la **vallée du Lima**. C'est là que se trouvent les grands domaines, les *solares*, qui rappellent les gloires passées de l'empire portugais. Certains manoirs ont été transformés en hôtels ; pour visiter ces demeures, il faut se renseigner auprès des offices du tourisme de Lisbonne ou de Viana do Castelo. Les propriétaires y demeurent en général, et ils invitent les visiteurs à partager leur mode de vie : la chasse, la pêche, les vendanges. Chaque *solar* a sa propre histoire et son charme unique.

Juste en dehors de Ponte de Lima se dresse la **Quinta de Sabadão**, dont la tour originale fut édifiée au XVIe siècle. La demeure appartient à la famille Abreu Lima depuis le début du XVIIe siècle.

Ponte de Lima est l'une des plus jolies bourgades du Portugal, grâce à sa situation exceptionnelle en bordure de la rivière. Les maisons font face à un **pont romain** aux arches très basses. Il existe encore de nombreux vestiges des anciennes fortifications de la cité. Un **palais** du XVe siècle aux murs crénelés a été rénové et transformé en hôpital. Sur l'autre rive, l'église d'un ancien couvent du XVe siècle, **São Antonio**, abrite de très belles sculptures en bois.

En poursuivant la route en direction de Viana do Castelo, on remarque de nombreux *solares*, telle la **Casa de Cortegaça**, dont la grande tour en pierre date du XVe siècle. Ce manoir possède vignobles, moulins et étables.

Ponte de Lima.

Les visiteurs sont conviés à prendre part aux activités de la ferme.

Au sud de Viana, une autre route mène à **Barcelos**, sur la rive nord du **Cávado**. Les **fortifications** remontent au XIIIᵉ siècle ; on peut également visiter une **église** de la même époque et un **palais** du XIVᵉ siècle. Dans ce lieu se déroule, chaque jeudi, l'une des plus belles foires artisanales du pays. Dans le **musée de la Céramique** attenant à l'église, sont exposés des objets en cuivre, des jouets en bois et, bien entendu, le coq de Barcelos, devenu un emblème national. D'après la légende du Moyen Age, un pèlerin revenant de Compostelle fut accusé de meurtre. A court d'arguments, il désigna un coq sur la table du seigneur et déclara : « *Je suis innocent, aussi vrai que ce coq qui est rôti se dresse et chante.* » Le coq se mit à chanter et l'innocence du pèlerin fut établie. On éleva alors un calvaire au « Senhor Galo ». Le coq est devenu un symbole de liberté, au point que les opposants à Salazar s'en servirent dans leur propagande.

Guimarães

Guimarães est une cité industrielle active : aux filatures de lin sont venues s'ajouter les tanneries, l'industrie de la chaussure, la coutellerie, la faïence et l'orfèvrerie. Mais elle est surtout la ville qui a vu naître l'identité nationale. En 1128, un jeune homme de dix-huit ans, Alphonse Iᵉʳ Henriques, proclama l'indépendance du Portugal, détachant ainsi son pays du royaume de Castille et de León. C'est sur le champ de bataille de **São Mamede**, près de Guimarães, qu'il mit en déroute les armées de sa mère, qui combattaient pour soutenir Alphonse VII, roi de Castille et de León.

La fête de saint Walter, la *Festa Gualteriana*, anime la ville depuis le milieu du XVᵉ siècle. Elle se déroule le premier week-end du mois d'août et se compose d'une procession nocturne, de danses traditionnelles et d'une parade médiévale.

Le **château** fondé par Mumadona, au Xᵉ siècle, se situe dans la partie nord de la cité. Alphonse Iᵉʳ Henriques y naquit en 1110. Le donjon et les fortifications ont été souvent restaurés. A l'entrée se trouve la chapelle romane **São Miguel do Castelo**, dans laquelle Alphonse Iᵉʳ fut baptisé en 1111.

En retournant vers la ville, on passe devant le **Paço dos Duques** (palais des ducs de Bragance), édifice gothique du XVᵉ siècle qui sert à l'occasion de résidence au président de la République. Le palais est ouvert au public, et des visites guidées sont organisées quotidiennement. Cette construction massive se compose de quatre bâtiments entourant une cour. Devant le palais se dresse une statue d'Alphonse Iᵉʳ Henriques en armure. A l'intérieur, on ne manquera pas de visiter la salle des banquets, au plafond en bois ouvragé, et d'admirer les tapisseries françaises et les magnifiques tapis persans.

On accède au centre de la ville par la **Rua de Santa Maria**, rue pavée bordée de maisons construites aux XIVᵉ et XVᵉ siècles. Sur la gauche se trouve l'ancien **Convento de Santa Clara**, édifié au XVIIᵉ siècle et désormais hôtel de ville.

Nossa Senhora da Oliveira (Notre-Dame-de-l'Olivier), bâtie au Xᵉ siècle, fut reconstruite par le comte Henri de Bourgogne au XIIᵉ siècle. Depuis cette époque, l'église a été restaurée à plusieurs reprises. On peut encore voir le clocher du XVIᵉ siècle ainsi que le portail ouest et la fenêtre ogivale réalisés au XIVᵉ siècle.

A côté de l'église, le cloître abrite désormais le **musée Alberto Sampaio**, dans lequel est exposé le riche **trésor** de l'église : calices en argent du XIIᵉ siècle, crucifix gothiques et Renaissance, statues des XVᵉ et XVIᵉ siècles et peintures, Vierge romane en bois polychrome, sculptures wisigothiques et médiévales et un autel portatif en forme de triptyque exécuté pour le roi de Portugal Jean Iᵉʳ.

La place la plus animée de Guimarães est le **Largo do Toural**. Derrière elle se dresse une église du XIVᵉ siècle, **São Domingoes**, qui a conservé des éléments d'origine : le transept, la rosace au-dessus du portail et un cloître construit en 1271 et élargi au début du siècle pour recevoir les collections du **musée archéologique Martins Sarmento**.

En longeant ensuite un grand parc l'**Alameda da Liberdade**, on parvient à l'église **São Francisco**, édifiée au début du XVe siècle. Il ne reste presque rien de la structure gothique. Toutefois, la nef possède un remarquable ensemble d'*azulejos* du XVIIIe siècle, et la sacristie est ornée de plafonds à caissons d'une rare beauté.

En dehors des limites de la ville se trouve un ancien monastère, **Santa Marinha da Costa**, fondé au XIIe siècle et reconstruit au XVIIIe siècle. L'église est toujours un lieu de culte. Les cellules du monastère, endommagées par un incendie survenu en 1951, ont été restaurées, et l'ensemble est devenu une luxueuse *pousada*. On aperçoit, dans le cloître, une arche mauresque du Xe siècle et les vestiges de structures wisigothiques du VIIe siècle.

La **Citânia de Briteiros** *(citânia* désigne un ancien village ibérique fortifié)* est le site archéologique le plus important du Portugal. Les fouilles ont révélé les vestiges d'un village préhistorique fortifié qui aurait été habité par des Celtes. Au sommet, une petite chapelle et deux maisons circulaires ont été restaurées. La cité, qui comptait près de cent cinquante maisons, était entourée d'une triple enceinte de murs encore visibles.

Braga

Il n'est pas rare d'entendre les Portugais parler de Braga comme de la « Rome portugaise ». A l'époque romaine en effet, Braga, alors nommée Bracara Augusta, était le nœud des communications du nord de la Lusitanie. Au VIe siècle, deux synodes furent organisés dans la cité. Sous l'occupation mauresque, Braga fut mise à sac et la cathédrale sérieusement endommagée. Au XIe siècle, la ville connut une période de renouveau : elle fut reconstruite sous l'impulsion de l'évêque dom Pierre et

Dans le Douro, le génie du vin règne sur les fêtes.

de l'archevêque saint Gérard. Ce dernier réclama l'autorité sur toutes les églises de la péninsule ibérique, et ses successeurs conservèrent le titre de primat des Espagnes pendant six siècles. L'archevêque dom Diogo de Sousa encouragea la construction de palais, d'églises et de fontaines inspirés des modèles italiens. Supplantée par Lisbonne, Braga perdit son statut de capitale ecclésiastique en 1716. La religion est cependant restée un élément très important de la vie de la cité.

La **cathédrale** fut reconstruite au XIᵉ siècle sur le site de l'édifice plus ancien détruit par les Maures. De la partie romane, il ne reste plus que le portail sud et la corniche sculptée du transept. L'intérieur abrite une très belle statue en granit de la Vierge *(Senhora do Leite,* « Vierge allaitant »). Le chœur et les fonts baptismaux sont de belles illustrations de l'architecture manuéline. Les orgues en bois exotique apportent une touche étonnante à l'ensemble. L'archevêque Diogo de

Les azulejos font la promotion du vin.

Sousa a orchestré la construction, à la Renaissance, d'un porche et d'une abside. Au XVIIIᵉ siècle, on restaura la nef.

Le trésor de la cathédrale, maintenant au **musée d'Art religieux**, se compose d'une riche collection de vêtements liturgiques ainsi que de calices et de crucifix des Xᵉ et XIIᵉ siècles. Des visites guidées quotidiennes permettent d'apprécier en détail les richesses du trésor. Par ailleurs sont présentés des *azulejos* hispano-arabes du XVIᵉ siècle, des stalles en bois du Brésil, un calice manuélin de 1509, des croix processionnelles ainsi que d'autres objets sacrés.

La **Capela dos Reis** est le lieu de sépulture de l'archevêque Lourenço Vicente ainsi que celui des mausolées manuélins d'Henri de Bourgogne et de sa femme (parents d'Alphonse Henriques). Dans la **Capela da Piedade** se trouve le tombeau de Diogo de Sousa.

Non loin de là se dresse le **palais**

épiscopal, édifié au XIVᵉ siècle. La **bibliothèque publique** y est aujourd'hui installée. Le **palais** fut rénové au XVIIIᵉ siècle. La bibliothèque (entrée Rua de Santo António) conserve 10 000 manuscrits sur parchemin et 30 000 volumes dont 1 500 livres rares. Dans l'une des salles se donnent des concerts.

De l'autre côté de la Praça Agrolongo se trouve l'une des églises inspirées par l'architecture romaine, **Nossa Senhora do Pópulo**, construite au XVIIᵉ siècle d'après les plans du Gesú de Rome. Les *azulejos* qui la décorent représentent des épisodes de la vie de saint Augustin.

Du XVIIᵉ au XVIIIᵉ siècle, l'Église entreprit de restaurer les monuments. Ces remaniements entraînèrent la destruction de nombreux vestiges romains et romans. C'est à cette époque que l'architecte Andre Soares éleva la chapelle Sainte-Marie-Madeleine à Falperra, ainsi que les escaliers du Bom Jesus.

La **Casa dos Biscainhos**, palais du XVIIᵉ entouré d'un jardin et de fontaines aménagé en musée, présente des collections de faïences, de céramiques, de bijoux et d'orfèvrerie du XVIIIᵉ siècle. Une partie du musée est consacrée aux objets trouvés lors de fouilles menées à la **Colina de Maximinos**. Ce site était l'emplacement de Bracara Augusta. Les fouilles ont déjà permis de mettre au jour des **thermes romains**, un sanctuaire baptisé **Fonte do Idilo** et les vestiges d'une maison appelée **Domus de Santiago**.

Dans la partie nord de la ville se dresse l'église **São João de Souto**, entièrement reconstruite à la fin du XVIIIᵉ siècle. La **Capela do Conceição** date de 1525 ; elle possède des murs crénelés, des fenêtres de toute beauté et des statues de saint Antoine et de saint Paul.

L'édifice religieux le plus grandiose de Braga est **Bom Jesus**, situé sur le versant ouest d'une colline boisée, le **Monte Espinho**, à la sortie de la ville. Ce lieu de pèlerinage célèbre est remarquable pour son escalier, d'où

Les jardins de Bom Jesus do Monte.

l'on a une vue magnifique sur la vallée du Cávado et les monts environnants. On y accède par une belle route pavée et ombragée de 5 km.

La **Via Sacra** est un escalier double à rampes croisées, bordé de petites chapelles, de fontaines, d'autels fleuris (*pasos*) et, à chaque niveau, de sculptures en terre cuite représentant les étapes du chemin de croix.

Ces étapes sont symboliques de l'abandon progressif du croyant à Dieu, de l'acquisition d'une parfaite maîtrise de ses sens (l'**escalier des Cinq-Sens** est ponctué de fontaines qui sont autant de paliers dans l'évolution spirituelle du pénitent ; l'eau jaillit par les yeux, la bouche…) et des vertus chrétiennes. Taillé dans le granit, cet escalier, bel exemple d'architecture baroque, est un monument à lui tout seul. Cependant, il est le fruit de plusieurs décennies de travail, ce qui lui octroie un style bien particulier.

Au sommet de la colline, à 400 m d'altitude, se dresse l'église proprement dite. Elle remplace une chapelle du XVe siècle qui fut rénovée au XVIIe siècle par Andre Soares, mais dont les travaux ne s'achevèrent qu'en 1811. Sa **chapelle des Miracles** est remplie d'images pieuses et d'*ex-voto* offerts par les fidèles. Des fontaines représentant les trois vertus théologales, la Foi, L'Espérance et la Charité, jalonnent l'**escalier des Trois-Vertus**. Si l'on veut accéder au Bom Jesus plus rapidement, il faut prendre le funiculaire (toutes les 15 mn en été ; la durée du trajet est de 5 mn) ou la route.

Le Jeudi saint, une foule de fidèles traverse la ville pieds nus. Le Vendredi saint a lieu la procession de l'*Encontro do Senhor* (qui s'associe à une mise au tombeau).

La célébration de la Saint-Jean est aussi l'occasion d'une grande fête. Un cortège (*Cortejo do Rei David*), une parade (*Carro dos Pastores*), une marche folklorique et la représentation d'un drame religieux (*Auto sacramental*) accompagnent cette journée.

Des centaines de fidèles font le pèlerinage de Bom Jesus à la Pentecôte.

PORTO

Porto ou Oporto (« le port ») est le centre commercial du nord du Portugal et le principal exportateur de porto. On ne ressent pas ici, comme à Lisbonne, l'atmosphère quasi méditerranéenne. Porto est une cité du Nord (qui s'étend sur 10 km), peuplée de tours d'églises en granit, et dont les bâtiments sombres et les rues étroites recèlent des trésors baroques. Installée en surplomb, sur les roches qui bordent le Douro, la ville est reliée par trois ponts à Vila Nova de Gaia, zone industrielle où sont situés la plupart des entrepôts à vins. Les gros navires mouillent au port de **Leixões** à cause des problèmes d'envasement que connaît le Douro. En revanche, les embarcations légères continuent de naviguer sur le fleuve. La population de la ville et de la banlieue s'élève à environ 1 million de personnes. Même si l'aspect industriel de la cité peut être rebutant, sa position en balcon, sur l'embouchure du Douro est d'une grande beauté.

A l'époque romaine, deux cités se faisaient face sur l'embouchure du Douro : Portus, sur la rive droite, et Cale, sur la rive gauche. Pendant l'occupation mauresque, la région comprise entre le Minho et le Douro reçut le nom de Portucale. Lorsque Alphonse Ier Henriques fonda son royaume au XIIe siècle, il décida de maintenir le nom qui avait été donné à la ville.

Le développement de Porto fut toujours étroitement associé à la glorieuse époque des expéditions maritimes ; c'est dans ses chantiers que furent construites les caravelles qui explorèrent le monde entier. Henri le Navigateur naquit à Porto et, après lui, de nombreuses personnalités portugaises, tels les poètes Almeida Garrett (1799-1854) et António Nobre (1869-1900).

La ville a entretenu des liens importants avec l'Angleterre grâce au commerce du vin. Au dire de certains Portugais, ce seraient les Anglais qui

auraient inventé le porto. En 1678, deux fils d'un riche marchand anglais, qui séjournaient dans un monastère du haut Douro auraient découvert qu'en ajoutant un peu de cognac au vin doux du pays, on obtenait un nectar capable de supporter les écarts de température et les longs voyages. De retour en Angleterre, ces deux frères auraient rapporté de grandes quantités de ce breuvage, qui prit le nom de porto. Il existe une seconde version concernant l'origine du porto. Aux XVIIe et XVIIIe siècles, les vins du haut Douro étaient forts. Puis, en 1820, les très fortes chaleurs produisirent un vin doux et sucré, particulièrement apprécié des Anglais. Les années suivantes, les compagnies vinicoles ajoutèrent de l'*aguardente* (eau-de-vie de vin) pour arrêter la fermentation et garder un taux de sucre élevé.

Quelle que soit la véritable origine du porto, le traité de Methuen, signé en 1703, ouvrit aux Anglais le marché des vins portugais. Ils s'installèrent à Porto afin de contrôler les échanges et

A gauche, sur les quais de Porto ; à droite, fabrication des tonneaux de vin à Vila Nova de Gaia.

s'enrichirent rapidement. Ils fondèrent en 1722 une association destinée à mettre la main sur le commerce et les prix payés aux viticulteurs portugais. Pour combattre le monopole anglais, le marquis de Pombal fonda en 1757 la Compagnie viticole du haut Douro.

C'est à Porto que la révolution de 1820 éclata. Les combats les plus violents contre les troupes du roi Michel Ier se déroulèrent en 1832-1833 et contraignirent le souverain à s'exiler. La ville fut aussi le centre de la résistance libérale au régime de Salazar et, après la révolution de 1974, elle devint un bastion contre l'extension du communisme dans le nord du pays.

La vie quotidienne

Après l'heure du dîner, la ville devient silencieuse. On peut toutefois aller écouter du *fado* dans des restaurants comme le **Mal Cozinhado** ou la **Taverna de São Jorge** ou bien sortir de la ville. Les plus jeunes fréquentent les boîtes de nuit de la banlieue de **Foz do Douro**, tandis que leurs aînés se rendent plus volontiers au casino et dans les **boîtes de nuit d'Espinho**.

La plus grande fête de Porto est la Saint-Jean, les 23 et 24 juin, qui coïncide avec l'ancienne célébration du solstice. Elle occupe toute la ville et son intensité culmine sur l'**Alameda das Fontainhas**, place qui domine le pont Dom Luís Ier : les gens dansent, chantent autour de feux de joie et mangent des grillades de veau ou des sardines accompagnées de *vinho verde*.

Les ponts

Non seulement les ponts relient Porto à Vila Nova de Gaia, mais ils offrent encore une vue privilégiée sur le fleuve.

Le pont routier à double tablier **Dom Luis Ier** nécessita six ans de travaux (1880-1886) confiés la société belge Willebroeck d'après la technique d'Eiffel. C'est un pont routier. Le tablier inférieur du pont a plusieurs

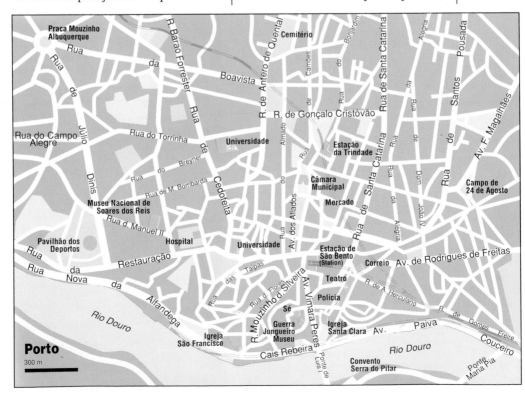

fois manqué d'être emporté par le fleuve, dont le calme apparent est trompeur. Les eaux charrient beaucoup d'alluvions et de déchets qui encombrent de plus en plus l'estuaire.

Le **pont Dona Maria Pia**, en amont, est le plus vieux pont de la ville. Il fut conçu par Eiffel en 1877, et il est réservé au trafic ferroviaire.

Le **pont d'Arrábida**, emprunté par l'autoroute, date de 1963. Sa structure est très audacieuse ; son arche atteint 270 m de haut (alors que le pont Dom Luis Ier ne fait que 72 m de haut).

Le centre de Porto

La **Praça da Liberdade** est sans conteste le cœur de la cité. En son centre se dresse la statue équestre de Pierre IV. Le côté nord s'ouvre sur une large avenue, l'**Avenida dos Aliados**, ornée de parterres fleuris et de trottoirs en mosaïque jusqu'à la mairie. Là trône une statue dédiée au poète Almeida Garrett. Au sud-est de la Praça da Liberdade se trouve la

Le Douro traversant Porto.

Praça de Almeida Garrett, sur laquelle donne le hall d'entrée de la **gare ferroviaire de São Bento**, décoré d'*azulejos* représentant des scènes historiques.

En remontant la colline vers le sud, on arrive à la **cathédrale** (Sé), dont les tours carrées et les petits dômes datent du XIIe siècle. Le **cloître gothique** est orné de très beaux *azulejos*.

Non loin de là, sur la colline de Pena Ventosa, site d'une ancienne citadelle, s'élève le **palais épiscopal**, construit au XVIIIe siècle. Juste derrière se trouve la **maison du poète Guerra Junqueiro**, mort en 1923, qui a été aménagée en musée et renferme ses souvenirs personnels et son mobilier.

De l'autre côté de l'avenue, l'**église Santa Clara**, qui date du XVe siècle, jouxte l'une des parties les mieux préservées des anciennes fortifications de Porto. L'édifice a été modifié à plusieurs reprises. Les stalles et les autels, recouverts de bois doré, sont remarquables. A l'ouest, l'**église São Lourenço**, bâtie en 1570 et plus connue

sous le nom de Grilos (car les criquets y ont élu domicile), est l'un des plus beaux exemples du baroque portugais.

Au bout de la Rua dos Ingleses se situe le bastion de la communauté anglaise, la **Feitoria Inglesa**. Les sujets de Sa Majesté, négociants en vin pour la plupart, y traitent leurs affaires depuis plus de deux cents ans.

À l'angle de la Rua de Alfândea s'élève la **Casa do Infante**, palais érigé à l'endroit où serait né Henri le Navigateur. Il servit à une époque de bureau des douanes, mais il abrite aujourd'hui un musée.

En passant par la Praça do Infante Dom Henrique, on parvient à l'**église São Francisco**, fondée par le roi Sanche II en 1233 puis reconstruite au XIVᵉ siècle. La décoration intérieure est l'une des plus belles illustrations du style baroque, avec une abondance extraordinaire de dorures, de bois sculptés et de motifs en général empruntés à la nature.

Le **Palácio de Bolsa**, sur l'emplacement de l'ancien couvent São Fran- cisco, fut construit en 1834 ; il abrite la bourse et le tribunal de commerce. Le palais est célèbre pour son hall, sa salle d'audience, de style Renaissance française, et le salon noble, qui rappel- le l'Alhambra.

En haut de la colline, l'Institut des vins de Porto est un organisme gou- vernemental fondé en 1932 afin de contrôler leur qualité. Cet institut fixe des quotas annuels de production. Environ 40 % des vignobles de la région sont consacrés à la fabrication du porto, le reste servant à produire des vins de table ordinaires.

En suivant la Rua Belmonte, bordée de vieilles maisons décorées d'*azule- jos* et agrémentées de jolis balcons en fer forgé, on parvient à l'**église São João Novo**, construite en 1592. De l'autre côté, se trouve le **Palácio de São João Novo**, qui abrite le **musée d'Ethnographie et d'Histoire**. Les col- lections présentées retracent les cou- tumes de la région depuis des millénaires et donne une profusion de détails.

A gauche, le portrait du roi Charles à la Bourse ; à droite, les magni- fiques dorures de São Francisco.

On arrive ensuite à la **Torre dos Clérigos**, tour en granit de 76 m de haut érigée entre 1748 et 1763 pour guider les bateaux qui remontaient le Douro. C'est le plus haut clocher du Portugal. Pour arriver au sommet, il faut gravir 225 marches, mais cela vaut la peine car la vue qu'il offre est magnifique, elle domine un jardin (Jardim João Chagas) ombragé par de très beaux ormes.

La périphérie

En quittant le centre, plusieurs endroits méritent une visite. Sur la **Praça da Batalha**, place animée au milieu de laquelle se dresse la statue de Pierre V, l'**église São Ildefonso** (XVIIIe siècle) a une façade en granit décorée de céramiques bleues et blanches. La principale rue commerçante est la **Rua Santa Catarina**. Dans la **Rua das Flores** se concentrent les meilleurs bijoutiers de la ville.

Le bâtiment principal de l'**université** est situé au nord-ouest du centre de la ville. C'est un bel édifice de granit construit en 1807 pour recevoir l'Académie polytechnique.

Un peu plus au nord se dresse une église du XIIe siècle, **São Martinho de Cedofeita**.

Dans la partie ouest de la ville s'élève le **Palácio de Carrancas**, qui eut pour hôte de marque le général anglais Wellington. Il abrite désormais le **musée Soares dos Reis**, du nom du célèbre sculpteur du XIXe siècle. Les premières collections de peintures et de sculptures ont été progressivement enrichies par des objets venus du musée municipal. Elles comprennent des vestiges archéologiques, des œuvres d'art religieux, des costumes régionaux et des céramiques.

Derrière le **pavillon des Sports**, au **Solar do Vinho do Porto**, on est invité à déguster une grande variété de portos.

Non loin de là, la **Quinta da Macierinha** est le lieu où le roi Charles-Albert mourut en 1849 après avoir abdiqué le trône de Sardaigne.

Le « salon arabe » réalisé en 1862, à la Bourse.

Surnommée le « musée romantique », cette prestigieuse demeure a conservé la plupart de ses meubles d'époque et de ses peintures.

Il est très agréable ensuite de flâner sur la rive du Douro, la **Cais da Ribeira**, qui est l'une des parties les plus vivantes de la ville. Des petits restaurants ainsi que des boutiques se sont établis dans l'enceinte des anciens remparts.

Au printemps, le vin nouveau est transporté par camion depuis le haut Douro jusqu'à **Vila Nova de Gaia**. A l'intérieur de caves voûtées, il est mis à vieillir dans des fûts de châtaignier, puis en bouteille pour commencer alors une seconde période de maturation. La plupart des bouteilles conservées ici affichent plus de trente ans d'âge. La plupart des chais accueillent volontiers les visiteurs pour leur faire découvrir les lieux et leur offrir une dégustation.

Faire une promenade en bateau sur le Douro permet de jouir d'une belle vue d'ensemble sur la ville et sur les ponts. Ces promenades durent environ 50 mn et partent toutes les heures d'un ponton situé non loin de l'**entrepôt Ferreira**.

Matosinhos

L'une des raisons de la construction d'un nouveau port au début du siècle sur le littoral est l'engorgement de l'estuaire. Ce port est **Leixões**. L'initiative fut très bénéfique car sa population a sensiblement augmenté, surtout depuis le réaménagement de la ville dans les années 30 puis en 1985. Actuellement, Porto, y compris sa périphérie, compte 1 800 000 habitants et son commerce s'en est trouvé facilité. La ville de **Matosinhos** s'est enrichie. Sa capacité de pêche représente 35 % des prises nationales. La ville s'est industrialisée et compte désormais un grand nombre de chantiers, dont des raffineries de pétrole. S'y trouvent également des innovations architecturales d'Alvaro Silva ainsi qu'une église baroque du XVIIIe siècle.

Ci-dessous, le porto transporté par « rabelos »; à droite, Bruce Guimarãens, représentant de la longue aventure du porto.

LES GRANDES FAMILLES DU PORTO

Dans le monde des affaires, l'ère de progrès technique que nous traversons n'est pas toujours propice à la succession familiale, avec ce qu'elle implique de confiance et de complicité. Le porto, en revanche, est un commerce qui a commencé voilà quelques siècles et dont l'aventure se poursuit aujourd'hui encore. C'est dans les régions les plus reculées de la vallée du Douro, au nord du Portugal, que tout a commencé. Ces régions sont restées à peu près les mêmes depuis que le marquis de Pombal les a délimitées en 1756. A cette époque, le marquis réformateur, qui détestait profondément les Anglais et leur prédominance dans le marché du porto, décida de restreindre leur pouvoir sur la région. Depuis, le porto s'est considérablement amélioré. Cependant, bien que ses bénéfices soient plus équitablement partagés, les Anglais sont toujours là. L'aventure du porto est étroitement liée à la leur, bien qu'aujourd'hui les Français en achètent davantage.

Une des grandes personnalités du porto fut dona Antónia Adelaide Ferreira, dont les vignobles recouvrent encore une grande partie du Douro. Elle est célèbre dans ce milieu pour avoir échappé de peu à la mort en descendant le fleuve, à l'instar de Joseph James Forrester. De nombreuses personnalités sont ainsi les figures de proue de l'histoire du porto. Elles sont omniprésentes dans ce milieu, aussi bien par leurs visages que par leurs noms qui ornent encore les bouteilles des vins qu'ils ont créés (et que les producteurs actuels portent encore).

La plupart des sociétés sont en grande partie familiales, bien que leurs noms soient quelque peu trompeurs : en effet, ils sont anglais. Cockburn Smithes a eu le monopole pendant des années, et les Anglais ont respecté la tradition familiale. Par exemple Taylor, Fladgates & Yeatman (fondée en 1692) est dirigée par Alistair Robertson, descendant d'un Yeatman, et le goûteur de la société, Bruce Guimarãens, est descendant d'un Fladgate. En 1983, Nicholas Delaforce fut le premier de la septième génération à prendre la responsabilité de la vendange (*vindima*). Il fut officiellement engagé dans la société dirigée par son père, lui-même précédé du sien.

La fameuse dona Antónia Adelaide Ferreira eut aussi des successeurs, la huitième génération étant représentée par Francisco Olazabal, dont le fils est lui-même enthousiaste à l'idée de prendre la relève et qui, dans ce but, fait des études d'œnologie. On dit qu'il a cette passion depuis sa plus tendre enfance.

Un autre grand nom est Symington. Cette famille possède et dirige plusieurs sociétés : Warre's (fondée en 1670), Silva & Cosens (dont la marque est Dow), Quarles Harris, Smith Woodhouse, et Graham's. En 1990, huit membres de la famille Symington (comprenant deux générations) s'occupaient de l'organisation, de la production et de la vente des vins produits par ces sociétés.

LE TRÁS-OS-MONTES

Trás-os-Montes signifie « par-delà les montagnes ». Ce nom décrit à merveille cette province reculée du Portugal, séparée du reste du pays par une chaîne montagneuse. Seuls les visiteurs ayant une âme d'aventurier l'aimeront, car il ne faut pas compter y trouver le confort moderne. La région est dotée d'une mauvaise infrastructure routière et d'un réseau ferroviaire très clairsemé. La pauvreté a poussé la plupart des habitants à émigrer vers les villes ou les pays industrialisés d'Europe. Néanmoins, les Portugais sont fiers du Trás-os-Montes ; ceux qui en sont originaires ou ceux qui s'y rendent ne tarissent pas d'éloges.

L'émigration est beaucoup plus importante dans le nord du Portugal que dans le sud. La raison principale réside dans la division des terres. Dans le Sud, les propriétés sont des *latifundia*, de vastes exploitations, alors que dans le Nord on ne trouve que des *minifundia*, petites propriétés insuffisantes pour assurer la subsistance de toute une famille. Les habitants du Nord sont plus individualistes et résistent à l'implantation des coopératives qui se sont largement développées dans l'Alentejo. La nature du relief, hautes montagnes et vallées profondes, explique également l'impossibilité d'une agriculture à grande échelle. Enfin, le pouvoir de l'Église a contribué à endiguer le socialisme dans le Nord. Même si l'ensemble du Portugal est catholique, le gouvernement central n'a jamais eu beaucoup d'influence sur cette région éloignée. L'éducation s'en est fortement ressentie : jusqu'à une époque très récente, le seul homme instruit du village était le prêtre, doté de larges pouvoirs. Les villageois le consultaient aussi bien pour des questions spirituelles que pour des problèmes de récoltes.

On peut pénétrer dans le Trás-os-Montes par plusieurs itinéraires. En premier lieu, par les postes frontaliers : **Vila Verde da Raia**, sur la route qui mène ensuite à **Chaves** (il s'agit de la route historique des invasions empruntée par les armées napoléoniennes au début du XIXᵉ siècle) ; Portelo, dans le parc naturel de **Montezinho** ; Quintanilha, à l'est de Bragança, et **Miranda do Douro** et **Bemposta**, situés à l'endroit où le Douro marque la frontière avec l'Espagne.

En venant de l'intérieur du Portugal, il existe plusieurs possibilités : de Porto en passant par Vila Real ; de Lamego en passant par Torre de Moncorvo, ou par Freixo de Espada. Le Trás-os-Montes est divisé en deux districts administratifs, dont les capitales sont Vila Real dans le sud-ouest et Bragança dans le nord-est. En faisant route vers le nord, on se trouve encore dans la région du porto lorsqu'on traverse le Douro en venant de Lamego et que l'on pénètre à **Régua**.

Deux ponts franchissent le fleuve : l'un routier, l'autre ferroviaire. Ce dernier devait servir, il y a plus de cinquante ans, à relier Régua et Lamego ; il n'a jamais servi. L'une des grandes curiosités de la région est la minuscule ligne ferroviaire entre Régua, Vila Real et Chaves, construite en 1890 : la locomotive tracte encore du matériel d'époque, de tout petits wagons pourvus de sièges en lattes de bois. On peut voir, derrière la gare, la première locomotive à vapeur du réseau. Elle n'a été remplacée par une locomotive diesel qu'en 1982.

En quittant Régua par le nord, on peut faire une halte à la cave de porto **Martha**, qui se trouve à **São João de Lobrigos**. Lors du voyage vers Vila Real, on a un premier aperçu des vignobles en terrasses de la province, où la moitié des travailleurs sont employés dans l'agriculture.

Vila Real

La « ville royale » fut fondée par le roi Denis Iᵉʳ en 1289. Longtemps, elle a compté dans ses murs plus de familles nobles qu'aucune autre ville portugaise, excepté la capitale. Il suffit de parcourir les rues des vieux quartiers pour s'en rendre compte : à chaque instant, le visiteur est frappé par les

Pages précédentes : vêtements noirs pour les femmes âgées ; transport de nourriture. A gauche, filage de la laine à Barroso.

belles façades armoriées des demeures seigneuriales et des manoirs. Dans certains cas, les mêmes familles vivent toujours ici. Vila Real n'est devenue une municipalité à part entière qu'en 1925, mais l'importance de la région remonte à 1768, date à laquelle les vignobles furent exploités commercialement. Les premiers portos du pays virent le jour ici et la plupart des vins blancs et rouges de la région portent le label *reserva*, qui en souligne la grande qualité. Ces vins sont exportés dans plus de cent cinquante pays.

Avant la fondation de Vila Real par le roi Denis Ier, il existait une petite cité nommée **Panóias**. C'est aussi le nom d'un étrange sanctuaire païen situé à 6 km de la ville, à **Vale de Nogueiras**. Là se trouvent d'énormes blocs de pierre sculptés ; les spécialistes estiment qu'il devait s'agir d'autels réservés à des sacrifices humains. Des inscriptions latines invoquent le dieu Sérapis, qui appartenait aux mythologies grecque et égyptienne. Une colonie romaine s'était probablement installée sur ce site au cours des premières années de notre ère, ou même avant. Le christianisme ne s'étant implanté dans la région qu'au cours du IIe siècle, il est probable que les inscriptions soient antérieures.

La cathédrale de Vila Real était à l'origine l'église d'un couvent dominicain. La majeure partie de l'édifice actuel date du XIVe siècle ; c'est la cathédrale gothique **São Domingos**, qui a gardé le nom du fondateur de l'ordre.

En fait, la plus vieille église de la ville est la chapelle **São Nicolau**, installée sur un promontoire derrière la mairie et qui domine la vallée du **Corgo**.

Une autre église mérite une visite : **São Pedro**, de style baroque, construite en 1528, avec un superbe plafond à caissons en bois doré et peint.

Parmi les demeures les plus impressionnantes bâties entre le XVe et le XVIIIe siècle, il faut citer la **Casa de Diogo Cão**, de style Renaissance italienne.

Le train reliant Chaves à Régua.

Dans le domaine de l'artisanat, la région est célèbre pour les poteries noires de **Bisalhães** et le travail de la laine qui se fait à **Agarez**, à **Caldas do Alvão** et à **Marão**.

Quant aux amateurs de sports mécaniques, ils seront heureux d'apprendre que Vila Real est la capitale portugaise des courses de motos, et possède un circuit tracé à l'intérieur de la ville. Des rencontres internationales y sont organisées en juin et en juillet.

La Serra de Alvão

Deux magnifiques routes quittent Vila Real vers le nord, longeant des deux côtés la haute **Serra da Padrela**. L'une mène à Chaves, au nord, l'autre à Bragança, au nord-est.

En direction du nord-ouest, dans la **Serra de Alvão**, on admire les plus beaux paysages de montagne du Portugal. La route traverse un petit parc naturel, franchit le cours de l'**Olo** et continue jusqu'à **Mondim de Basto**, sur les rives du **Tâmega**. A cet endroit,

Un nid de cigognes près de Bragança.

la rivière constitue la frontière entre le Minho et le Trás-os-Montes.

Le granit a cédé la place à l'ardoise, qui est employé pour la toiture de nombreuses maisons et, du haut des cols, on entend le vacarme des chutes d'eau, les clochettes des chèvres, ou les cris des bergers qui rappellent à l'ordre les chiens du troupeau. En hiver, tout est enneigé, mais pendant les autres saisons ces terres sont couvertes de fleurs sauvages et le délicieux parfum des pins embaume l'air. Leur résine, récoltée pour la fabrication de la peinture et de l'essence de térébenthine, est l'une des principales ressources de la région.

A 12 km de Mondim de Basto, le petit village d'**Atei** possède de nombreux vestiges archéologiques remontant à l'époque romaine. De là, un souterrain, construit soit par les Romains, soit par les Maures, mène à **Furaco**, sur les rives du Tâmega.

Il faut retourner à Mondim de Basto pour emprunter une petite route qui serpente vers le nord jusqu'à **Cabeceiras de Basto**, qui se trouve en fait dans le Minho, en haut d'une colline qui surplombe le Trás-os-Montes.

Il est agréable de faire un arrêt au **monastère Refójos**, de style baroque, avant de s'engager dans la Serra de Cabeceira et de retourner dans le Trás-os-Montes à **Póvoa**.

Le district de Barroso

On rejoint rapidement la route principale de Braga à Chaves, qui longe le **barrage do Alto Rabagão**, immense lac artificiel en amont d'un barrage. Un nouveau détour permettra, en se dirigeant vers Montalegre, de découvrir la **Serra do Larouco** et les villages primitifs du district de **Barroso**.

Montalegre est, avec 2 000 habitants, la cité la plus importante du district de Barroso. Le roi Alphonse III lui octroya le statut de ville en 1273, et les souverains Denis Ier puis Manuel Ier la restaurèrent et l'agrandirent. De la colline (haute de 1 000 m) sur laquelle elle est située, on a une vue très étendue sur la région, et il n'est pas étonnant que cette cité ait eu un rôle militaire pendant près de douze siècles. Montalegre était connue des Lusitaniens, des Romains, des Suèves et des Wisigoths. Aucune trace des Maures n'a été retrouvée, bien qu'ils aient joué un rôle important dans l'histoire d'une localité proche de Montalegre, Chaves.

A **Outeiro Lesenho**, près de Montalegre, deux gigantesques statues en granit représentant des guerriers ont été découvertes au XVIIIe siècle. Elles seraient d'origine celtique. Elles sont exposées au musée ethnologique de Belém, à Lisbonne. La ville est dominée par un **château** à quatre tours du XIVe siècle, place forte qui servit lors de toutes les guerres entre le Portugal et l'Espagne.

Au nord de cette région s'étend la **Serra do Larouco**, deuxième chaîne de montagnes du pays (après la Serra da Estrêla) ; elle est pourvue de nombreux cols qui mènent en Espagne.

La région de Barroso s'étend des collines de la Serra do Larouco jusqu'à une quinzaine de kilomètres au nord-ouest de Chaves et comprend des villages comme **Meixido**, **Padornelos** et **Tourem Pitões**.

A condition de faire abstraction des villas modernes (construites par les émigrés revenus au pays) qui défigurent souvent les villages, on discerne dans ces endroits les vestiges d'époques très lointaines. Les maisons étaient alors construites avec d'énormes blocs de granit et d'ardoise. Jusqu'à une époque très récente, les toits de chaume étaient monnaie courante, mais peu à peu les tuiles ont pris le dessus.

Les rues sont souvent en terre ou simplement creusées à même le roc. Dans certains hameaux, l'installation de l'électricité remonte à une vingtaine d'années à peine. Le char à bœufs est resté l'un des principaux moyens de locomotion pour aller d'un village à un autre, ainsi que pour se rendre aux champs. Les tracteurs sont encore rares.

Presque toutes les églises de la région sont de style roman et datent du début du Moyen Age.

Construction archaïque à Barroso.

Pendant des siècles, les habitants du district de Barroso ont vécu coupés du reste du monde ; ils ont, de ce fait, élaboré leurs propres coutumes, chants et fêtes.

Traditionnellement, le four communal dans lequel on cuit le pain une fois par semaine est le lieu de rendez-vous des villageois et il sert aussi parfois à héberger les voyageurs qui cherchent un abri pour une nuit ou deux. Été comme hiver, les fours sont très bien isolés, mais le confort y est des plus sommaires.

La fête régionale la plus haute en couleur est la *Chega dos Toiros* (l'« arrivée des taureaux »), qui se déroule aux mois de juin, juillet et août : il s'agit principalement de combats de taureaux. Une bête d'un village affronte en duel le champion d'un autre. Chaque taureau est décoré par son équipe qui le fait parader au milieu des participants et des orchestres. Le combat provoque une intense excitation. Le vainqueur est alors ovationné par les villageois.

Charrette à roues en bois à Rio de Onor.

Chaves

Ville située à quelques kilomètres du district de Barroso, **Chaves** semble pourtant à des années-lumière de là. Située sur la rive du Tâmega, elle occupe une position stratégique dans une large vallée qui s'étend de la frontière espagnole au cœur du Trás-os-Montes.

Tous les envahisseurs du Portugal ont emprunté cette voie naturelle pour pénétrer dans le pays. Ainsi s'établirent à Chaves : les Celtes, les Lusitaniens, les Romains, les Vandales, les Suèves, les Maures, les Espagnols et les Français. Les Lusitaniens avaient établi un village fortifié, que les Romains occupèrent en 78 avant J.-C. L'empereur Flavius y fonda la cité d'Aquae Fluviae ; les sources d'eau chaude furent exploitées et on y construisit des thermes.

En plus des fortifications et des thermes, les Romains y construisirent le plus grand pont de la péninsule ibérique. Cet ouvrage de 104 m de long

compte vingt arches ; il est toujours utilisé. Au milieu du pont, deux bornes portant des inscriptions ont résisté au temps.

Parmi les monuments de la ville, il convient de citer l'**église paroissiale**, reconstruite au XVIᵉ siècle, et **São João de Deus**, église baroque située à proximité du pont. Avant l'unification de la nation, la cité fortifiée était rattachée au comté de Portucale. Plusieurs des premiers rois apportèrent des modifications au **château**, qui devint ainsi l'un des plus importants du pays.

Chaves est aujourd'hui une ville animée où vivent près de 15 000 habitants. C'est un centre agricole et textile, également renommé pour son jambon.

Montezinho

On découvre une seconde place forte, qui faisait partie du système défensif de la vallée, à **Monforte de Rio Livre**, à une douzaine de kilomètres à l'est de Chaves.

En continuant vers l'est en direction de Bragança, on traverse le vieux village de **Vinhais**, haut perché dans la **Serra de Montezinho**, bordé au nord par le parc naturel du même nom, qui a pour frontières l'Espagne au nord et la nationale 103 au sud. Cet immense parc est riche en animaux sauvages (renards, sangliers...). L'un de ses sommets atteint 1 158 m d'altitude. Il y a longtemps, un château se dressait à Vinhais et l'on sait que le village comptait une population nombreuse bien avant la constitution du royaume. Si l'on aime la nature, cela vaut vraiment la peine d'y passer quelques jours.

A l'office du tourisme de Bragança, on peut consulter un livre très instructif consacré au parc du Montezinho ; il contient une carte sur laquelle sont indiquées toutes les routes qui sillonnent ce site naturel. Avant de partir à la découverte de ces paysages si exaltants, mieux vaut s'assurer que sa voiture est capable de circuler sur des chemins difficiles et que le plein

La faux reste un des outils traditionnels employés à Barroso.

d'essence a été fait car on ne trouve aucune station-service sur cette route.

Le Montezinho est célèbre pour son agriculture et surtout pour ses vins d'excellente qualité. Les artisanats traditionnels sont le travail du bois, le tissage et la vannerie. Les hameaux de cette région, comme ceux du Barroso, ont été très bien conservés.

Derrière Vinhais se profile une montagne, la **Cidadella**. La voie romaine qui reliait Braga à Astorga la franchissait; cette ancienne route est aujourd'hui le site de nombreuses découvertes archéologiques.

Le Montezinho connut aux XIe et XIIe siècles une émigration massive des paysans, qui partaient s'installer sur les terres plus fertiles du Sud. Les autorités locales adoptèrent une politique nouvelle pour freiner l'exode : des monastères furent fondés, et les paysans furent fortement encouragés à améliorer leurs activités agricoles. L'un des plus importants fut le **monastère de Castro de Avelãs**, à quelques kilomètres à l'ouest de Bragança. Une

Une boutique de Chaves.

partie de l'ancienne église de l'abbaye bénédictine est aujourd'hui incorporée à l'église paroissiale.

Bragança

De nombreux touristes considèrent **Bragança** comme l'endroit le plus fascinant du Trás-os-Montes. La capitale administrative de la province, qui compte 30 000 habitants, est aussi une ville universitaire, un centre agricole (élevage, vignobles, huile d'olive) et industriel (usines textiles), célèbre pour ses céramiques, activité qui remonte à la préhistoire : dans une grotte, à **Dine**, des archéologues ont mis à jour des débris de poteries datant du paléolithique.

Connue sous le nom de Brigantia, comme lieu de peuplement celtique, Bragança fut rebaptisée Juliobriga par les Romains. La ville reçut sa première franchise royale en 1187 des mains de Sanche Ier. La même année débuta la construction du château féodal des ducs de Bragance.

La maison de Bragance, dont les héritiers prétendent toujours au trône du Portugal, a gouverné le royaume de 1640 à l'avènement de la république, en 1910. Elle a également donné au Brésil ses empereurs entre 1822 et 1889. Le titre de duc de Bragance était traditionnellement porté par l'héritier du trône. Les biens de la famille de Bragance servent à soutenir une fondation de l'État portugais, la *Fundação da Casa da Bragança*. Son siège, qui comprend une bibliothèque, un musée et un centre de conférences, se trouve dans la résidence familiale du XVIᵉ siècle, à Vila Viçosa dans la province de l'Alentejo.

L'ancien **château** de Bragança est toujours visible, ainsi que la **tour de la Princesse**, qui a la réputation d'être hantée… Le donjon massif abrite un petit **musée militaire**.

A proximité s'élève la **Domus Municipalis**, également nommée Casa d'Agua («maison d'eau») étant donné que sa partie souterraine forme un réservoir. Ce bâtiment pentagonal, érigé au XIIᵉ siècle, est le plus ancien hôtel de ville du Portugal. Ses remparts crénelés et ses dix-huit tours sont presque intacts.

Enfin, la **cathédrale**, très bel édifice de la Renaissance, mérite une visite.

Bragança est la ville idéale où passer quelques jours en prévoyant des excursions dans les environs : vers le Montezinho ou au sud, en plein cœur de la province, où l'on visite plusieurs villages remarquables.

Autour de Bragança

Vers le nord, en bordure de la frontière espagnole, le petit village de **Rio de Onor** est la bourgade la plus excentrée du Portugal. Coupés du reste du pays pendant des siècles, les habitants ont fini par parler leur propre dialecte.

Le meilleur moment auquel visiter les villages qui se trouvent entre Vinhais, Miranda do Douro et Freixo de Espada-a-Cinta se situe entre Noël et l'Épiphanie (le 6 janvier). A cette époque, les fêtes liées au calendrier

Paysage médiéval à Bragança.

catholique sont très nombreuses. Le sens chrétien de ces célébrations ne leur a nullement donné une allure compassée, et les visiteurs ne manqueront pas d'être frappés par le port de masques grimaçants et de costumes spectaculaires, hérités de rites agricoles ancestraux, dont la fonction était de favoriser la fertilité de la terre, d'inciter les forces magiques de protéger les semences. L'autre période de fête est, bien entendu, le carnaval. Le mardi gras, veille du mercredi des Cendres qui marque le début du carême, quarante jours avant Pâques, les masques ressortent et les cérémonies reprennent avec la même ardeur.

Au sud de Bragança, on a accès à la frontière espagnole à **Miranda do Douro**, là où le fleuve a creusé de profondes gorges dans la roche. Ce beau village possède une ancienne **cathédrale** du XVIe siècle, construite en granit. L'intérieur comporte plusieurs retables remarquables en bois sculpté.

Le cours du Douro se dirige ensuite vers **Freixo de Espada-a-Cinta**, près de

Statue de Fernand, duc de Bragance.

la limite sud-est du Trás-os-Montes. Cinq barrages ont été construits sur le Douro à cet endroit, grâce à une collaboration étroite entre l'Espagne et le Portugal. Cet itinéraire mène à une terre peuplée par les *Mirandês*, nom qui désigne à la fois les habitants de la région et leur langue. Celle-ci est très proche du latin vulgaire et considérée au Portugal comme une relique du passé qu'on étudie dans les écoles de la région. Freixo, l'une des plus anciennes cités de la province fut fortifiée pour la première fois par les Lusitaniens, puis par les Romains, les Wisigoths et les Maures. Il ne reste malheureusement plus aucune trace de ces ouvrages. En revanche, un **château** fut construit quand Alphonse Ier Henriques accorda à la ville sa première charte : il en reste une tour à sept côtés et les vestiges des murs d'enceinte. Pour favoriser le peuplement d'une cité aussi proche de l'Espagne, Freixo reçut le statut d'abri pour les réfugiés. Certains condamnés pouvaient recouvrer la liberté s'ils choisissaient de venir habiter là et de participer à la défense de la frontière. L'**église paroissiale**, de style manuélin, ne fut achevée qu'au XVIIe siècle. Derrière le portail gothique, on découvre une remarquable chaire en fer forgé.

Si l'on choisit d'aller plus à l'intérieur des terres en partant de Bragança vers le sud, on traverse les villages de **Chacim**, dans la **Serra de Bornes**, ou de **Vila Flor**, quelques kilomètres plus loin.

Les amateurs de châteaux ne manqueront pas de visiter les ruines impressionnantes d'**Algoso**, au sud de Vimioso. Cette forteresse protège la région depuis le XIIe siècle, du haut d'une colline, la **Cabeça da Penenciada**, qui domine le **cours de l'Angueira**, 500 m en contrebas, avant qu'il ne se jette dans le **Maçãs**.

Le **Carregade de Ansiães**, isolé sur un piton rocheux, mérite une mention spéciale. Grâce aux fortifications, le village et la forteresse gagnèrent en importance au cours du règne de Jean Ier. Au XVIIIe siècle, les familles qui vivaient là ont émigré.

LA BEIRA ALTA ET LA BEIRA BAIXA

Ces deux provinces constituent une vaste région rurale dans l'est du Portugal; si elle est réputée pour être la plus défavorisée du pays, cette région est en revanche très riche historiquement. Pendant des siècles, les routes des invasions mauresques et espagnoles l'ont traversée. Il reste d'ailleurs de nombreuses forteresses pour en témoigner. Et c'est également dans la Beira que l'on peut admirer certains des plus beaux paysages du Portugal, que ce soient les sommets de l'Alta ou les plaines et les plateaux désolés de la Baixa.

Ces provinces sont bordées à l'est par la frontière espagnole, au nord par le Douro et au sud par le Tage. La limite occidentale est marquée par une ligne irrégulière qui part du Douro à environ 60 km à l'est de Porto.

Guarda

Guarda est le chef-lieu du district oriental de la Beira Alta. Il reste quelques vestiges de l'occupation romaine en dehors de la ville, près de la chapelle romane de **Póvoa de Mileu**, édifice splendide. Trois portes, la **Torre de Ferreiros** («tour du ferronnier»), la **Porta da Estrêla** («porte de l'étoile») et la **Porta do Rei** («porte du roi») subsistent du château et des remparts de la cité édifiés aux XIIe et XIIIe siècles, ainsi que le **donjon**. Du haut de ce dernier, on bénéficie d'une vue exceptionnelle sur les montagnes et les vastes plaines qui s'étendent au nord.

La **cathédrale** est en granit. Les travaux débutèrent en 1390 et ne s'achevèrent qu'en 1540, si bien que des éléments baroques et Renaissance ont été ajoutés à la structure gothique d'origine. On notera le portail gothique de la façade avec sa fenêtre manuéline, ainsi que les gargouilles. A l'intérieur, sur le grand **retable** de pierre du XVIe siècle, rehaussé plus tard de dorures, sont représentées des

scènes de la vie du Christ et de la Vierge Marie. Un riche portail Renaissance, à l'extrémité de l'aile nord, mène à la **Capela dos Pinas**, qui abrite le tombeau d'un évêque, sculpté dans le style gothique tardif.

Les habitants appellent Guarda la «ville des quatre F»: *«feia, forte, farta e fria»* (laide, robuste, cossue et froide). Laide est une question d'appréciation personnelle: peut-être la prédominance du granit gris lui confère-t-elle une certaine tristesse, mais la vieille ville est charmante. Robuste, elle l'est assurément, puisque son histoire est celle d'un roc défensif contre les Maures et la Castille. Cossue, parce qu'elle se réfère aux riches terres entourant la ville sur lesquelles sont pratiqués la viticulture et l'élevage des moutons. Et froide, elle l'est indiscutablement l'hiver. Située à 1 060 m d'altitude, Guarda est la ville la plus haute du Portugal et elle connaît d'abondantes chutes de neige, phénomène rare dans ce pays méridional.

Pages précédentes : le village de Monsanto. A gauche, la Serra da Estrêla; à droite, le sanctuaire de Nossa Senhora da Boa Estrêla.

Au sud de Guarda se dresse une chaîne de rochers aux formes si tourmentées que la ville qu'ils encerclent (dans laquelle on pénètre par de massives portes gothiques) a reçu le nom de **Sortelha** (« anneau magique »). Cet endroit a longtemps été la demeure légendaire des sorcières et des loups-garous. Ce sont sans doute des civilisations anciennes qui ont façonné certains de ces rochers, et elles y ont exploité des mines, puisqu'on peut encore voir des entrées de galeries, fermées depuis des siècles.

Au sud-ouest s'étend la **Serra da Estrêla**, chaîne de montagnes la plus haute du pays. Son point culminant est **Malhão da Estrêla** (1 993 m). Non loin de là se dresse une immense statue de la Vierge sculptée dans le rocher, lieu de pèlerinage célèbre où se rendent les fidèles le deuxième dimanche d'août. La *serra* est d'une grande beauté et mérite que l'on y fasse de longues promenades.

Dans la partie orientale de ce massif, l'ancienne cité romaine de **Covilhã** est aujourd'hui l'unique station de sports d'hiver du Portugal. Dans cette jolie ville, plusieurs églises sont dignes d'intérêt, dont **Santa Maria**, du XVe siècle, et **Santa Cruz**, du XVIe siècle.

La ville est à une altitude trop basse pour être bien enneigée, mais elle constitue le principal accès vers la haute *serra*, à **Penhas da Saúde**. Le domaine skiable n'a bien entendu rien à voir avec celui des stations alpines, mais on bénéficie tout de même de l'infrastructure nécessaire pour profiter des joies de la glisse dans une ambiance familiale. La saison s'étend de janvier à mai.

La forêt de Buçaco

La **forêt de Buçaco**, qui borde la Serra da Estrêla du côté occidental, se trouve dans la province de la Beira Litoral. Dans cette région protégée depuis des siècles, on voit plus de 300 essences d'arbres exotiques et près de 400 essences locales. Les sources et les chemins bordés de fleurs font des pro-

La forêt de Buçaco.

menades dans cette forêt un véritable enchantement.

Des moines bénédictins y établirent un ermitage au cours du VIe siècle. Vinrent ensuite des augustiniens, qui organisèrent la défense du site. Les carmes, qui édifièrent un monastère en 1628, entreprirent une vaste tâche de naturalistes en plantant notamment des spécimens de toutes les nouvelles essences que les navigateurs portugais rapportaient des grandes expéditions outre-mer.

En septembre 1810, Wellington stoppa ici la progression des armées françaises qui tentaient pour la troisième fois de conquérir le Portugal. On peut visiter, près de l'ermitage, un **musée militaire** principalement consacré à cet épisode historique.

Il reste de l'ancien monastère une **église**, le **cloître** et plusieurs cellules de moines. Un **palais royal**, édifié à la fin du XIXe siècle à proximité de l'ancien monastère, fut transformé en hôtel de luxe en 1907. Il vaut la peine d'être visité.

Luso, village proche de Buçaco, est célèbre pour son eau minérale qui coule par de nombreuses fontaines ; elle est d'ailleurs mise en bouteilles et vendue dans tout le Portugal.

Viseu

La jolie ville de **Viseu** compte environ 20 000 habitants, et elle est le chef-lieu du district oriental de la Beira Alta. Ce sont les Romains qui construisirent une cité fortifiée au IIe siècle av. J.-C. On voit encore des tronçons de voies romaines bordées de pierres qui portent des inscriptions. D'après la tradition, Viriathe, chef des Lusitaniens qui luttèrent contre la colonisation romaine, serait né en ce lieu. Un monument a été érigé à sa mémoire dans un parc de la ville, la **Cova de Viriato** ; il se dresse sur l'emplacement d'un champ de bataille où Romains et Lusitaniens s'affrontèrent. La ville devint un évêché sous l'occupation des Suèves et des Wisigoths. Du VIIIe au IXe siècle, Viseu connut alternativement des

Église de la Misericórdia à Viseu.

invasions mauresques et chrétiennes. En 1054, elle fut conquise par Ferdinand le Grand, roi de Castille et de León. Thérèse, mère d'Alphonse Ier Henriques lui octroya sa première charte en 1123.

Du XIVe au XVIe siècle, il semble que la construction de nouvelles demeures se soit concentrée dans la partie haute de la ville. A cette même époque, une colonie juive était implantée dans ces quartiers. En 1411, Henri le Navigateur devint duc de Viseu et, à la fin du siècle, les remparts de la cité furent achevés. L'agriculture était alors en pleine expansion dans la région et, à partir du XVIe siècle, la plupart des constructions se trouvèrent à l'extérieur des murs de la ville. Au cours des deux siècles suivants, on édifia à ces endroits des églises baroques, des chapelles, des fontaines et des hôtels particuliers.

L'extérieur de la **cathédrale**, du XIIIe siècle, manque peut-être de grâce, mais l'intérieur est une pure merveille. La voûte manuéline a reçu le surnom de « voûte des nœuds », en raison de ses sculptures en forme de cordages noués ; le plafond de la **sacristie** est orné de très nombreuses sculptures de satyres, d'animaux et de plantes.

L'église de la **Misericórdia** est située sur la colline qui fait face à la cathédrale. Cet édifice, avec ses deux clochers, est un bel exemple du style baroque.

Une visite au **musée Grão Vasco** permet d'admirer de belles toiles de l'école des primitifs portugais qui s'illustra à Viseu au XVIe siècle. Le nom du musée est en fait le surnom du membre le plus célèbre de l'école, Vasco Fernandes. On y découvre aussi d'autres collections (porcelaines, sculptures) d'époques diverses.

Viseu est une ville assez animée : la foire de São Mateus, qui a lieu en août et en septembre, est un événement de tout premier ordre ; la Saint-Jean Baptiste, le 24 juin, en est un autre. Et, tous les mardis, un marché propose une multitude de produits frais, de tissus, d'objets artisanaux. Viseu est

Azulejos à Viseu.

d'ailleurs réputée pour ses dentelles, ses tapis et ses poteries noires.

A 30 km à l'ouest de la cité, la route côtière qui mène à Aveiro entre dans la vallée de la Vouga, beau fleuve qui sépare deux chaînes montagneuses, la **Serra de Arada** et la **Serra do Caramulo**.

La ville de **Caramulo** est une station thermale qui possède un très beau musée ; on y admire des collections d'arts décoratifs du Moyen Age et de peintures européennes des XIXe et XXe siècles. Il présente également des voitures et des motos anciennes.

Non loin de là se trouvent la petite ville de **São Pedro do Sul** puis, à quelques kilomètres, les thermes de São Pedro do Sul, station thermale la plus fréquentée de tout le pays.

En allant vers le sud, on parvient au **barrage de Aquieira**, à l'origine d'un lac extraordinaire. Ses berges sont le havre de campeurs et d'amateurs de voile.

On arrive ensuite à **Santa Comba Dão**, ville natale de l'ancien chef de l'État du Portugal António de Oliveira Salazar. La vieille ville est encore marquée par des divisions politiques autour de cet homme politique.

Plusieurs autres villages de cette région méritent une visite. **Vouzela**, juste au sud de São Pedro do Sul, possède une belle église paroissiale du XIIIe siècle et la chapelle rococo de São Gil.

Non loin de là, **Cambra** s'est construite autour de son château en ruine.

Plus au sud, **Cova de Lobishomem** est un site d'origine celte (« grotte du loup-garou »).

Citons encore **Tondela**, près de Caramulo, et **Santar**, au sud de Viseu, sur la route de Nelas.

Sur la partie occidentale de la *serra* se niche **Oliveira do Hospital**, bourg qui appartint aux hospitaliers de Saint-Jean-de-Jérusalem. L'église paroissiale abrite les tombes des Ferreiros, la statue équestre d'un chevalier en armure et un très bel autel du XIVe siècle.

L'église pré-romane de **Lourosa**, bâtie au Xe siècle, suivant un plan basili-

Un parc dans la ville.

cal, est soutenue par des colonnes romanes et dotée de fenêtres wisigothiques typiques. Une mosquée a peut-être existé à cet emplacement.

En retournant vers la Vouga, direction nord-est, à partir de São Pedro do Sul, on parvient à une très belle route qui serpente entre la **Serra de Montemuro** et la **Serra de Leomil**, qui mène jusqu'à Lamego. Là, les Romains avaient établi une garnison et construit un pont, le **Ponte Pedrinha**, au-dessus du cours du **Paiva**.

Lamego

Lamego est une ville au passé très riche. Les Lusitaniens de la région se révoltèrent contre les Romains, qui réduisirent alors la cité en cendres. Mais, le site ayant une grande importance stratégique, l'empereur Trajan en ordonna la reconstruction. Dès le IVe siècle, la ville se convertit au christianisme et reçut le statut de *civitas*. Elle subit par la suite les invasions des Suèves, des Wisigoths, puis des Maures. Pendant des années, chrétiens et Arabes ont combattu pour la possession de Lamego. Finalement, Ferdinand le Grand, roi de Castille et de León, s'en empara, aidé par le légendaire mercenaire, le Cid. Mais le rôle le plus important que joua Lamego dans l'histoire du Portugal fut d'accueillir, en 1143, la première assemblée des *cortes*. Les nobles présents proclamèrent Alphonse Ier Henriques roi de Portugal.

Perché sur l'une des deux collines de la ville, le **château**, du XIIe siècle a conservé son donjon (XIIIe siècle), ajouré de fenêtres percées ultérieurement et contenant un inhabituel réservoir voûté, probablement d'origine mauresque.

Sur la colline voisine s'élève le monument le plus important de Lamego, l'église **Nossa Senhora dos Remédios** (XVIIIe siècle), un lieu de pèlerinage. Le splendide escalier baroque qui y mène fut commencé au XIXe siècle et terminé en 1960. Des fontaines, des statues et des pavillons marquent les quatorze stations du chemin de croix.

La **cathédrale** gothique fut construite sous l'impulsion d'Alphonse Ier Henriques, en 1129. La **tour romane** est le seul vestige du bâtiment d'origine. Le **musée municipal**, aménagé dans le palais épiscopal du XVIIIe siècle, abrite notamment des tapisseries flamandes du XVIe siècle et des œuvres du peintre Grão Vasco. Avant de quitter Lamego, il ne faut pas manquer d'aller admirer les superbes demeures des XVIIe et XVIIIe siècles qui s'y trouvent.

Près de Lamego, le village de **São João de Tarouca** possède le premier **monastère cistercien** construit au Portugal. Bien qu'ayant subi des transformations de style baroque, son abbatiale demeure caractéristique du XIIe siècle. A l'intérieur, on remarque les stalles et l'impressionnant tombeau du comte Pedro de Barcelos, fils illégitime de Denis Ier.

Au nord de Lamego, dans la vallée du **Balsemão**, reste une église wisigothique (datant du VIIe siècle et refaite en grande partie au XVIIIe siècle sui-

Fontaine de l'église Nossa Senhora dos Remédios

vant le plan originel), **São Pedro de Balsemão**, que l'on considère comme la plus ancienne du Portugal. Cet édifice abrite le tombeau d'Afonso Pires, évêque de Porto.

Dans le district de Viseu, près de **Sernancelhe**, au sud de Fonte Arcada, se trouve un sanctuaire auquel est associé un miracle : la Vierge y serait apparue à une petite bergère muette et lui aurait rendu l'usage de la parole.

Parmi les villages qui méritent une visite, il faut mentionner **Ermida do Paiva**, dont l'église construite au XIIᵉ siècle par les augustiniens est intéressante, et **Carvalhal**, qui abrite des sources thermales. Tous deux sont situés à proximité de **Castro Daire**.

Vila Nova de Paiva et les villages alentour ont été surnommés les **Terras do Demo**, «terres du diable», que les écrivains portugais ont rendues célèbres, notamment Aquilino Ribeiro dans sa romance, au XIXᵉ siècle, *Malhadindhas*.

Aguiar da Beira est l'exemple parfait d'un bourg médiéval remarquable-ment préservé. La grand-place est très belle, entourée de maisons de granit, d'un ancien donjon et d'une salle de conseil à ciel ouvert. Également à voir, une ancienne forteresse, construite sans mortier, dont l'origine remonterait à l'âge du fer.

Sur la route du Sud

La route du sud conduit au **Zêzere**, fleuve qui constitue la limite nord-ouest de la province. Entre avril et juin, ce cours d'eau devient un lieu de rendez-vous pour les kayakistes à la recherche d'eaux tumultueuses. D'autres sports nautiques se pratiquent sur le barrage de **Castelo do Bode**, où un vaste lac artificiel (400 m de long sur 115 m de large) descend jusque dans le Ribatejo. Les eaux poissonneuses du lac font la joie des pêcheurs. C'est en outre une des premières réalisations modernes dans le domaine de l'irrigation.

Un autre barrage, sur le Tage, à la hauteur de **Fretel**, marque la limite méridionale de la Beira Baixa. Cette région frontalière est désolée et le fleuve marque presque la frontière espagnole ; les gorges formées par le cours d'eau sont abruptes et seuls les véhicules tout-terrain peuvent y circuler. Du côté portugais, une ancienne **voie romaine** longe une grande partie du fleuve. A l'origine, elle allait de **Vila Velha de Rodão** jusqu'à Alcántara, en Espagne.

Le château de Monsanto

Édifié sur un promontoire rocheux, au centre d'une large vallée à 50 km au nord-est de Castelo Branco, **Monsanto** se trouvait sur l'une des principales routes empruntées par les envahisseurs du Portugal. Du château, on a une vue exceptionnelle sur les environs. L'édifice se confond presque avec le rocher, et il est si bien intégré au paysage qu'il semble avoir surgi naturellement de la terre.

Une anecdote amusante a cours sur ce château. On ne sait exactement si cette histoire s'est déroulée pendant l'invasion romaine du IIᵉ siècle av.

Vignobles près de Lamego.

J.-C., ou 1 400 ans plus tard, lors de la conquête des Maures : les habitants de Monsanto, assiégés depuis longtemps, et presque à court de vivres, firent preuve d'une grande ruse. Ils tuèrent un veau, lui remplirent la panse de riz et le jetèrent par-dessus les remparts vers les soldats en contrebas. Devant cette apparente abondance de nourriture, les assaillants, découragés, abandonnèrent le siège, estimant qu'il serait interminable. En souvenir de ce geste, une grande fête, dite des *Marafonas*, se déroule chaque année le 3 mai : un cortège de jeunes gens monte à la citadelle et les participants lancent des corbeilles de fleurs par-dessus le rempart. La majeure partie du château fut détruite au début du XIXᵉ siècle. Un soir de Noël, au cours d'un orage particulièrement violent, un éclair s'abattit sur le magasin de poudre. Les habitants de Monsanto interprétèrent cette explosion comme la manifestation de la colère divine.

A l'extérieur des remparts, les vestiges d'une église romane, **São Miguel**, se profilent au milieu de l'ancien village, ainsi que plusieurs tombeaux.

La musique traditionnelle de Monsanto est aussi surprenante qu'envoûtante. Moitié chantée, moitié psalmodiée, elle n'a pas sa pareille dans le pays. Le rythme (on ne peut pas vraiment parler de mélodie) est donné à l'aide d'un instrument carré proche du tambourin, l'*adufe*.

Castelo Branco

Brûlée l'été, glaciale l'hiver, la grande plaine d'**Idanha** s'étend vers le sud jusqu'à Castelo Branco et au-delà. On y pratique principalement l'élevage.

Castelo Branco est entouré de grands espaces boisés : des pins et des eucalyptus. C'est une ville de 25 000 habitants dont les origines se perdent dans la nuit des temps. Les débuts de son histoire « moderne » remontent à 1181. Alors baptisée Vila Franca de Cardosa, elle fut, avec ses environs, donnée aux templiers par dom Fernão Sanches. Elle reçut une charte en 1213

Les ruines des fortifications de Monsanto.

et devint une cité à part entière en 1771 sous le règne de Joseph Ier. Le vieux **château des Templiers** (le «château blanc», qui a donné son nom à la ville) bénéficie d'une vue magnifique sur la région, mais le bâtiment en lui-même n'est pas très intéressant. La vieille cité et ses ruelles étroites méritent que l'on s'y promène.

Parmi les centres d'intérêt de Castelo Branco, il faut citer deux églises, **Santa Maria do Castelo** et la **Misericórdia Velha**, édifice du XVIe siècle doté d'un beau portail, ainsi que la **Praça Velha** (également nommée Praça de Camões).

Le bâtiment le plus remarquable est le **palais épiscopal**, édifié en 1596 sous l'impulsion de dom Nuno de Norunha, évêque de Guarda. Le palais servait alors de résidence d'hiver aux évêques du diocèse; il abrite actuellement le **musée Francisco Tavares Proença Júnior**, qui présente des collections d'art portugais et d'objets préhistoriques. En 1725, l'évêque João de Mendonça ordonna l'aménagement d'un jardin autour du palais qui, ainsi orné, est devenu l'un des trésors du Portugal.

Les amateurs d'artisanat et de souvenirs emporteront un dessus-de-lit fabriqué à Castelo Branco. Depuis le XVIIe siècle, les futures mariées brodent patiemment leur dessus-de-lit nuptial. De cette tradition est née une industrie artisanale. Autrefois, ces couvre-lits étaient blancs, mais depuis quelques années, ils se font de plus en plus colorés. Les premiers motifs représentaient des figures géométriques inspirées des tapis persans.

Au nord-est de la ville, **Idanha-a-Velha** fut un siège épiscopal jusqu'en 1199, date à laquelle il fut transféré à Guarda. On peut y admirer les ruines d'une étonnante **basilique** pourvue d'inscriptions romaines. On a également retrouvé de nombreux vestiges (ossements, pièces de monnaie...). Wamba, roi légendaire des Wisigoths, serait né ici. Ces envahisseurs y furent supplantés par les Arabes au VIIIe siècle.

Le jardin du palais épiscopal de Castelo Branco.

MADÈRE

Il existe de nombreuses théories sur les origines de Madère. Les plus fantasques évoquent l'Atlantide ou l'Ancien Monde, pays des Lémuriens qui auraient un jour occupé une bonne partie de l'océan Atlantique. Les approches scientifiques évoquent une énorme éruption volcanique qui aurait donné naissance à l'archipel il y a 30 millions d'années ou plus, et qui fit de Madère ce fabuleux roc volcanique qui culmine à 6 000 m. La grande fertilité du terrain permit à la faune et à la flore de s'y multiplier en abondance jusqu'au jour où les premiers hommes sont arrivés.

De nombreuses légendes courent également sur l'époque de la découverte. On trouve des traces de l'île sur les cartes phéniciennes, florentines, puis espagnoles, mais la véritable prise de possession fut l'œuvre de l'ambitieux Henri le Navigateur.

L'archipel de Madère se situe à 608 km du Maroc. En 1418, alors qu'elles exploraient la côte ouest de l'Afrique, les caravelles de João Gonçalves Zarco (dont la statue orne à présent le centre de Funchal) et de Tristão Vaz Teixeira furent poussées vers l'ouest par la tempête pour finalement échouer sur une île déserte qu'ils appelèrent, par reconnaissance sans doute, Porto Santo.

Deux ans plus tard, des navigateurs y retournèrent, découvrant cette fois une île montagneuse couverte d'une riche végétation à 37 km au sud-ouest de la première. Ils l'appelèrent Ilha da Madeira («île du bois»): c'est l'actuelle Madère. Les riches forêts éblouirent les premiers explorateurs. Elles se composaient principalement de lauriers (environ 70 espèces différentes), d'arbres exotiques et de fleurs multicolores que les premiers colons n'hésitèrent pas à faire brûler pour cultiver les terres. Ils furent ensuite dans l'impossibilité d'éteindre ces incendies, qui durèrent sept ans. Les colons, désemparés, se réfugièrent dans une vallée pourvue d'un torrent baptisé

pour l'occasion Ribeira dos Socorridos (torrent des «rescapés»). Par bonheur, des colons installés ultérieurement ont contribué au reboisement de l'île, qui ne fut pas trop difficile grâce à l'humidité qui la caractérise. En effet, la pluie, l'orage et l'arc-en-ciel sont les motifs récurrents du paysage.

L'archipel se constitue de quatre groupes d'îles: ceux, inhabités, des Selvagens et des Desertas, Porto Santo (4 700 habitants) et Madère. Appelée «le jardin botanique de Dieu», cette dernière remporte tous les suffrages.

Funchal

Madère compte environ 280 000 habitants répartis sur 741 km². Sa capitale, **Funchal**, se situe au milieu d'une large baie, dans le sud de l'île. Son nom fut inspiré par le *funcho*, le fenouil sauvage que les premiers explorateurs trouvèrent dans la plaine voisine. Celle-ci est dominée par un amphithéâtre de collines cultivées en terrasses, qui la protège des vents du nord.

Pages précédentes: cultures en terrasses dans l'archipel. A gauche, un hôtel en bord de mer, à Funchal; à droite, une sortie d'église.

L'un des meilleurs moments pour visiter Madère est certainement la période du nouvel an, car le climat y est doux et les festivités y battent leur plein. La nuit du réveillon, la baie est illuminée d'une multitude de bateaux de plaisance et les arbres, les demeures et les églises croulent sous les décorations de Noël. La côte s'étire comme une gigantesque guirlande saupoudrée de milliers de pigments colorés.

De nombreuses autres fêtes sont à l'honneur dans l'île : on célèbre la pomme à **Camacha** et à **Ponta do Pargo**, la noisette à **Curral das Freiras**, et **Porto Moniz** organise une exposition agricole annuelle.

L'une des particularités les plus impressionnantes de la ville est sans doute le **grand toboggan**. C'est une utilisation ingénieuse de l'inclinaison naturelle de la ville. Cette façon de se déplacer provient du système employé pour transporter les produits fermiers jusqu'au port. On s'assoit dans le *carro de cesto* pour dévaler les ruelles à partir du **Monte**, colline très abrupte qui surplombe la ville. Il s'agit d'un petit fauteuil en osier attaché à des poulies en bois maintenues et guidées par des hommes vêtus, comme au XIXᵉ siècle, d'un canotier et d'un costume blanc. A l'époque, on appelait ce moyen de transport *palanquins* ou *lazarettos*, selon qu'il servait à transporter des personnalités (le fauteuil étant alors plus élaboré) ou des personnes malades, incapables de marcher (et qui séjournaient à Madère pour les bienfaits de son climat). On envisagea dans les années 30 d'utiliser ce moyen pour descendre le Pico de Arieiro, mais un accident survenu pendant les travaux de damage de la route interrompit le projet.

Une promenade dans la ville mènera au **Mercado dos Lavradores** (« marché des travailleurs »), qui propose une variété infinie de fruits et légumes exotiques. On y trouve également du poisson et notamment le fameux *espada* (poisson-épée) présent dans presque tous les menus des restaurants

Mercado dos Lavradores à Funchal.

de l'île (à ne pas confondre avec l'*espatada*, à base de bœuf), au même titre que la sardine, le maquereau, le thon et le rouget.

L'*espada* est une spécialité de Madère à ne pas manquer. C'est un poisson difficile à prendre car il vit entre 200 et 1 000 m de profondeur, et seuls les hommes de **Câmara de Lobos**, « la chambre des loups », se chargent de cette pêche (ainsi que de celle du cachalot). Ce port fut le premier de Madère avant que Funchal ne lui succède, en 1421. Il avait été ainsi baptisé par Zarco à cause des nombreux loups de mer qui vivaient dans ses eaux. Les pêcheurs d'*espada* utilisent des lignes pouvant faire 1 km de long et dont les appâts sont accrochés à intervalles réguliers de 2 m. Les prises peuvent s'élever à 1 500 t par an. L'*espada* est un mystère pour les scientifiques à cause de la profondeur à laquelle il vit ; on découvrit son existence il y a 150 ans seulement.

On aura un aperçu de la vie sur l'île au siècle passé en visitant le **musée Photographia Vicentes**, dans la rue Carreira, qui possède une grande collection de photographies anciennes remontant à 1865, époque à laquelle la famille Vicentes se lança dans l'exploitation de cette nouvelle découverte.

De la place principale de Funchal, la **Praça do Município**, partent des autobus qui desservent la plupart des hôtels, situés dans la partie ouest de la ville. C'est une place élégante, pavée de pierres noires et blanches, bordée de grands bâtiments clairs. Une **église jésuite** et un collège, fondés en 1569, en occupent la partie nord alors que la **Câmara Municipal** (mairie), datant du XVIIIe siècle, en occupe la partie est. Elle était à l'origine le palais du comte de Carvalhal. Il possédait aussi la **Quinta do Palheiro Ferreiro**, située à 8 km de Funchal, et dont les riches jardins sont ouverts au public. Au sud de la place, le **Museu de Arte Sacra** conserve une très belle collection de peintures flamandes des XVe et XVIe siècle, acquise lors des transactions de sucre, « l'or blanc », que firent Madère et les Flandres.

Fleurs exotiques à Madère.

La canne à sucre avait été importée en 1425 de Sicile par les émissaires d'Henri le Navigateur. Au début du XVIe siècle l'île fournissait 1 600 t de sucre à l'Europe. Peu après, le produit fut cultivé dans les colonies d'Amérique et Madère cessa d'être compétitive. Désormais, le sucre local sert surtout à la fabrication des liqueurs et des vins.

L'influence anglaise

L'une des traces les plus marquantes de la présence anglaise est l'hôtel Reid's. Son charme et son luxe surannés enveloppent les visiteurs d'aujourd'hui comme les aristocrates du XIXe siècle qui avaient le privilège de le fréquenter.

Mais les Anglais ont laissé bien d'autres souvenirs dans l'île. On remarquera un goût prononcé pour les meubles en rotin, importés d'Orient. Le travail sur bois tendre est à l'origine de l'exploitation de l'osier, désormais industrialisé à Camacha.

La broderie (*bordados*) est aussi un souvenir britannique. Importée par Elizabeth Phelps dans les années 1850, elle fut exploitée par la famille allemande Kiekebens, qui en fit presque un art en en compliquant les motifs et les couleurs. Max Kiekebens, le père de famille, peignait des toiles de maîtres sur les canevas et les faisait broder. Cela nécessita une grande recherche dans le domaine de la teinture des fils. Il existe désormais une palette de 2 500 couleurs.

Un bref passage du fameux capitaine Cook est signalé à Madère par un étrange dessin gravé sur le mur extérieur de la taverne Ole Monte qui serait un portrait de ce grand explorateur.

Les vins de Madère

Le vin fut à l'origine de la rapide colonisation de l'île. Dès les années 1450, des marchands de Lisbonne y avaient planté de nombreux vignobles, dans lesquels travaillaient des esclaves en

Vin de Madère.

provenance d'Afrique et des îles Canaries (à 416 km au sud).

Au XVIIᵉ siècle, la plupart des cultures en terrasses de Madère produisaient le vin fortifié du même nom. Les vignes avaient été importées de Crète et de Chypre par Henri le Navigateur. Parmi les cépages, le malvoisie donna naissance aux grands vins portugais dès le XVIᵉ siècle.

Le madère s'obtient par fermentation du moût de raisins blancs et noirs au soleil et à la chaleur naturelle. C'est au XVIIIᵉ siècle que l'exportation de madère vers le Royaume-Uni s'accrut. On découvrit alors que la longue route de ces vins sous climat tropical en améliorait le goût. Ce constat entraîna le recours à un procédé de maturation rapide, l'*estufagem* ou « mise en étuve » de plusieurs mois. On peut goûter principalement quatre types de madères : le *verdelho*, vin demi-sec, ambré, que l'on boit plus volontiers à l'apéritif ; le *bual*, vin demi-doux, de robe plus claire, dont le cépage est originaire de Bourgogne ; le *malmsey*, doux, issu du cépage de malvoisie qui lui a donné son nom, et dont le léger goût de brûlé a fait la notoriété ; le *sercial*, d'arôme puissant, issu d'un raisin qui pousse à 500 m d'altitude.

Funchal compte de nombreux bars où l'on peut goûter dans une ambiance conviviale ces différents vins : **Oliveras** et **Henriques & Henriques**, dans la Rua dos Ferreiros ; **Adegas de São Francisco**, au 28 de l'Avenida Arriaga.

Le plus remarquable, dans l'aventure du vin de Madère, est la façon dont les viticulteurs ont sculpté l'île. Bien que très fertile grâce à la nature volcanique du sol, le terrain est rocheux, vallonné et difficile à cultiver, comme le prouvent les nombreuses cultures en terrasses ou *poios*.

Pour rendre la culture possible, un énorme travail d'irrigation a été nécessaire. On appelle *levadas* le réseau des tuyaux qui parcourent l'île afin d'en arroser tous les vignobles. Il existe à présent 2 136 km de ces tuyaux d'irrigation. L'eau est drainée des sommets

Le paysage montagneux de Madère.

des montagnes et vient abreuver ces belles vignes ainsi que les autres fruits, telle la banane qui est le premier produit exporté par l'île. Mille trois cents hectares de bananeraies sont perchés sur les terrasses ainsi que de nombreux fruits tropicaux.

Une île volcanique...

D'est en ouest, les volcans éteints et les montagnes nées des éruptions se suivent dans un paysage remodelé par la main de l'homme.

Le plus haut sommet est le **Pico Ruivo** (1 862 m). Non loin de là s'élève le **Pico do Arieiro**, d'où l'on a un point de vue magnifique. Une *pousada* y accueille les voyageurs. C'est une halte à privilégier, d'autant plus que l'on peut rejoindre à pied le Pico Ruivo. Un sentier haut perché rejoint aussi **Achada do Teixeira**.

Ces sommets impressionnants descendent jusqu'à de belles plages jalonnées de petits villages dont les plus admirables sont **Ribeira Brava** et **São Vicente**. A **Cabo Girão**, la roche de 580 m tombe à la verticale. Dans les régions sauvages du nord de Madère, des routes ont été creusées dans la roche. Il est recommandé de faire attention dans les tunnels car les accidents de voiture sont fréquents.

... et luxuriante

La terre, d'une remarquable fertilité, a permis la profusion mais aussi l'importation de plantes tropicales qui se sont très bien adaptées au climat humide de l'île. C'est en particulier le cas dans le **Parque de Queimadas**.

On s'arrêtera dans le village de **Santana**, dont les petites chaumières sont très particulières : leurs couleurs vives, leurs façades à pignons pointus et leurs toits de chaume méritent d'être vus. De plus, le village est bordé par le domaine forestier de **Ribeiro Frio**, d'où l'on peut partir en randonnée jusqu'à **Portela** ou **Balcãoes** (l'un des plus beaux points de vue de l'île). L'intérieur de l'île est encore plus

Maison traditionnelle de Santana.

luxuriant que le littoral car la forêt est très arrosée par les pluies. En ce qui concerne les essences touchées par les incendies du XVᵉ siècle, elles ont été en majorité remplacées par des forêts de pins.

L'île mystérieuse

Madère recèle de nombreux secrets que l'on découvre si on se donne la peine de s'enfoncer à l'intérieur des terres. On peut par exemple s'aventurer dans le **Curral das Freiras** (l'«étable des nonnes»), cratère que, jusqu'aux années 50, on ne pouvait atteindre que par des chemins très abrupts. Cette vallée a hérité son nom de l'aventure des nonnes du couvent Santa Clara, à Funchal, qui s'y réfugièrent afin d'échapper aux pirates qui envahirent la ville en 1566.

L'ouest de la **Ribeira Brava** est un plateau austère et brumeux dominé par une énorme statue blanche, **Nossa Senhora da Montanha**, qui est supposée surveiller les troupeaux.

Le travail de l'osier.

La partie est de l'île est moins montagneuse et donc mieux aménagée du point de vue touristique. C'est là que se trouvent l'aéroport, le parcours de golf, les fermes et **Machico**, seconde ville touristique de Madère.

Tout près de là, **Caniçal** était le lieu principal de la pêche à la baleine jusqu'en 1981, date à laquelle celle-ci fut interdite (on visite le **Museu da Baleia**). Le village s'est recyclé dans la pêche au thon et dans le tourisme.

Des vedettes permettent la visite de la **Ponta de São Lourenço**, étroite péninsule formée de roche volcanique et dotée de la longue plage de **Prainha** qui s'étend aux pieds de l'ermitage de **Nossa Senhora da Piedade**. Le bout de l'île n'est accessible par la route que depuis les années 1950. Cependant, il faut terminer à pied si l'on veut bénéficier des vues splendides qu'offre ce lieu reculé (comme celle du belvédère de la **Ponta do Resto**).

Sur cette pointe, le climat se rapproche de celui que l'on trouve à Porto Santo, plus sec.

Les autres îles de l'archipel

Porto Santo est une île austère que l'on atteint par bateau ou par avion tous les jours au départ de Funchal. Elle fait 12 km de long sur 6 km de large et possède, contrairement à Madère, une plage de sable de 9 km. Cette île au sol aride a toujours été ignorée au profit de Madère.

Sa capitale, **Vila Baleira**, où vivent presque tous les habitants de Porto Santo, ne présente aucune attraction particulière pour les visiteurs. On peut, au départ de la ville, faire une randonnée vers le **Pico de Facho** (517 m d'altitude), qui offre de beaux points de vue, de même que le **Pico do Castelo**.

Un autre groupe d'îles, les **Ilhas Desertas**, se trouve à 16 km à peine au sud-est de Madère ; ce sont des réserves naturelles et leur flore recèle la très rare orseille (lichen dont on tire une matière colorante rouge). On les visite en bateau au départ de Funchal.

Les **Ilhas Selvagens**, à 216 km au sud, sont moins hospitalières encore.

LES AÇORES

Ces neuf îles volcaniques sont particulièrement séduisantes, tant par leur histoire que par leur beauté naturelle. Elles s'égrènent sur 560 km d'est en ouest et abritent environ 240 000 habitants, population qui a baissé depuis les années 1950 (318 000 habitants).

Des terres cultivées et verdoyantes s'étendent aux pieds des nombreuses *caldeiras* (cratères d'effondrement) qui rythment le paysage.

La découverte

Ces îles avaient déjà été visitées par les Carthaginois, les Arabes et les Italiens. Elles furent conquises par les Portugais (grâce à l'initiative d'Henri le Navigateur, qui y envoya Gonçalo Velho Cabral) entre 1432 et 1457. Ces derniers donnèrent son nom à l'archipel. Ils avaient été pour cela inspirés par la multitude d'*açores* (« autours » : sorte d'épervier) qui volaient au-dessus des îles. La présence de ces oiseaux avait d'ailleurs fait croire aux explorateurs qu'une malédiction pesait sur les lieux.

Les Açores constituaient pour tous les navigateurs un havre de paix, une escale. Tour à tour sous occupation espagnole ou portugaise, ces îles furent l'objet de nombreux enjeux économiques.

Les habitants des Açores se sont toujours tenus à l'écart de la politique de Lisbonne. Au XIXᵉ siècle, durant la guerre civile qui opposa les deux fils de Jean VI (à la mort de ce dernier en 1826), les insulaires ont préféré soutenir le libéral dom Pedro IV contre l'absolutiste dom Miguel, qui avait l'appui d'une grande partie du Portugal.

Pendant la Seconde Guerre mondiale, les Portugais permirent aux Britanniques puis aux Américains de se servir de cet archipel comme base aérienne et maritime (malgré les sympathies de Salazar pour l'Allemagne). Enfin, en 1976, les Açores obtinrent une certaine autonomie politique.

Pages précédentes : São Miguel, la plus grande île de l'archipel. A gauche, les côtes de São Miguel ; à droite, moulin à vent à Faial.

La vie dans l'archipel

L'archipel est le siège du fameux anticyclone des Açores. Un anticyclone est une zone de hautes pressions dont la particularité est d'être mobile. Or celui des Açores est stationnaire et maintient ainsi un temps relativement stable sur l'ensemble de l'Europe. En revanche, l'archipel est très peu ensoleillé.

Les insulaires vivent principalement d'agriculture et de pêche. Cependant, le tourisme est le secteur le plus prometteur. Des liaisons quotidiennes sont assurées avec Lisbonne. Situé à deux heures de la métropole et à quatre heures de New York, l'archipel propose des vacances simples sous un climat doux (de 14°C l'hiver à 23°C l'été) auquel manque cependant le soleil (il faut prévoir des vêtements de pluie). On peut tout de même profiter des plages auxquelles le terrain volcanique a prêté sa sombre couleur de basalte. La température de l'eau oscille entre 23°C en août et 18°C en jan-

vier. La qualité du réseau aérien et maritime permet de se déplacer aisément et de manière peu onéreuse d'une île à l'autre.

Entre autres spécialités culinaires, on retiendra de délicieux pains ainsi que des fromages introuvables en métropole. La cuisine n'est pas aussi bonne et variée que sur le continent, mais on peut déguster d'excellents poissons grillés (murène, espadon, thon), ainsi que d'autres produits de la mer (langoustes, poulpes, etc.). Il existe également de nombreux fruits exotiques.

Ce sont les paysages qui sont l'attrait principal de ces îles : lacs de cratères, sources chaudes, coulées de lave solidifiée (appelées *mistérios*), arbres immenses, bosquets d'hortensias. En outre, l'humidité et la richesse du terrain ont permis à de multiples essences végétales importées de prospérer. L'Archipel séduit par la variété de ses fleurs, dont la plupart ont été importées de France, du Liban, du Japon (le cryptomeria est l'arbre le plus représenté dans l'archipel) ou encore du Brésil.

Les îles forment trois groupes : São Miguel et Santa Maria à l'est (« groupe oriental ») ; Terceira, São Jorge, Graciosa, Faial et Pico au centre ; Flores et Corvo à l'ouest (« groupe occidental »).

Le « groupe oriental »

São Miguel est la plus grande des îles (65 km de long sur 16 km de large) et la plus peuplée (125 900 habitants). Sa capitale, **Ponta Delgada**, se situe dans le sud et abrite le port principal de l'archipel ainsi que l'aéroport international. La ville est célèbre pour ses jardins exotiques et son front de mer qui compte de belles portes du XVIIIe siècle, un fort de 1552 et de nombreuses églises, dont **Matriz de São Sebastião**, du XVIe siècle. D'autres monuments sont intéressants, comme les **Palácios da Conceição** ou de **Fonte Bella**. De la **Reduto da Mãe de Deus**, on a une vue d'ensemble de la ville.

Un moyen de transport très courant.

En 1944, une batterie anti-aérienne qui y était installée abattit par erreur l'avion du général Eisenhower, en route pour les États-Unis. Le **musée Carlos Machado** (Rua João Moreira, à l'ouest de la redoute) présente d'intéressants documents sur l'ethnographie et l'histoire naturelle de l'archipel.

Il est facile de louer une voiture pour visiter São Miguel, seule île à posséder un grand nombre d'agences de location (ailleurs, il est plus intéressant de prendre des taxis).

Dans la partie ouest de l'île s'étendent deux lacs jumeaux, l'un vert et l'autre bleu, à l'intérieur d'un cratère de 12 km de circonférence. La légende veut qu'ils soient nés des larmes d'amour versées par un berger et une princesse. Le nom du cratère qu'ils occupent, la **Caldeira das Sete Cidades**, (cratère des sept cités ») fut inspiré du mythe des sept cités édifiées par les sept évêques venus se réfugier dans l'île afin d'échapper aux Maures.

Les portes de Ponte Delgada.

Au nord de la capitale, sur la route du lac, on passe devant une plantation d'ananas (qui se visite) ainsi que des champs de tabac. Plus loin, la ville de Ribeira Grande est entourée de plantations de thé. En continuant à l'ouest de Ponta Delgada, on longe de nombreuses plages dont celle de **Caloura**, où s'est installé un centre de plongée sous-marine. On arrive enfin à **Vila Franco do Campo**, ville qui compte trois jolies églises : São Miguel, São Pedro et Santo André.

Sur la route nord-est, en passant devant le lac de cratère de Lagoa das Furnas, on arrive à **Furnas** (grottes). Cette région d'activité volcanique contient des sources thermales réputées pour le traitement des affections des voies respiratoires, des rhumatismes et des états asthéniques. Dans cette région, on a également découvert des eaux sulfureuses en ébullition qui jaillissent en crachant leurs brûlantes émanations. Les trous qu'elles provoquent ont souvent été bouchés d'un couvercle, ce qui permet aux insulaires de cuire leur fameux *cozido à Furnas*, spécialité qui consiste à faire

cuire un poulet entouré d'un torchon sur ces fours naturels. On creuse parfois les fissures naturelles pour aménager ces fours (à **Lagoa das Furnas**).

Aux alentours, dans d'agréables jardins botaniques datant du XVIIIᵉ siècle (le **Parque Terra Nostra**, dessiné par l'Anglais Thomas Hickling) se côtoient de nombreuses essences et une piscine d'eau ferrugineuse chaude permet de très agréables bains.

A 8 km de là, on atteint **Ribeira Quente**, village dont la grève et le bord de mer sont réchauffés par les sources souterraines.

Au centre-nord de l'île, **Ribeira Grande**, seconde ville touristique de São Miguel, compte de jolies demeures des XVIᵉ et XVIIᵉ siècles. Au sortir de l'agglomération, des fumerolles témoignent de l'activité volcanique des lieux.

L'île de **Santa Maria**, qui ne fait que 17 km sur 9 km, est paisible, et ses petites maisons rouges et blanches rappellent le style de l'Algarve (d'où les premiers immigrants étaient originaires). C'est la seule île des Açores dont le volcan soit éteint, et qui ne possède pas de lac de cratère. Ses plages sont d'un jaune éclatant car le sol contient du calcaire miocène.

Au nord de l'aéroport, à **Anjos**, s'élève l'église **Nossa Senhora dos Anjos**, récemment reconstruite, où Christophe Colomb serait venu prier au retour de son premier voyage.

La ville principale est **Vila do Porto**, nichée dans une crique du sud sur un plateau basaltique. A côté du village, la **Praia Formosa** est la plage la plus agréable des Açores. On pourra ensuite grimper le **Pico Alto** (587 m), qui offre une belle vue sur l'ensemble de l'île. De l'autre côté de l'île, on ne manquera pas d'admirer l'ancien cratère qui forme aujourd'hui la magnifique baie de **São Lourenço**.

Les îles du centre

Terceira est une île de 29 km sur 17 km dont la capitale, **Angra do Heroismo**, a une riche histoire. Elle fut le port d'escale des galions (à l'époque où l'île

Furnas.

était colonie espagnole) qui rentraient du Pérou chargés de trésors. Ravagée par un tremblement de terre en 1980, la ville émerge à peine de ce désastre, mais des travaux lui ont rendu toute sa beauté.

Le cratère central de l'île, la **Caldeira de Guilherme Moniz**, est très large ; son périmètre est de 15 km.

De là, on peut faire une excursion à **São Jorge**, île de 56 km de long sur 8 km de large qui accueille peu de visiteurs ; si l'on veut y séjourner, on logera à **Velas**, île peu connue qui produit un fromage exporté en grande quantité, le *queijo da ilha*.

Graciosa est une petite île couverte de fleurs et émaillée de cascades qui camouflent de mystérieuses grottes. La **Furna do Enxofre** est un gouffre situé dans un cratère accessible après une descente de 182 marches de pierre. On débouche sur un lac d'eau sulfureuse tiède.

Les principaux intérêts de **Pico** sont le volcan du même nom, et les étonnants *mistérios*. Les plus beaux sont

Vue sur le volcan de Pico à partir de Faial.

ceux de Prainha, de Santa Luzia et de São João. Il est possible de grimper sur le Pico, qui est d'ailleurs la plus haute montagne du Portugal (2 351 m). Il faut compter trois heures pour accéder au cratère. Il vaut mieux être accompagné par un guide car l'ascension est assez difficile.

On peut également visiter un petit **musée de la Pêche à la baleine** (le Museu dos Baleeiros), qui relate l'essor fructueux de cette activité à partir du XVIIIe siècle. Une belle collection de dents de cachalot sculptées en témoigne. Des bateaux affrétés pour le tourisme permettent d'aller au large regarder les baleines.

Face à l'île de Pico, **Faial** est mieux connue que les autres îles : son port, **Horta**, est une escale appréciée des marins. La ville est agréable et son patrimoine assez riche. En 1957, à **Ponta dos Capelinhos**, l'éruption d'un volcan sous-marin a laissé une immense dune de poussière grise (la **Praia da Faja**). L'île est cependant très colorée du fait des innombrables hortensias bleus qui lui ont donné son surnom d'« île bleue ». On y pratique la pêche sous-marine, le golf et le tennis.

Le « groupe occidental »

A l'ouest, **Flores** (17 km sur 12 km) est, comme son nom l'indique, une île très fleurie. Un climat particulièrement pluvieux a engendré sa luxuriante végétation.

On visitera le village de **Fajãzinha** dominé par un cascade de 300 m, ainsi que les **Rochas das Bordões**, roches de basalte parsemées de bouquets d'hortensias. L'île, dominée par le **Morro Alto** (914 m), fut la dernière à être colonisée (au XVIe siècle), du fait de sa difficulté d'accès.

On s'envolera ensuite pour la petite île de **Corvo** (6 km sur 4 km), également accessible en bateau depuis Flores. Elle abrite 400 habitants et ne propose aucun logement ; on ne peut donc s'y rendre qu'en excursion. On visitera son lac de cratère (3,5 km de tour et 300 m de profondeur), dont les petites îles forment une sorte de carte des Açores.

INFORMATIONS PRATIQUES

PRÉPARATIFS ET FORMALITÉS DE DÉPART

PASSEPORT, CARTE D'IDENTITÉ

Les citoyens des pays membres de l'Union européenne âgés de plus de dix-huit ans peuvent entrer au Portugal pour une durée de deux mois sur présentation d'une carte d'identité de moins de dix ans et pour un séjour de trois mois sur présentation d'un passeport. Les jeunes de moins de dix-huit ans voyageant seuls doivent être munis d'une autorisation de sortie du territoire. Un visa touristique ne donne pas le droit de travailler sur le sol portugais.

Pour prolonger la durée du séjour, s'adresser au service de l'Immigration, à Lisbonne :

Serviço de Extrangeiros
Rua Consilheiro José Silvestre, 1,
tél. (21) 714 23 28

● **Ambassades du Portugal**

Belgique
55, avenue de la Toison d'Or, 1050 Bruxelles,
tél. (32) 2 533 07 00
Canada
645 Ireland Park Drive, Ottawa QIY OB8,
tél. (613) 539 35 21
France
3, rue de Noisiel, 75016 Paris,
tél. 01 47 27 35 29
Suisse
Weltpoststrasse 20, 3005 Berne,
tél. (41) 31 351 17 73

OU SE RENSEIGNER

On peut obtenir tous types de renseignements touristiques auprès des offices du tourisme.

Belgique
129-A, avenue Louise, 1050 Bruxelles,
tél. (2) 513 89 40
Canada
500 Sherbrooke W, suite 930,
Montréal PQ H3 A3 C6, tél. (514) 843 46 23
France
135, boulevard Haussman 75008,
tél. 01 56 88 30 80
Suisse
50, quai Gustave-Ador, 1207 Genève,
tél. (22) 909 70 00

SANTÉ

Sur présentation du formulaire E111 (à retirer avant le départ auprès d'un centre de la Caisse primaire d'assurance maladie), les Français ont droit aux prestations prévues par la législation du pays. Ce formulaire permet aussi d'obtenir le remboursement des frais médicaux engagés sur place.

ALLER AU PORTUGAL

EN AVION

Plusieurs compagnies assurent des vols à partir de Paris, de Lyon, de Marseille, de Genève et de Bruxelles. Les avions atterrissent à l'aéroport de Sacavém, au nord de Lisbonne. Il existe aussi des liaisons régulières entre Paris et Porto, Paris et Faro (Porto, Faro, Funchal, Porto Santo, Terceira, Ponte Delgada ont un aéroport international).

Air France
74, boulevard Auguste-Blanqui, 75013 Paris,
Renseignements et ventes : *tél. 0 820 820 820*
Air Inter
8, rue Villedo, 75008 Paris,
tél. 08 36 69 89 69
Air Lib
45, avenue de l'Opéra, 75002 Paris
tél. 08 25 80 58 05
Portugalia
– A.P.G, 66, avenue des Champs-Élysées,
75008 Paris, tél. 08 03 08 38 18
– Strasbourg, tél. 03 88 37 57 17
Vols de Mulhouse à destination de Lisbonne trois fois par semaine.
T.A.P. (Air Portugal)
4, rue Ferrus, 75014 Paris,
tél. 08 02 31 93 20
Air Portugal propose 28 vols hebdomadaires pour Lisbonne au départ d'Orly Sud et 3 au départ de Nice et de Lyon. Les départs pour Porto (21), Faro et Funchal (2 et 3) se font au départ de Paris. Air France propose autant de vols sur Lisbonne (au départ de Charles-de-Gaulle). Air Inter et Air Lib partent d'Orly Sud et desservent Lisbonne et Porto quotidiennement.

Toutes les compagnies de transports proposent des vols charters et des circuits touristiques qui peuvent être très bon marché (départs de Paris, Lyon, Mulhouse, Quimper, Nantes, Rennes, Bordeaux à destination de Lisbonne et d'autres villes du Portugal).

Les autres pays francophones, Suisse, Belgique et Canada, proposent également des charters à destination du Portugal.

EN TRAIN

Il existe une liaison quotidienne Paris-Lisbonne via Irún (en Espagne) au départ de la gare Montparnasse. Le TGV *Atlantique* part à 16 h 05 et arrive à Irún à 21 h 36. Il faut ensuite prendre un train couchette qui part vers 22 h et arrive le lendemain à 10 h 25 à la gare Santa Apolónia, à Lisbonne.

On peut également prendre un train de nuit à Paris-Austerlitz, mais, dans ce cas, il faut passer une journée à Irún ou à Madrid.

Il existe plusieurs réductions en France (cartes pour les jeunes, familles, vermeil, etc.) et au Portugal (à l'occasion d'un pèlerinage, on obtient jusqu'à 20 % de réduction). La carte Interrail donne des réductions aux jeunes dans toute l'Europe.

EN AUTOCAR

La compagnie Eurolines relie Paris (et, sur son trajet, les principales villes françaises) à Lisbonne en vingt-quatre heures.

Eurolines
Gare routière internationale de Paris Gallieni
28, av. du Général-de-Gaulle,
93541 Bagnolet cédex,
tél. 08 36 69 52 52

A SAVOIR
UNE FOIS SUR PLACE

DOUANES

On autorise 300 cigarettes et 5 l d'alcool à l'entrée en territoire. Les Canadiens ont droit à 200 cigarettes et à 2 l d'alcool. Pour plus d'informations, appeler les renseignements douaniers au numéro suivant :

Renseignements douaniers
Tél. 01 49 95 58 61

MONNAIE

Depuis janvier 2002, date officielle de la mise en application de la monnaie européenne, l'unité monétaire est l'euro (€). Il a remplacé l'escudo ($), 1 euro valant 200,482 escudos. Il existe des billets de 500, 200, 100, 50, 20, 10 et 5 euros, des pièces de 5, 2, 1 euros et de 50, 10, 5, 2 et 1 centimes. Le taux de change est de 0,68 euro pour 1 dollar canadien et de 0,66 euro pour 1 franc suisse.

Les chèques de voyage sont acceptés dans toutes les banques ; en revanche, il vaut mieux éviter de les utiliser dans les boutiques, car il est prélevé dans ce cas une commission importante. Les cartes de crédit internationales (Visa, Eurochèque, Eurocard, et American Express) sont acceptées dans les principaux hôtels, les restaurants et les magasins, et on trouve des distributeurs de billets (*caixas automaticas*) du réseau national, Multibanco, un peu partout.

HEURES D'OUVERTURE

La plupart des magasin sont ouverts du lundi au vendredi de 9 h jusque vers 13 h, puis de 15 h environ jusqu'à 19 h. Elles ferment le samedi après-midi ainsi que les dimanches et les jours fériés.

Les banques sont ouvertes du lundi au vendredi, de 8 h 30 à 11 h 45 et de 13 h à 14 h 45. Elles sont fermées le samedi, le dimanche et les jours fériés.

JOURS FÉRIÉS

La liste qui suit indique les jours qui sont fériés dans tout le Portugal.

1er janvier : jour de l'an
25 avril : anniversaire de la révolution
10 juin : Fête du Portugal et de Camões
13 juin : Saint-Antoine (à Lisbonne)
24 juin : Saint-Jean (Porto principalement)
15 août : Assomption de la Vierge
5 octobre : anniversaire de la république
1er novembre : Toussaint
1er décembre : anniversaire de l'indépendance
8 décembre : Immaculée Conception
25 décembre : Noël

Les fêtes mobiles sont celles qui dépendent de la date de Pâques, c'est le cas du Mardi gras (en février ou en mars), du Vendredi saint (en avril), et de la Fête-Dieu, ou Corpus Christi (en juin).

POSTES ET TÉLÉCOMMUNICATIONS

● **Postes**

Les principaux bureaux de poste sont ouverts du lundi au vendredi entre 9 h et 18 h. Les autres ferment généralement à l'heure du déjeuner, entre 12 h 30 et 14 h 30. Dans les grandes villes, certaines postes restent ouvertes le week-end.

Le courrier est distribué tous les jours du lundi au vendredi. Dans les quartiers d'affaires des grandes villes, il existe deux distributions quotidiennes.

Pour acheter des timbres, il faut se présenter au guichet marqué *selos*. Pour envoyer ou recevoir des paquets, aller au guichet *encomendas*.

Le courrier à destination de l'Europe peut mettre de deux jours à deux semaines selon la destination et l'encombrement du trafic. Il ne faut pas oublier d'inscrire *via aerea* pour tous les envois par avion.

Les postes portugaises (*caixas postais*) bénéficient des mêmes services qu'en France, notamment les envois en urgence (*expreso*), le système de la poste restante (*posta restante* : bien spécifier l'adresse du bureau dans les grandes villes) ou l'assurance pour les colis (*seguro*).

● Téléphone

Les cabines téléphoniques fonctionnent avec des cartes (*credifones*), qui s'achètent dans les bureaux de poste et les kiosques à journaux.

Il est également possible de téléphoner de la poste : on demande une cabine au guichet et l'on paye à la fin de la communication. A Lisbonne, le centre téléphonique du Rossio est ouvert tous les jours entre 9 h et 23 h, et à Porto également, Praça da Liberdade.

La plupart des bars et des hôtels proposent également des téléphones publics, mais il faut s'attendre à payer le double du prix pratiqué dans les postes et les cabines.

Se renseigner dans les postes sur le numéro à faire pour obtenir une opératrice parlant français et sur les indicatifs à composer pour avoir une communication avec l'étranger.

Pour appeler à l'étranger

Composer le *00* (l'international) puis l'indicatif du pays (*33* pour la France, *32* pour la Belgique, *41* pour la Suisse et *1* pour le Canada) suivi du numéro du correspondant (en omettant le *0* initial pour la France). Composer le *098* pour obtenir une opératrice parlant français.

Pour appeler au Portugal de l'étranger

Composer le *00* puis le *351* (indicatif du Portugal) suivi de l'indicatif local (*21* pour Lisbonne) et le numéro à sept chiffres du correspondant.

● Télégrammes et télécopies

On envoie des télégrammes, soit par téléphone (en composant le *10*) soit directement à la poste.

On peut utiliser la télécopie à la Poste centrale de Lisbonne (Praça dos Restauradores).

POURBOIRES

Le pourboire, *propina* ou *gorjeta*, suit peu à peu les mêmes règles qu'en France. Il est conseillé d'offrir 10 % du montant de la note au barbier, 20 % au coiffeur, et 15 % au chauffeur de taxi et au serveur. En général, le porteur de l'hôtel, l'ouvreuse du cinéma, le cireur, reçoivent aussi un petit pourboire. On peut également laisser un pourboire dans les boîtes de nuit.

OÙ SE RENSEIGNER

● Offices de tourisme

Aveiro
Rua João Mendonça,
tél. (234) 236 80
Beja
Rua Capitao João Francisco Sousa, 25,
tél. (284) 236 93
Braga
Avenida da Liberdade, 1,
tél. (253) 225 50
Bragança
Avenida 25 de Abril,
tél. (273) 222 73
Cascais
Rua Visconde de Luz,
tél. (21) 484 40 86
Coimbra
Largo do Portagem,
tél. (239) 238 86
Elvas
Praça da República,
tél. (268) 622 236
Évora
Praça do Giraldo,
tél. (266) 74 25 35
Faro
Avenida 5 de Outubro,
tél. (289) 800 400
Guimarães
Avenida da Resistencia o Fascismo, 83,
tél. (253) 515 123

Lagos
Largo Marquês de Pombal,
tél. (282) 763 031
Leiria
Jardim Luís de Camões,
tél. (244) 823 773
Lisbonne
– Praça dos Restauradores,
tél. (21) 844 64 73
– Aeroporto de Lisboa,
tél. (21) 844 64 73
Porto
Rua Clube Fenianos, 25,
tél. (22) 323 303
Setúbal
Praça de Quebedo,
tél. (265) 53 42 22
Tavira
Rua da Galerie,
tél. (281) 225 11
Tomar
Avenida Dr. Madureira,
tél. (249) 323 11
Viana do Castelo
Praça da Erva,
tél. (251) 827 87
Viseu
Avenida Calouste Gulbenkian,
tél. (232) 422 014

POUR MIEUX CONNAITRE LE PORTUGAL

ÉCONOMIE ET POLITIQUE

Depuis le coup d'État militaire de 1974 connu sous le nom de révolution des Œillets, le Portugal s'est donné un régime parlementaire. Le président de la République, M. Mário Soares, fut élu au suffrage universel en 1986 et réélu en 1991. Jorge Sampaio lui succéda en 1996. Le pouvoir législatif est détenu par une chambre de 250 députés dont le mandat est de quatre ans.

Madère et les Açores, dotés d'un gouvernement régional et d'une assemblée régionale bénéficient d'une certaine autonomie. Le territoire de Macao a été rétrocédé à la Chine le 20 décembre 1999.

Le Portugal est membre de la Communauté européenne depuis 1986. Cette appartenance a été longtemps sujette à controverse. Lors des élections européennes de 1992, il y eut 64 % d'abstentions. La récession économique ainsi que l'augmentation du chômage avaient aggravé la réticence des Portugais vis-à-vis du marché unique. Mais, dès 1998, grâce à une politique de rigueur budgétaire, le Portugal faisait partie des pays fondateurs de la zone euro (entrée en vigueur le 1ᵉ janvier 1999).

GÉOGRAPHIE

Le Portugal a à peu près la forme d'un rectangle qui s'étend sur 560 km environ du nord au sud, et sur 220 km d'est en ouest. Il est bordé au nord et à l'est par l'Espagne, au sud et à l'ouest par l'océan Atlantique. Le littoral portugais représente environ 800 km au total.

Le sillon du Tage (Tejo) délimite deux zones de relief. Au nord, on trouve une région montagneuse et verte. C'est aussi la région la plus peuplée. Les blocs granitiques ont une altitude qui varie entre 1 200 m et 1 500 m ; ils culminent à 2 000 m avec la Serra da Estrêla. Le nord se divise en plusieurs régions : la vallée du Douro, région viticole qui borde la côte nord ; le plateau du Minho, qui touche la frontière espagnole au nord-ouest ; le Trás-os-Montes (« par-delà les montagnes ») qui occupe la partie nord-est ; la Beira Alta et la Beira Baixa, qui sont situées plus au centre du pays.

La partie sud contraste nettement avec le nord : c'est un pays sec, plat et moins peuplé, ce sont les plaines du Ribatejo et de l'Alentejo. Les grandes plaines sont parsemées de villages blancs entourés de champs de blé. Tout au sud le relief s'élève un peu. C'est la région de l'Algarve, qui, grâce à ses belles plages, est la région la plus touristique du pays.

CLIMAT

Le printemps, l'été et l'automne sont les plus belles saisons auxquelles visiter le pays. Les hivers, surtout dans le nord et le centre (y compris Lisbonne), sont pluvieux et frais (les températures s'échelonnent entre 8 °C et 14 °C). De plus, rares sont les maisons, les restaurants et les hôtels bon marché chauffés. Il est indispensable de prévoir des vêtements chauds.

En montagne, il fait beaucoup plus froid, et les chutes de neige sont fréquentes sur la Serra da Estrêla de novembre à février (assez pour skier, même si les conditions ne sont pas parfaites).

Les grandes chaleurs commencent à en mai ou en juin et durent jusqu'en septembre. Les températures peuvent atteindre 34 °C mais la moyenne est de 28 °C au mois d'août. Cela dit, les conditions climatiques sont très variables d'une année sur l'autre. Les nuits peuvent être fraîches l'été, notamment près du littoral au nord de Lisbonne. Sur toute la côte ouest, l'océan reste froid jusqu'en juillet. Il se réchauffe plus tôt sur la côte sud. L'Alentejo connaît de fortes canicules avec des restrictions d'eau. Le climat de l'Algarve est plus doux toute l'année, et généreusement ensoleillé l'hiver.

Même en pleine saison, l'eau est un peu fraîche pour la baignade. Sa température ne dépasse pas 21 °C dans le Sud (de juillet à octobre) et 19 °C dans le Nord.

US ET COUTUMES

Il est utile d'apprendre les formules de politesse qui servent tout le temps. Ainsi, merci se dit *obrigado* (pour un homme) et *obriga-da* (pour une femme) ; s'il vous plaît se dit *por favor*. Pour attirer l'attention de quelqu'un, on peut également utiliser la formule *faz favor* (qui se prononce «fach'euvor»). Bonjour, bonsoir et bonne nuit se traduisent respectivement par *bon dia*, *boa tarde* et *bom noite*. On aborde et on quitte les gens avec les mêmes formules.

Les Portugais ont toujours manifesté une grande attirance pour la culture française. C'est une tradition des lettrés qui remonte au siècle des Lumières.

COMMENT SE DÉPLACER

TRANSPORTS INTERURBAINS

● Autobus

La Rodoviaria Nacional est la compagnie nationale d'autobus. Elle organise des liaisons entre la plupart des villes et des villages du pays. En dehors des liaisons entre les grandes villes, le car est souvent plus rapide que le train, et son réseau plus étendu ; ceci se vérifie notamment dans le Nord et dans les liaisons locales de l'Algarve et de l'Alentejo.

La Rodoviaria Nacional n'est pas la seule compagnie au Portugal ; il existe une bonne douzaine de sociétés privées, qui se spécialisent dans certains itinéraires ou dans une région. Les liaisons sont parfois plus directes entre les petites bourgades. De nombreuses agences de voyages peuvent réserver un billet sur une ligne ou possèdent même leur propre société de transport.

Rodoviaria Nacional
Avenida Casal Ribeiro, 10, Lisboa Codex, tél. (21) 54 54 39/54

● Trains

La quasi-totalité des 3 500 km de voies ferrées sont exploités par la Companhia dos Caminhos de Ferro Portugueses (C.P.). Un indicateur des horaires (*Guia oficial*) paraît chaque mois ; il est en vente dans les gares. La gamme des trains portugais s'étend des *rápidos*, rapides et confortables, aux *regionais*, extrêmement lents. En général, les lignes les plus rapides sont celles qui assurent les trajets Lisbonne-Coimbra-Porto et Lisbonne-Algarve.

Les *rápidos*, qui ne circulent que sur ces lignes, sont ponctuels et coûtent plus cher ; certains n'ont que des compartiments de première classe, et les autres possèdent des voitures de seconde classe très confortables. Viennent ensuite les *directos*, qui ont des arrêts fréquents et un rythme plus lent. Ils disposent de places en première et seconde classe, mais cette dernière est de moins bonne qualité que sur les *rápidos*. Enfin, les *semi-directos*, particulièrement les *regionais*, semblent s'arrêter à chaque gare et mettent du temps pour des trajets courts. Sur les *directos*, *semi-directos* et *regionais*, les places de seconde classe ne sont pas numérotées, et la C.P. vend les billets même sans réservation. Mieux vaut embarquer longtemps à l'avance.

Pour atteindre des destinations reculées, il est souvent nécessaire de changer de ligne, et les horaires sont très mal coordonnés. Il faut se donner une grande marge de manœuvre pour les changements car les trains sont régulièrement en retard.

Lisbonne compte quatre gares. Cais do Sodré et Rossio assurent la desserte de la banlieue et de la région. Les trains grandes lignes et internationaux à destination du nord et de l'est partent de Santa Apólonia, à 2 km à l'est de la Praça do Comércio. Pour les trains à destination de l'Alentejo et de l'Algarve, prendre un bateau au ponton de Terreiro do Paço (en traversant la Praça do Comércio). Le prix du bateau est inclus dans le billet de train, qu'on peut aussi acheter à l'embarcadère. Mais attention, deux gares se côtoient : pour les liaisons avec le chemin de fer, il faut aller à celle qui se trouve à gauche lorsqu'on regarde le Tage.

Porto et Coimbra possèdent chacune deux gares. São Bento (Porto) et celle de Coimbra se trouvent toutes les deux dans le centre de la ville. Cependant, les grandes lignes transitent presque toutes par les gares de Campanha (Porto) et de Coimbra, qui se trouvent en dehors de la ville. Des navettes desservent ces gares.

Des billets touristiques sont en vente pour voyager dans tout le pays. Il existe des forfaits de 7, 21, et 24 jours.

Gare Santa Apolónia
Lisboa, tél. (21) 887 29 93

● **Location de voitures**

Il faut remplir certaines conditions : avoir au moins 21 ans et un permis de conduire d'au moins un an. Un permis international n'est pas nécessaire.

Il existe de nombreuses sociétés de location de voitures. Les deux plus grandes, Avis et Hertz, sont représentées ainsi que d'autres, plus petites et moins connues (souvent moins chères aussi). Hertz et Avis présentent l'avantage de pouvoir réserver une voiture avant le départ, formule souvent moins onéreuse. En général, cependant, les locations sont plutôt bon marché. Les différences de prix sont souvent dues aux types d'assurances. Les modèles disponibles vont de la voiture modeste à la luxueuse berline. Pour plus de renseignements, consulter l'annuaire sous la rubrique *Automoveis-Aluger com e sem conductor.*

La vitesse est limitée à 50 km/h en agglomération, à 90 km/h sur route et à 120 km/h sur autoroute. Dans les villes, la circulation est chargée, freinée par les travaux ; se garer relève souvent de l'exploit et les conducteurs comme les piétons prennent le code de la route bien à la légère. En dehors des villes, les conditions ne sont guère meilleures. Les routes nationales sont en général en mauvais état, elles sont fréquemment trop étroites et les dépassements y sont dangereux. Il faut beaucoup d'attention pour circuler sur les routes de montagne et se méfier de la conduite aléatoire de nombreux Portugais.

Enfin, il faut savoir que l'essence est relativement chère.

● **En avion**

La compagnie nationale d'aviation, la T.A.P. Air Portugal (Transport aérien portugais) organise des liaisons quotidiennes entre Lisbonne, Porto, Faro et Covilha. Plusieurs vols hebdomadaires sont assurés entre Lisbonne et Bragança, Lisbonne et Portimão. Des vols quotidiens à destination des Archipels sont assurés par la T.A.P.

La S.A.T.A. assure des liaisons entre les îles des deux Archipels.

Un aller-retour pour Funchal ou São Miguel coûte entre 155 et 230 euros en pleine saison.

A Paris, on s'adressera à la T.A.P.

● **En bateau**

Quant aux amoureux du bateau, ils se renseigneront auprès de l'office du tourisme à Paris ou à Lisbonne. Les bateaux relient toutes les îles entres elles mais les trajets sont longs à quelques exceptions près : ceux qui relient Faial à Pico (1 heure aller-retour), Terceira à São Jorge (4 heures aller-retour).

TRANSPORTS URBAINS

● **Autobus et tramway**

Lisbonne
A Lisbonne, la société Carris gère un vaste réseau d'autobus, de tramways (*eléctricos*) et de funiculaires. Les arrêts sont signalés par des poteaux ou des abris sur lesquels figure une carte de l'itinéraire de la ligne, et certains ont en plus un plan du réseau.

Partout dans la ville, les kiosques orange et blanc de la société donnent les informations nécessaires, vendent tickets et abonnements. Les deux kiosques les plus pratiques se trouvent Praça da Figueira, près du Rossio, et non loin du parc Édouard-VII.

Les touristes ont le choix entre des abonnements de trois et de sept jours, qui donnent droit à un nombre illimité de trajets pendant la période considérée. Les carnets de 20 tickets sont moins chers que les tickets vendus à l'unité. Les tramways desservent souvent les rues étroites ou pentues, où un autobus ne pourrait pas passer. Certains sont de véritables pièces de musée. Moins rapides et moins chers que les autobus, les tramways sont un excellent moyen de visiter la ville.

La Carris exploite également deux funiculaires et un grand ascenseur. Ce dernier (Santa Justa) se trouve près du Rossio et conduit au quartier de Bairro Alto.

L'un des funiculaires part de la Praça dos Restauradores et remonte la Calçada da Gloria ; l'autre se trouve à São Bento. On ne paie le machiniste qu'après l'embarquement.

Porto et Coimbra

A Porto, on se déplace en autobus et en tramway, à Coimbra, en autobus électrique. Comme à Lisbonne, on achète des carnets de tickets ou on paye le trajet au conducteur. Pour obtenir informations et titres de transport, s'adresser aux kiosques des compagnies de transport à Porto et à Coimbra.

● Métro

Le petit réseau dessert principalement le centre de Lisbonne. Un abonnement touristique y donne accès. On peut acheter les tickets par carnets de 10 ou à l'unité, soit aux distributeurs automatiques des stations, soit aux guichets. Les passagers doivent poinçonner leur titre de transport.

● Train

Il existe quatre gares à Lisbonne. Les trains de banlieue pour Cascais (avec des arrêts à Oeiras, Carcavelos, Estoril et d'autres endroits sur la côte) partent de Cais do Sodré, près du Tage. Selon le jour et l'heure, les trains partent toutes les 15 ou 20 minutes, ils arrivent à Cascais entre 33 et 40 minutes plus tard.

Les trains pour les banlieues nord et ouest (dont Sintra) partent de la gare du Rossio toutes les 15 minutes. Il faut 45 minutes pour atteindre Sintra. Cette gare abrite un important centre d'information sur toutes les lignes qui couvrent le Portugal.

● Taxis

Selon une directive européenne de 1992, les taxis doivent être couleur crème, mais la plupart sont encore noirs avec un toit vert. Une majoration est appliquée aux bagages, elle augmente au-delà de 30 kg. Dans les grandes villes, le tarif de la course est proportionnel au nombre de kilomètres parcourus. En revanche, dans les villes secondaires et en province, le tarif est forfaitaire et fixé à l'avance. Il faut ajouter 15 % de pourboire.

SHOPPING

L'artisanat portugais englobe un grand nombre de spécialités. Les produits les plus célèbres sont les *azulejos*, les poteries, les tapis d'Arraiolos, les broderies et les dentelles. Plusieurs types de céramiques sont pro-

duits selon les régions : dans l'Alentejo, les poteries *barro*, émaillées ou décorées, sont réalisées avec une argile brune. Les ornements représentent en général des fruits ou des fleurs, quelquefois des scènes de la vie rurale. A Coimbra, les poteries sont parfois décorées de motifs animaliers dont l'élaboration n'a rien à voir avec la simplicité alentejane. Plus au nord, on trouve des céramiques émaillées bleu et blanc. Les tapis d'Arraiolos ne se font qu'à Arraiolos, dans l'Alentejo, mais on peut les acheter dans tout le pays, notamment à Lisbonne, suivant une tradition qui remonte probablement au Moyen Age.

Si la plupart des produits artisanaux se trouvent à Lisbonne, le choix est beaucoup plus grand dans les régions concernées.

Alentejo

Ouvrages en osier et en liège (paniers, dessous-de-plat, sculptures), couvertures en laine, tapis d'Arraiolos, céramiques (*barro*), mobilier traditionnel peint à la main, objets en cuivre et dentelles.

Algarve

Vannerie, articles en cuivre et en laiton, bougies.

Coimbra et les Beiras (Aveiro compris)

Région des céramiques : motifs colorés représentant des animaux dans la région de Coimbra ; élégantes porcelaines de *Vista Alegre* dans la région d'Aveiro ; poteries noires de la région de Viseu ; couvertures tissées de la Serra da Estrêla, dentelles et broderies.

Douro et Minho

Céramique, vannerie, paniers, chapeaux de paille ; broderie, crochet et costumes régionaux Viana do Castelo), art sacré (à Braga se tient chaque semaine une foire dite des «jougs»).

Trás-os-Montes

Couvertures, nombreux objets tissés et tapisseries, poteries noires de Bisalhães (près de Vila Real).

Madère

Broderies aux couleurs et aux motif raffinés ; dentelles ; meubles en osier de toutes sortes, fabriqués principalement à Camacha.

Açores

Dentelles, paillassons en feuilles de maïs, couvertures en laine, dents de cachalot sculptées.

MUSÉES

Il y a de nombreux musées à Lisbonne, un bon nombre à Porto, et au moins un dans chaque autre ville. Ils sont en général petits. Les musées d'artisanat local sont en fait des salles d'exposition où l'on vend les objets présentés.

La plupart des musées sont ouverts de 10 h à midi, de 14 h à 17 h et fermés le lundi. L'entrée est bon marché. La liste qui suit n'est pas exhaustive.

● **Algarve**

Musée archéologique Infante Dom Henrique
Convento de Nossa Senhora da Assunção, Faro
Nombreux vestiges romains et mauresques ; céramiques et *azulejos*.

Musée régional de Lagos
Egreja Santo António
Archéologie, art sacré et artisanat.

● **Alentejo**

Musée de la Reine Éléonore
Convento da Conceição, Beja
Archéologie, céramiques et art sacré.

Musée d'Art sacré
Évora
A l'intérieur de la cathédrale. Vêtements liturgiques anciens, candélabres et crucifix.

Musée de l'Artisanat
Rua da República

● **Coimbra et ses environs**

Musée municipal d'Aveiro
Convento de Jesus, Rua Santa Joana Princesa, Aveiro

Musée national Machado de Castro
Largo de Dr José Rodrigues, Coimbra
Vestiges romains.

Musée de Conímbriga
Site archéologique. Vestiges de la ville romaine, objets découverts au cours des fouilles et explication concernant les ruines.

Musée Grão Vasco
Viseu
Peinture du XVIe siècle.

Musée régional d'Avade de Baçal
Rua Conselheiro Abilio Beça, Bragança
Dans l'ancien palais épiscopal.

● **Minho et Douro**

Musée d'Art sacré de Braga
Cathédrale de Braga. Très beaux *azulejos*, sculptures, vêtements liturgiques, bijoux et autres. Visite accompagnée de 8 h 30 à 18 h 30.

Musée Dom Diogo de Sousa
Braga
Archéologie romaine.

Musée d'Histoire et d'Art régionaux
Palácio dos Piscainhos, Braga

Musée Alberto Sampaio
Egreja Nossa Senhora da Oliveira, Guimarães
Art du XIVe au XIXe siècle.

Musée Martins Sarmento
Convento de São Domingos, Guimarães
Archéologie ; art moderne et contemporain.

● **Porto**

Musée Guerra Junqueira
Rua D. Hugo, 32
Objets d'art et meubles du XVIe au XIXe siècle.

Musée d'Histoire et d'Ethnographie
Largo São João Novo, 11

Musée d'Archéologie et d'Art sacré
Ancien collège de São Lourenço.

Musée Soares dos Reis
Palácio das carrancas, Rua Dom Manuel II
Art de la préhistoire au XIXe siècle, sculptures de Soares dos Reis.

Musée municipal Viana do Castelo
Poterie, mobilier, archéologie, anthropologie.

Musée national d'Art moderne
Casa dos Serralves

● **Lisbonne**

Musée Calouste Gulbenkian
Avenida de Berna, 45, tél. (21) 793 51 31
Le plus grand musée de la capitale conserve des collections permanentes consacrées à l'Égypte, l'Orient, l'Antiquité gréco-romaine

et l'Europe. Le centre d'Art moderne du musée se trouve juste à côté, Rua Nicolau Bettencourt. Il y a toujours une ou deux expositions remarquables en plus des collections permanentes. Ouverts le mardi, jeudi, vendredi et dimanche de 10 h à 17 h. Le musée Gulbenkian est en plus ouvert le mercredi et le samedi de 14 h à 20 h; le centre d'Art moderne, de 10 h à 19 h.

Musée national de l'Azulejo
Convento de Madre de Deus,
Rua Madre de Deus, 4
Collection unique en europe présentant 500 ans d'art de l'azulejo.
Azulejos anciens et modernes. Ouvert de 10 h à 12 h 30 et de 14 h à 17 h.

Museu Nacional de Arte Antiga
Rua das Janelas Verdes, 95, tél. (21) 396 41 51
La plus importante collection portugaise de peintures européennes. Ouvert de 10 h à 13 h et de 14 h 30 à 17 h.

Musée national des Carrosses
Praça Afonso de Albuquerque, Belém,
tél. (21) 895 59 94
Ensemble remarquable de carrosses ; le plus vieux date de 1619. Ouvert de 10 h à 17 h.

Musée d'Art populaire
Avenida de Brasilia, tél. (21) 301 12 82
Sur les quais de Belém. Art folklorique et populaire. Ouvert de 10 h à 12 h 30 et de 14 h à 17 h.

Musée maritime
Praça do Império, Belém tél. (21) 362 00 10
A proximité du monastère des Jerónimos. Cartes anciennes, instruments de navigation et maquettes détaillées. Ouvert de 10 h à 17 h.

Musée des Arts décoratifs
Largo das Portas do Sol, Alfama,
tél. (21) 888 1991
Dans un ancien palais. Mobilier et tapisseries sont un mélange intéressant. Ouvert du lundi au samedi de 10 h à 13 h et de 14 h 30 à 17 h, le dimanche de 13 h à 17 h.

Musée du Costume
Estrada do Lumiar, 2, tél. (21) 759 03 18
Beau musée de robes et de jouets anciens. Ouvert de 10 h à 13 h et de 14 h 30 à 17 h.

Musée Rafael Bordalo Pinheiro
Campo Grande, 382, tél. (21) 759 08 16
Poteries et dessins de cet artiste du XIXe siècle. Ouvert de 10 h à 13 h et de 14 h 30 à 17 h 30.

Musée de Lisbonne
Campo Grande, 245 tél. (21) 759 16 17
Lisbonne hier et aujourd'hui. Ouvert de 10 h à 13 h et de 14 h à 18 h.

Musée ethnologique
Avenida Ilha da Madeira, tél. (21) 301 52 64
Objets du monde entier, en particulier des anciennes colonies d'Afrique. Ouvert de 10 h à 12 h 30 et de 14 h à 17 h.

Musée archéologique
Largo do Carmo
En haut de l'ascenseur de Santa Justa, dans les ruines de l'ancien couvent. Intéressants vestiges romains et médiévaux. Ouvert de 11 h à 18 h.

Musée d'Art sacré
Largo da Trindade, Bairro Alto,
tél. (21) 346 03 61
Petit musée installé dans l'église São Roque. Ouvert entre 10 h et 17 h.

Museu Nacional de Arte Contemporanea
Rua Serpa Pinto, 6,
tél. (21) 346 80 28
Ouvert de 10 h à 12 h 30 et de 14h à 17 h.

Musée militaire
Largo do Museu de Artilharia,
tél. (21) 884 23 00
Près de la gare Santa Apolónia. Armes du XVe siècle à nos jours et bel ensemble d'armures. Ouvert de 11 h à 17 h.

Centre culturel de Belém
Praça do Império, 1400 Lisboa,
tél. (21) 361 24 00
Ce bel édifice conçu par l'Italien Vittorio Gregotti abrite deux salles de spectacle, dont un opéra, et depuis 1999, le musée du Design. Sa collection offre un panorama des grands courants de la création depuis les années 50.

NATURE ET SPORTS

PARCS NATURELS

Parc naturel de Peneda-Gerês
Il s'agit de l'unique parc national officiel du Portugal. Couvrant 20 000 ha tout au nord du pays, le parc borde l'Espagne : il englobe des

parties des chaînes montagneuses de Peneda et de Gerês, le Lima, bras du Cavado, et une multitude de cours d'eau de moindre importance. Le point culminant des montagnes, qui s'élève à 1 544 m, offre une vue somptueuse sur le Minho, le Trás-os-Montes et la Galice (Espagne).

Les pluies abondantes entretiennent une végétation riche : on compte 17 espèces introuvables dans d'autres régions, d'immenses forêts de chênes et de pins. Ce cadre privilégié attire les animaux : poneys sauvages, daims, loups, aigles dorés, etc.

On peut pêcher, faire des promenades à cheval, à pied ou de l'escalade dans un cadre exceptionnel. Plusieurs villages méritent aussi une visite, notamment Castro Laboreiro, Cidadelhe, dont l'origine remonte sans doute à la préhistoire, Soajo et Lindoso. Des dolmens âgés de plus de 5 000 ans et des bornes romaines qui marquaient autrefois la voie de Braga ponctuent ce paysage surprenant.

L'entrée dans la partie nord du parc (celle de Peneda) est à Melgaço, sur la frontière espagnole. Pour accéder à la partie sud (celle de Gerês), on passe par Ponte de Barca et par la route Braga-Chaves (en suivant la direction de Caniçada, où une belle *pousada* accueille les visiteurs).

Tous les bureaux du tourisme du Minho fournissent des renseignements.

Parc de Montezinho

Ce parc s'étend dans la partie nord-est du Portugal, entre Bragança, Vinhais et la frontière espagnole. Les espèces végétales et animales sont nombreuses. Le paysage est aussi remarquable que les villages anciens qu'il protège du temps. Les traditions s'y perpétuent. Les habitants y parlent encore leur dialecte. On y pénètre par Bragança ou Vinhais.

Serra da Estrêla

Vallées glaciaires, cours d'eau et lacs constituent le paysage de la Serra da Estrêla. C'est le seul endroit aménagé pour les sports d'hiver. Les visiteurs trouvent à s'héberger dans les nombreuses villes ou villages qui bordent la Serra ou dans la Serra même : Gouveia, Seia, Covilha ou Guarda. Il y a une *pousada* à Manteigas.

Il faut deux heures de voiture pour couvrir la distance entre Coimbra et la Serra.

Serra da Arrábida

A 30 km au sud de Lisbonne, quiconque possède une voiture peut profiter de la beauté rare de la Serra da Arrábida. Les sommets sont peu élevés mais le cadre est somptueux, composé de forêts préglaciaires et de plages magnifiques. La Serra s'étend le long de la nationale 379-1, qui passe à l'ouest de Setúbal.

SPORT

Football

Ce sport, extrêmement populaire, domine la vie sportive des Portugais. Il est pratiqué aussi bien par des enfants dans la rue, que par des centaines d'équipes professionnelles, semi-professionnelles, amateurs.

Les trois équipes les plus prestigieuses sont le F. C. Porto (champions d'Europe en 1987), Benfica et le Sporting (de Lisbonne). Tous les Portugais défendent les couleurs de l'une ou l'autre de ces équipes.

La saison dure de septembre à juillet. Il est difficile de trouver des billets pour les matchs des trois grandes équipes, étant donné le grand nombre d'abonnés. A Lisbonne, on peut essayer le guichet A.B.E.P., Praça dos Restauradores. Ailleurs il faut se présenter directement au stade. Les matchs se déroulent en général le dimanche après-midi.

Corrida

La corrida portugaise est totalement différente de la corrida espagnole : il n'y a pas de mise à mort et une grande partie se déroule à cheval (à l'instar de la corrida espagnole à ses origines et comme elle l'est encore parfois pratiquée). Les chevaux de corrida sont des animaux de grande qualité, très bien entraînés.

Les corridas sont populaires dans le Ribatejo (près de Lisbonne) et à Lisbonne. La saison va du printemps à l'automne. Dans la capitale, elles se déroulent dans les arènes de Campo Pequeno (éventuellement à Cascais), mais les plus célèbres sont celles organisées à Vila Franca da Xira, dans la grande banlieue de Lisbonne. On y accède en prenant le train à Santa Apolónia.

Les *ferias* du Ribatejo sont nombreuses l'été.

Sports nautiques

En dehors de l'Algarve, il est assez difficile de pratiquer des sports nautiques.

Dans la région de Lisbonne, le Cascais Naval Club, sur la plage de Cascais, propose diverses activités comme la planche à voile, le ski nautique et le pédalo.

A Porto, le Porto Golf Club propose des séances de plongée sous-marine. Pour la voile, il faut aller à la Praia de Leca de Palmeira.

En Algarve, la plupart des grandes plages touristiques proposent des équipements à louer ; planche à voile et ski nautique à Luz, São Roque (Meia Praia), Alvor (également la planche à voile) et Praia da Rocha, où il est également possible de pratiquer voile, planche à voile et ski nautique de même qu'à Armacão de Pera, près d'Albufeira. Vilamoura et Vale do Lobo sont également de grands centres de loisirs nautiques. Vilamoura est l'un des plus grands centre touristiques d'Europe.

POUR LES GOURMETS

La cuisine portugaise est simple, abondante et composée de produits frais. Elle est cependant peu variée car les importations coûtent cher. La cuisine repose sur des bases simples : sauces faciles à préparer, parfums riches, beaucoup d'ail, d'huile d'olive et de sel. Les conserves et les surgelés sont presque inconnus.

SPÉCIALITÉS PORTUGAISES

Les soupes sont une spécialité nationale. La plus connue est le *caldo verde*, sorte de soupe au chou relevée d'un morceau de chorizo dans chaque assiette. Les amateurs d'ail préféreront l'*acorda a alentejana*, soupe avec des croûtons à l'ail et des œufs. La *canja* est une soupe au poulet ; la *sopa de mariscos*, soupe aux fruits de mer.

Les plats de poisson sont nombreux. Le *bacalhau* (morue) est une institution nationale. On dit qu'il existe 365 façons de la préparer ; chaque restaurant a au moins un plat de morue au menu. Les autres produits de la mer vont des petits coquillages, les *conquilhas*, à la langouste, en passant par la pieuvre, l'anguille ou le calamar.

La *carne de porco a alentejana* (palourdes, porc et coriandre) est un plat célèbre, de même qu'un ragoût, le *cozido a portuguesa*. Les autres viandes appréciées au Portugal sont la chèvre, le lapin, le cochon de lait et le poulet.

Le *queijo da serra* est un fromage de chèvre de la Serra da Estrêla. Son imitation, le *queijo tipo serra*, est plus facile à trouver.

Les desserts, très sucrés, comprennent l'*arroz doce* (gâteau de riz), le flan, la mousse au chocolat, etc.

Les vins portugais se répartissent en trois catégories : rouges, blancs et *vinhos verdes* (vins jeunes, acides et légèrement pétillants). Pour terminer le repas, on choisira un porto blanc ou rouge. Il est en général peu onéreux, ce qui n'implique pas une médiocre qualité. La bière (*cerveja*) se commande en bouteille (*garrafa*), à la pression, en chope (*caneca*) ou verre (*imperial* ou *fino*).

Un café express est un *bica* ; un café au lait, un *galão*. Si on désire moins de lait et plus de café, on commandera un *meio de leite*.

Les repas se prennent entre 13 h et 15 h pour le déjeuner, 20 h et 21 h 30 pour le dîner.

Coimbra et Aveiro
Chanfana (ragoût de chevreau) ; *leitão* (cochon de lait rôti) ; *pasteis de Tentugal* et *pasteis de Santa Clara* (pâtisseries).

Douro et Minho
Le porto et le *vinho verde* ; le *caldo verde* ; les *tripas a moda do porta* (tripes aux haricots).

Trás-os-Montes
Alheiras (saucisses) ; *chouriço de sangue* (boudin) ; *feijoada* (ragoût aux haricots) ; veau, chèvre, lapin, truite et lamproie.

Serra da Estrêla
Queijo da Serra ; vins du Dão ; chevreau grillé ; différentes sortes de saucisses.

Alentejo
Açorda de alhos or de coentros (plat à base de pain avec de l'ail ou de la coriandre) ; *carne de porco a alentejana* ; plats à base d'agneau.

Algarve
Ameijoas na cataplana (palourdes cuisinées avec du jambon et des saucisses, du persil et beaucoup de poivre). On mange également nombre de sardines grillées et de fruits de mer.

RESTAURANTS

Les restaurants portugais sont classés dans des catégories qui vont d'une à quatre étoiles, en fonction des prix, du décor et du service. La qualité de la cuisine ne rentre pas nécessairement en ligne de compte ; il existe beaucoup de grands restaurants à une ou deux étoiles.

Il est par ailleurs très agréable de profiter de la grande qualité des restaurants des *pousadas*.

● **Braga**

Hôtel do Elevador **
Bom Jesus do Monte, tél. (253) 676 548

Inacio *
Campo das Hortas, 4, tél.(253) 613 235

● **Bragança**

Hotel Bragança ***
Avenida Sá Carneiro, tél. (273) 331 578

Lá em Casa *
Rua Marquês de Pombal, tél. (273) 221 11

Solar Bragançano *
Praça da Fé, 34, tél. (273) 238 75

● **Porto**

Aleixo **
Rua da Estacoá, tel. (22) 570 462
Restaurant très prisé, considéré comme l'un des meilleurs de la ville.

Mercearia **
Cais de Ribeira, tél. (22) 200 43 89
Un des restaurants les plus typiques de Porto.

Gambamar **
Rua Campo Alegre, 110,
tél. (22) 609 23 96
Très agréable. Ouvert tard.

Tripeiro **
Rua Dom Passos Manuel, 195,
tél. (22) 200 58 86
Bonne cuisine et plats copieux.

Portucale ***
Rua da Alegria, 598, tél. (22) 570 717
Belle vue et cuisine fine.

● **Viseu**

Trave Negra *
Rua dos Loureiros, tél. (232) 261 38

● **Aveiro**

A Cozinha do Rei ***
Rua Manuel das Neves, 65, tél.(234) 268 02

Centenário *
Praça do Mercado, tél. (234) 227 98

Imperial ***
Rua Dr Nascimento Leitão, tél. (234) 221 41

● **Coimbra**

O Alfredo **
Avenida João das Regras, tél. (239) 441 522

Marquês de Marialva ***
Cantanhede (à environ 21km au nord-ouest de Coimbra), tél. (239) 420 010

Real das Canas *
Vila Mendes, 7, Santa Clara,
tél. (239) 814 877
A 23 km au nord-est de Coimbra. Belle vue sur la vallée du Mondego.

● **Lisbonne**

Adega da Tia Matilde **
Rua de Beneficência, 77, tél. (21) 797 21 72
Spécialités régionales.

Avis ***
Rua Serpa Pinto, 12-B, tél. (21) 342 83 91

Bomjardin *
Travessa de Santo Antão, tél. (21) 342 74 94

Bota Alta *
Travessa da Queimada, 35, tél. (21) 342 79 59
Restaurant fréquenté très agréable dans le Bairro Alto.

Casa do Alentejo *
Rua das Portas de Santo Antao, 58,
tél. (21) 342 80 11
Spécialités alentéjanes, avec un cadre orné d'*azulejos* et plusieurs salles.

Casa da Comida ***
Travessa das Amoreiras, 1, tél. (21)388 53 76

Casa do Leão ***
Castelo São Jorge, tél.(21) 887 59 62
Décor élégant, et la meilleure vue sur la ville.

Conventual ***
Praça das Flores, 45, tél. (21) 609 106

Escorial ***
Rua das Portas de Santo Antão, 47,
tél. (21) 346 44 29
Spécialités de crustacés.

Gambrinus ***
Rua das Portas de Santo Antão 25,
tél. (21) 342 14 66
Connu pour ses poissons et ses fruits de mer.

Cervejaria da Trindade *
Rua Nova da Trindade, 20 C,
tél. (21) 342 35 06
Couvent transformé en brasserie ornée
d'*azulejos*, jardin. Mieux vaut réserver.

Casa Transmontana **
Calçada do Duque, 39, tél. (21) 342 03 00
Spécialités portugaises.

Chapito
Rua da Costa do Castelo, 7, tél. (21) 888 18 34
Dans le quartier de l'Alfama, belle vue sur le
Tage ; dans la cour, sous un chapiteau, des
gens de cirque s'entraînent.

O Bichano *
Rua Atalaia, 78
Dans le Bairro Alto ; cuisine de qualité.

Pap'Açorda **
Rua da Atalaia, 57, tél. (21) 346 48 11
Dans le Bairro Alto. Très à la mode ; il est difficile de trouver une table le vendredi ou le
samedi soir.

Porto de Abrigo **
Rua dos Remolares, 18, tél. (21) 353 87 80
Excellent restaurant de fruits de mer près du
Tage. Goûter le *pera doce* (gâteau à la poire).

Solar dos Presuntos *
Rua das Portas de Santo Antão, 150,
tél. (21) 342 42 53

Sol Dourado * *
Rua Jardim do Regador, 19-25,
tél. (21) 347 25 70

Tavares Rico ***
Rua da Misericórdia, 37, tél. (21) 342 07 20
Le restaurant de luxe le plus connu de la
capitale. Argenterie superbe, cadre grandiose.

Xele Bananas **
Praça das Flores, 29, tél. (21) 395 25 15
Très apprécié des Portugais

● **Évora**

Fialho ***
Travessa das Mascarenhas, 14,
tél. (266) 230 79
Bonne cuisine locale.

Típico Guião **
Rua da República, 81
Très bonne cuisine.

● **En Algarve**

– **Almancil**
Duas Sentinelas **
Cascalheira-Quarteira, tél.(289) 389 522
Près de Vale de Lobo et de Quinta do Lago.

Les Lauriers **
E.N. 125, Vale de Eglias, tél. (289) 397 211
Bonne cuisine française.

– **Faro**
Cidade Velha ***
Rua Domingos Guieiro, 19,
tél. (289) 827 145
Petit établissement. Ambiance intimiste.

La Réserve ***
Santa Bárbara de Nexe, tél. (289) 902 34
L'unique « relais et châteaux » du pays. Cher et
ne prend pas les cartes de crédit.

– **Lagos**
Alpendre **
Rua António Barbosa Viana, 17,
tél. (282) 762 705
Cuisine de qualité.

– **Loulé**
Aux Bons Enfants **
Rua Engenhiero Duarte Pacheco,
tél. (289) 396 840
Bonne cuisine française.

– **Olhão**
O Escondidinho ***
Rua José Leonardo, tél. (289) 702 674
Dans le ravissant centre ville.

– **Portimão**
A Lanterna ***
Foz Arade Parchal, tél. (282) 414 429
La meilleure adresse pour dîner. Près de
Portimão, à l'est du pont.

– **Tavira**
Avenida ***
Avenida D. Mateus T Azevedo,
tél. (281) 321 113
Bonne cuisine régionale.

OÙ LOGER

Le bureau du tourisme portugais répartit les
formules d'hébergement en catégories, les
principales étant les hôtels et les pensions. Les

hôtels (le plus souvent des chaînes internationales) proposent des logements confortables (qui peuvent aller jusqu'à 5 étoiles) mais le gouvernement a choisi de mettre en valeur son patrimoine et a ainsi converti de vieilles demeures en logements. C'est le cas des *residencials* et des *pousadas* créées pendant les années 1940. Les *residencials* proposent moins de services que les hôtels (ils n'ont pas de restaurant) et sont classés en catégories d'une à quatre étoiles. Les pensions, en général plus petites, sont groupées de la même façon. Moins chers que l'hôtel, la plupart des *residencials* et des pensions sont des établissements accueillants, bien tenus, où règne une atmosphère familiale. Certaines pensions ont un confort assez précaire. Les chambres les plus chères des grands hôtels internationaux vont de 155 à 460 euros (pour deux personnes). Les *pousadas* vont de 60 à 155 euros et les *residencials* de 15 à 60 euros.

Le bureau du tourisme portugais tient une liste de chambres d'hôtes. La plupart sont dans des maisons anciennes rénovées. Pour se renseigner, il suffit de se rendre au bureau du tourisme de l'endroit où l'on se trouve.

En juillet et en août, il vaut mieux réserver.

HOTELS, RESIDENCIALS ET PENSIONS

● **Lisbonne**

Hotel Alfa Lisboa *****
Avenida Columbano Bordalo Pinheiro,
1000 Lisboa, tél. (21) 726 21 21

Hotel Altis *****
Rua Castilho, 11, 1200 Lisboa,
tél. (21) 314 2496

Hotel Avenida Palace *****
Rua Primeiro de Dezembro, 123,
1200 Lisboa, tél. (21) 346 01 51

Hotel Lisboa Sheraton *****
Rua Latino Coelho, 1, 1 000 Lisboa
tél. (21) 354 71 64

Hotel Meridien *****
Rua Castilho, 149, 1 200 Lisboa,
tél. (21) 383 09 00
Élégant, il domine le parc.

Hotel Ritz *****
Rua Rodrigo Fonseca, 88, 1000 Lisboa,
tél. (21) 385 09 39
Domine le parc Édouard-VII. Le haut de gamme des hôtels de luxe.

Hotel Tivoli *****
Avenida da Liberdade, 185, 1200 Lisboa,
tél. (21) 353 01 81
Confortable et accueillant.

Hotel Diplomático ****
Rua Castilho, 74, 1200 Lisboa,
tél. (21) 386 20 41

Hotel Lisboa Plaza ****
Traversa do Salitre, 7, 1200 Lisboa,
tél. (21) 347 16 30

Hotel Principe Real ****
Rua da Alegria, 53, 1200 Lisboa,
tél. (21) 346 01 16

Hotel Tivoli Jardim ****
Rua Júlio C. Machado, 7, 1200 Lisboa,
tél. (21) 355 65 66

Hotel Britânia ***
Rua Rodrigues Sampaio, 17, 1100 Lisboa,
tél. (21) 315 50 21

Hotel Dom Carlos ***
Avenida Duque de Loulé, 121, 1000 Lisboa,
tél. (21) 353 90 71

Hotel Eduardo VII ***
Avenida Fontes Pereira de Melo, 5-C,
1000 Lisboa, tél. (21) 353 01 41

Hotel Flamingo ***
Rua Castilho, 41, 1200 Lisboa,
tél. (21) 386 21 91

Hotel Miraparque ***
Avenida Sidónio Pais, 12, 1000 Lisboa,
tél. (21) 352 42 86

Hotel Rex ***
Rua Castilho, 169, 1000 Lisboa,
tél. (21) 388 21 61

York House-Residencia Inglesa ****
Rua Janelas Verdes, 32, 1000 Lisboa,
tél. (21) 396 25 44/ 396 81 43
Très bien situé, confortable.

Residencial Roma ****
Travessa da Gloria, 22-A, 1200 Lisboa,
tél. (21) 352 45 69

Albergaria Senhora do Monte ****
Calçada do Monte, 39, 1100 Lisboa,
tél. (21) 886 60 02
Très belle vue.

Pensão Ninho das Aguias ***
Costa do Castelo, 74, 1100 Lisboa,
tél. (21) 886 70 08
Peu de confort mais beaucoup de charme.

Residencial Dom João ***
Rua José Estevdo, 43, 1100 Lisboa,
tél. (21) 314 41 71

Residencial Florescente **
Rua das Portas de Santo Antão, 99,
1100 Lisboa, tél. (21) 342 66 09

● **Guimarães**

Hotel Fundador Dom Pedro ****
Avenida Dom Afonso Henriques, 274,
tél. (253) 51 37 81

Hotel de Guimarães ***
Rua Edouardo de Almeida Guimarães,
tél. (253) 51 58 88

● **Bragança**

Hotel Bragança ***
Avenida Sá Carneiro, tél. (273) 33 12 42

Pensão Classis **
Avenida João da Cruz
tél. (273) 33 16 31

● **Porto**

Hotel Infante de Sagres *****
Praça Filipa Lencastre, 62, 4000 Porto,
tél. (22) 205 49 37

Hotel Meridien *****
Avenida da Boavista, 1466, 4100 Porto,
tél. (22) 600 19 13

Hotel Porto Palacio *****
Avenida da Boavista, 1269, 4100 Porto,
tél. (22) 608 66 00

Grande Hotel da Batalha ****
Praça da Batalha, 116, 4100 Porto,
tél. (22) 200 05 71
Central.

Hotel Castor ****
Rua Doze Casas, 17, 4000 Porto,
tél. (22) 570 014

Hotel Dom Henrique ****
Rua Guedes Azevedo, 179, 4000 Porto,
tél. (22) 200 57 55

Hotel Inca ****
Praça Coronel Pacheco, 50, 4000 Porto,
tél. (22) 208 41 51

Hotel Ipanema Park ****
Rua de Serralves, 124, tél. (22) 610 41 74
Excellent service. Vue sur le Douro.

Hotel Ipanema ****
Rua do Campo Alegre, 156/174, 4100 Porto,
tél. (22) 606 80 61

Hotel Beta Porto ****
Rua do Amial, 607, 4200 Porto,
tél. (22) 825 045

Grande Hotel do Porto ***
Rua Santa Catarina, 197, 4 000 Porto,
tél. (22) 200 81 76

Boa vista **
Esplanada do Castello, 58, Foz do Douro
tél. (22) 618 31 75

Hotel do Império ***
Praça do Batalha, 127, 4000 Porto,
tél. (22) 200 68 61

Castelo Santa Catarina
Rua Santa Catarina, 1347, 4000 Porto

Residencial Castelo Santa Catarina ****
Rua Santa Catarina, 1347, 4000 Porto,
tél. (22) 509 77 81

Residencial Pão de Açúcar ***
Rua do Almada, 262, 4000 Porto,
tél. (22) 200 24 25

Residencial Rex
Praça da República, 117, 4000 Porto,
tél. (22) 200 45 48

● **Aveiro**

Hotel Afonso V ***
Rua Dr. Manuel das Neves, 65, 3800 Aveiro,
tél. (234) 251 91

Hotel Imperial ***
Rua Dr. Nascimento Leitão, 3800 Aveiro,
tél. (234) 221 41

● **Coimbra**

Hotel Astória ***
Avenida Emídio Navarro, 21, 3000 Coimbra,
tél. (239) 220 55

Hotel Tivoli Coimbra***
Rua João Machado, 3000 Coimbra,
tél. (239) 269 34

Hotel Dom Luís ***
Quinta da Varzara, 3000 Coimbra,
tél.(239) 442 210

Hotel Astoria**
Av. Emídio Navarro, 21, 3000 Coimbra,
tél. (239) 220 55

Hotel Tivoli Coimbra ****
Rua João Machado, 4-5, 3000 Coimbra,
tél. (239) 269 34

Pensão Rivoli **
Praça do Comércio 27, 3000 Coimbra,
tél. (239) 255 50

● **Évora**

Albergaria Vitória ****
Rua Diana de Liz, 7000 Évora,
tél. (266) 271 74

Estalagem Monte das Flores ****
Monte das Flores, 7000 Évora,
tél. (266) 74 96 80

Hotel Planicie ***
Largo de Alvaro Velho, 40, 7000 Évora,
tél. (266) 240 26

Residencial Diana ***
Rua Diogo Cdo, 2, 7000 Évora,
tél. (266) 220 08

Hotel Évorahotel **
Quinta do Cruzeiro, 7000 Évora,
tél. (266) 73 48 00

Residencial O Eborense ***
Largo da Misericórdia, 1, 7000 Évora,
tél. (266)74 23 67

Residencial Riviera **
Rua 5 de Outubro, 7000 Évora,
tél. (266) 233 04

● **En Algarve**
L'Algarve est bien entendu très bien équipée
et la liste ci-dessous est loin d'être exhaustive.

– **Almancil**
Hotel Dona Filipa *****
Vale do Lobo, 8135 Almancil,
tél. (289) 394 141

– **Faro**
Hotel Faro ***
Praça Dom Francisco Gomes, 8000 Faro,
tél. (289) 803 276

Residencial Samé ****
Rua do Bocage, 66, 8000 Faro,
tél. (289) 824 375

Estalagem Aeromar ****
Praia de Faro, 8000 Faro,
tél. (289) 817 542

– **Portimão**
Hotel Algarve ***
Avenida Tomás Cabreira, Praia da Rocha,
8500 Portimão,
tél. (282) 415 001

Hotel Bela Vista ***
Avenida Tomás Cabreira, Praia da Rocha,
8 500 Portimão,
tél. (282) 450 480

– **Lagos et ses environs**

Hotel Atlantis Vilamoura *****
Vilamoura, Quarteira, 8100 Loulé,
tél. (289) 389 977

Hotel Belavista da Luz***
Praia da Luz
tél. (282)78 86 55

Hotel Golfinho ****
Praia Dona Ana, 8600 Lagos,
tél. (282) 769 900

Hotel de Lagos ****
Rua Nova da Aldeia, 83, 8600 Lagos,
tél. (282) 769 967

Hotel Loulé Jardim ***
Largo Manuel Arriaga, 8100 Loulé,
tél. (282) 413 095

Hotel Meia Praia ***
Meia Praia, 8600 Lagos,
tél. (282) 762 001

Hotel Riomar ***
Rua Cándido dos Reis, 8600 Lagos,
tel. (282) 763 09

– **Sagres**
Sagres propose de nombreuses chambres
d'hôtes, signalées par des pancartes aux
fenêtres, et possède une *pousada*.

Hotel da Baleira
Baleira, 8650 Sagres, Vila do Bispo,
tél. (282) 624 212

POUSADAS

Il est préférable de réserver auprès de l'agence Enatur.

Enatur
Avenida Santa Joana Princesa 10,
1700 Lisboa,
tél. 848 12 21/46 02

● **Douro, Minho et Trás-os-Montes**

Pousada Barão Forrester
5070 Alijó, tél. (259) 959 215

Pousada Dom Dinis
4920 Vila Nova da Cerveira, tél. (251) 795 601

Pousada São Bartolomeu
5300 Bragança, tél. (273) 331 493

Pousada São Bento
4850 Caniçada, tél. (253) 647 190

Pousada São Gonçalo
4600 Amarante, tél. (255) 461123

Pousada Santa Catarina
5210 Miranda do Douro, tél. (273) 431205

Pousada Santa Maria de Oliveira
Apartado 101, 4800 Guimarães,
tél. (253) 514 157

Pousada Santa Marinha
4800 Guimarães, tél. (253) 514 453
La plus belle *pousada* de la région.

Pousada São Teotonio
4930 Valença do Minho, tél. (251) 824 242

● **Centre-nord**

Pousada Ria
3870 Murtosa, tél. (234) 838 332

Pousada Santo António
Serém, 3750 Agueda, tél. (234) 523 230

Pousada Santa Barbara
3400 Oliveira do Hospital, tél. (238) 595 51

Pousada São Lourenço
6260 Manteigas, tél. (275) 982 450

Pousada Senhora das Neves
6350 Almeida, tél. (271) 574 238

Pousada do Mestre Afonso
Domingues, Batalha, tél. (244) 76 52 60

Pousada do Castelo
25 10 Obidos, tél. (262) 959 105

Pousada Mestre Afonso Domingues
2440 Batalha, tél. (244) 765 260

Pousada Santa Maria
7330 Marvão, tél. (245) 932 01

Pousada São Jerónimo
3475 Caramulo, tél. (232) 861 640

● **Sud**

Pousada de Palmela
2950 Palmela, tél. (21) 235 12 26

Pousada São Filipe
2900 Setúbal, tél. (265) 523 844
Dans une ancienne forteresse.

Pousada Santa Luzia
7350 Elvas, tél. (258) 828 889

Pousada Rainha Santa Isabel
7100 Estremoz, tél. (268) 332 075

Pousada dos Lóios
7000 Évora, tél. (266) 240 51

Pousada Vale do Gaio
Alcacer do Sal, 7595 Torrão, tél. (265) 669 610
Au bord d'un lac.

Pousada São Tiago
7540 Santiago do Cacém, tél. (269) 224 59

Pousada São Gens
7830 Serpa, tél. (284) 537 24

Pousada Santa Clara
76645 Santa Clara-a-Velha, tél. (283) 882 250

Pousada São Bras
8150 São Bras de Alportel, tél. (289) 842 304

Pousada do Infante
8650 Sagres, tél. (282) 624 222

Pousada São Miguel
7470 Sousel, tél. (268) 551 160

MANOIRS

Les manoirs présentés ici appartiennent à des particuliers, qui y accueillent des hôtes. Certains les habitent, d'autres non. Le gouvernement en a supervisé la restauration. Selon la région, la taille et le style, ils portent le nom de *paço* (palais), *quinta*, *casa* ou *solar* dans le nord, *monte* dans l'Alentejo. La liste ci-dessous mentionne quelques manoirs parmi les plus agréables.
On réserve aux adresses suivantes :

Anter
Quinta do Campo, Valado dos Frades, 2450 Nazar, tél. (262) 47135

Casa Barros
Rua de S. Pedro, 28, Viana do Castelo tél. (258) 82 37 05

– Alendroal
Casa de Terena
Rua Direita, 45, 7250 Alendroal tél. (268) 451 32

– Amarante
Casa da Lavada
Travança dao Monte Amarante, 4600 Amarante, tél. (255) 43 38 33

– Arcos de Valdevez
Casa do Adro
Eiro-Soaro, 4970 Arcos Valdevez, tél.(258) 576 327

– Faro
Quinta de Benatrite
P.O. Box 17, Santa Bárbara da Nexe, 8000 Faro, tél. (289) 904 50

– Guimarães
Casa de Sezim
Apartado 410, 4800 Guimarães, tél. (253) 523 000

– Lamego
Vila Hostilina
5100 Lamego, tél. (254) 623 94

Quinta de Vista Alegre
5100 Lamego tél. (254) 65 61 71

– Ponte de Lima
Paço de Calheiros
Calheiros, 4990 Ponte de Lima, tél. (258) 947 164

Casa de Castro
Lugar de Castro Ribeira, 4990 Ponte de Lima, tél. (258) 941 156

Casa do Antepaço
Lugar do Antepaço, 4990 Ponte de Lima, tél. (258) 941 702

Casa do Outeiro
Lugar do Outeiro, 4990 Ponte de Lima, tél. (258) 941 206

Casa das Torres
Lugar de Arribão, 4990 Ponte de Lima, tél. (258) 941 369

Imperio do Minho
av. Dos Plátanos, 4990 Ponte de Lima tél. (258) 74 15 10

– Porto de Mós
Quinta do Rio Alcaide
2480 Porto de Mós, tél. (244) 402 124

– Santarém
Casa de Pedra
Rua das Pedras Negras, 16, 2000 Santarém, tél. (243) 769 754

Quinta da Sobreira
Vale de Figueira, 2000 Santarém, tél. (243) 420 221

– Sintra
Quinta da Capela
Estrada de Monserrate, 2710 Sintra, tél. (21) 929 01 70

Pátio do Salóio
Rua Padre Amaro Teixeira, Azevedo, 14, Várzea, 2710 Sintra, tél. (21) 924 15 20

Quinta de São Tiago
Estrada de Monserrate, 2710 Sintra, tél. (21) 923 29 23

– Viana do Castelo
Casa de Barreiro
Largo das Escolas, 6095 Alpedrinha, tél. (275) 571 20

Quinta de Paço d'Anha
Lugar do Penedos, 4900 Viana do Castelo, tél. (258) 322 459

– Vila Viçosa
Casa de Peixinhos
7160 Vila Viçosa, tél. (268) 984 72

VIE NOCTURNE

La ville la plus animée du Portugal est, bien entendu, Lisbonne, et, plus précisément, le quartier du Bairro Alto, où tradition et avant-garde se mêlent. Mais, devenue capitale européenne de la culture en 2001, Porto n'a rien à envier à la capitale, avec ses bars de plage et ses boîtes de nuit de plus en plus nombreuses.

Toutes les autres villes plus petites ont tendance à s'endormir à partir de 22 h ou de 23 h. Les centres touristiques dans l'Algarve sont bien sûrs très animés à la belle saison.

Pour avoir une liste complète des événements, il faut consulter l'hebdomadaire *Sete*, qui paraît le mercredi.

CINÉMA

Les films se jouent version originale, ce qui permet aux étrangers d'aller au cinéma. La plupart des sièges sont numérotés.

CONCERTS

Les concerts (quel que soit le style de musique) débutent en général vers 22 h. Les bars et boîtes de nuit en donnent souvent.

BARS ET BOITES DE NUIT

● Lisbonne

Dans le Bairro Alto, à Rato et à São Bento, il existe un grand nombre de boîtes de nuit.

Ad-Lib
Rua Barata Salgueira, 28,
tél. (21) 356 17 17

Alcântara-Mar
Rua da Cozinha Economica, 11,
tél. (21) 363 64 32

A Lontra
Rua São Bento, 157,
tél. (21) 396 10 83
Concerts de musique africaine.

Bairro Alto
Travessa dos Inglesinhos, 48-50
tél. (21) 342 02 38

Copo do Três
Rua Marcos Portugal, 1, tél. (21) 395 22 30
Jazz et musique brésilienne.

Frágil
Rua da Atalaia, 128,
tél. (21) 346 95 78
L'une des boîtes les plus huppées de la ville.

Inda a Noite é Uma Crianca
Praça das Flores, 8,
tél. (21) 396 39 45
Concerts de musiques latines.

Jamaica
Rua Nova do Carvalho, 6,
tél. (21) 342 18 59

Kremlin
Rua das Escadinhas da Praia, 5
tél. (21) 395 71 01

Primorosa de Alvalade
Avenida dos Estados Unidos de America,
128-D, tél. (21) 797 19 13

Pavilhão Chinês
Rua Dom Pedro V, 89, tél. (21) 342 47 29
Confortable décoré de porcelaines et de bibelots. Billard.

The Plateau
Rua das Escadinhas da Praia, 11,
tél. (21) 396 51 16
Chic et cher.

Rock Rendez-Vous
Rua Beneficencia, 175, tél. (21) 794 44 02

● Porto

Griffon's
Rua Júlio Dinis
Comporte un piano-bar et une piste de danse.

Postigo do Carvão
Rua Fonte Taurina, 26-34
Un restaurant piano-bar.

Swing
Praceta Engenheiro Amara Costa

Twins
Rua do Passeio Alegre, 1000

● Coimbra

Boémia
Rua do Cabido, 6

Diligência
Rua do Sofia

LE FADO

Le *fado* est une musique nostalgique, un équivalent du *blues* américain. C'est un art populaire vieux de plusieurs siècles. Longtemps réservé aux classes laborieuses des banlieues, il est devenu un spectacle pour les touristes.

Le (ou la) *fadista*, le chanteur *de fado*, à la voix puissante, est accompagné par des *guitarras*, guitares à douze cordes, et des *violãos*, guitares classiques. Les Portugais disent qu'il faut plus qu'une belle voix pour devenir *fadista*, il faut une grande âme.

● **Lisbonne**

De nombreuses maisons de *fado* se sont installées dans le Bairro Alto. D'autres sont situées dans les vieux quartiers, Alfama, Alcântara et Lapa. On peut généralement y dîner. Il faut payer l'entrée ou bien prendre une consommation. La musique débute à partir de 21 h 30 ou 22 h. Mieux vaut réserver à l'avance.

Arcadas do Faia
Rua da Barroza 54-56, tél. (21) 342 19 23

Adega Machado
Rua do Norte, 91, tél. (21) 346 75 07

A Sévera
Rua das Gáveas, 51-61, tél. (21) 342 83 14

Lisboa A Noite
Rua das Gáveas, 69, tél. (21) 346 40 06

Maeote de Atalaia
Rua da Atalaia
Il s'agit d'un *fado* traditionnel, joué pour les gens du quartier et non pour les touristes. *Les fadistas* viennent chanter dans une petite taverne. Pas de repas ni de décor tape-à-l'œil.

● **Coimbra**

Trovador
Largo Sé Velha
L'un des meilleurs endroits où écouter le *fado*.

Teatro Gil Vicente
Organise des concerts hebdomadaires.

DISCOGRAPHIE

En ce qui concerne la musique moderne, la mode est trop fluctuante pour faire l'objet d'une sélection digne d'intérêt. Citons tout de même le groupe Madre de Deus, connaît en ce moment un certain succès au-delà des frontières du Portugal, auteur de la musique du film *Lisbon Story* de Wim Wenders. Pour le reste, les programmes radiodiffusés et la presse renseigneront facilement ceux qui sont intéressés.

● **Fado**

Amalia Rodrigues est sans conteste la plus grande chanteuse de *fado*. Carlos do Carmo, João Braga et Manuel de Almeida sont d'autres *fadistas* de renom.

● **Folklore**

Vitorino joue des ballades traditionnelles, dont la plupart sont originaires de l'Alentejo. Janita Salome est le frère de Vitorino et chante des textes folkloriques nourris d'influences arabes.

Brigada Vitor Jara est un groupe açorien qui part à la recherche des traditions musicales de tous les points du Portugal. Carlos Paredes joue de la guitare traditionnelle portugaise. Des instrumentaux d'une beauté exceptionnelle.

Julio Pereira est le meilleur joueur de *cavaquinho* au Portugal. Cet instrument ressemble à une petite guitare; c'est l'ancêtre de la guitare hawaïenne.

Parmi les autres interprètes de ballades populaires, citons Fausto et Paulo de Carvalho.

ADRESSES UTILES

AMBASSADES À LISBONNE

Ambassade de France
Rua Santos o Velho, 5, 1200 Lisboa, tél. (21) 393 91 00

Ambassade de Belgique
Praça Marquês de Pombal, 14, 1250 Lisboa, tél. (21) 54 92 63/93

Ambassade de Suisse
Travessa do Patricio, 1, 1399 Lisboa, tél. (21) 397 31 21/22

Ambassade du Canada
Avenida da Liberdade, 144-156, 1200 Lisboa, tél. (21) 347 48 92

BIBLIOGRAPHIE

LIBRAIRIES ET BIBLIOTHÈQUES

L'Harmattan
16, rue des Écoles, 75005 Paris,
tél. 01 40 76 79 10

Librairie Portugal
146, rue Chevaleret, 75013 Paris,
tél. 01 45 85 07 82

Librairie portugaise Michel Chandeigne
10, rue de Tournefort, 75005 Paris,
tél. 01 43 36 34 37

Bibliothèque de la fondation Gulbenkian
51, avenue d'Iéna, 75016 Paris,
tél. 01 53 23 93 93

L'Astrolabe
46, rue de Provence, 75009 Paris,
tél. 01 42 85 42 95

Ulysse
35, rue Saint-Louis-en-l'Isle , 75004 Paris,
tél. 01 43 25 17 35

LITTÉRATURE

Beckford (William)
Journal intime au Portugal et en Espagne 1787-1788, José Corti, Paris, 1989.
Bes-Luis (Augustina)
La Cour du nord, Metailié, 1991.
Camões (Luis de)
Les Lusiades, Fondations, 1992.
Castro (Ferreira de)
Forêt vierge (trad. de Blaise Cendrars), Grasset, Paris, 1988.
Eça De Queiros (José Maria)
Les Maia, Chandeigne, Paris, 1995.
Le Mandarin, Bourgois, Paris, 1991.
Edouardo (Lourenço)
Le Labyrinthe de la Saudade, Sagres, Bruxelles, 1988.
L'Europe introuvable, Metailié, 1991.
Ferrera (Virgilio)
Matin perdu, La Différence, Paris, 1990.
Kessel (Joseph)
Les Amants du Tage, Presses Pocket, Paris, 1986.
Le Gentil (Georges) et **Bréchon** (Robert)
La Littérature portugaise, Chandeigne, 1995.
Le Gentil (Georges)
Camões, l'œuvre lyrique, Chandeigne, 1995.

Lobo Antunes (António)
Le Cul de Judas, Metailié, 1983.
Munoz Molina (António)
Un hiver à Lisbonne, Actes Sud, Paris, 1990.
Pessoa (Fernando)
Lisbonne, Anatolia, 1995.
Le Livre de l'intranquillité, Bourgois, Paris, 1992.
Le Marin, José Corti, Paris, 1991.
Le Chemin du serpent, Bourgois, Paris, 1991.
Pinto (Fernão Mendes)
Pérégrinations, La Différence, Paris, 1991.
Saramago (José)
L'Année de la mort de Ricardo Reis, Seuil (coll. «Points»), Paris, 1989.
Le Dieu manchot, Albin Michel, 1984.
Tabucchi (Antonio)
La Tête perdue de Damasceno Monteiro, F. Hazan, 1997.
Pereira prétend, Bourgois, Paris, 1995.
Requiem, Bourgois, Paris, 1993.
Torga (Michel)
La Création du monde, Aubier, Paris, 1991.
Portugal, Arléa, Paris, 1988.

HISTOIRE

Bottineau (Yves)
Le Portugal et sa vocation maritime, Boccard, 1977.
Bourdon (Albert-Alain)
Histoire du Portugal, Chandeigne, 1994.
Chantal (Suzanne)
La Vie quotidienne après le tremblement de terre de 1755, Hachette, Paris, 1962.
Labourdette (Jean-François)
Histoire du Portugal, Presses universitaires de France (coll. «Que sais-je ?»), Paris, 1995.
Martins (Oliveira)
Histoire du Portugal, Publications Europa-America, 1983.
Monteiro (Valdemar)
Les Émigrés portugais parlent, Castermann, 1974.
Pucquoi (Adeline)
Histoire médiévale de la péninsule ibérique, Seuil (coll. «Points»), Paris, 1993.

DIVERS

Helias (Pierre-Jakez)
Lisbonne, Autrement, Paris, 1986.
De Stoop (Anne) et **Darblay** (Jérôme)
L'Art de vivre au Portugal, Flammarion, Paris, 1994.
De Stoop (Anne)
Demeures portugaises, histoire et décor, Weber-Civilação, 1986.

CRÉDITS PHOTOGRAPHIQUES

Illustration de couverture : Beira **Explorer**

Les photographies des pages intérieures
sont de Tony Arruza,
excepté celles qui figurent sur la liste suivante :

44, 45, 51 **Bibliothèque nationale, Lisbonne**

126 **Fondation Calouste Gulbenkian**

54-55, 56, 58, 60 **Empresa Pública dos Jornais
Noticias e Capita**

188, 328-329, 330, 331, 332, 333, 334, 335 **Marion Kaplan**

29, 48, 49, 125 **Musée de la Ville, Lisbonne**

38, 39 **Musée de la Marine, Belém**

22-23, 28 d., 42, 46, 47 **Musée militaire, Lisbonne**

30, 36, 41, 110-111, 115, 119, 122 **Musée national d'Art ancien, Lisbonne**

112 **Musée d'Évora**

318-319 **Gunter Oberzil**

147 **Martin Symington**

7,12-13, 18-19, 70,74, 101,127, 144, 210, 211, **Bill Wassman**
229, 237, 255, 259, 264, 265, 280, 290,
294-295, 320,321, 322, 323, 324, 325, 326, 327

121 **Phil Wood**

Cartes **Berndtson & Berndtson**
Illustrations **Klaus Geisler**
Avec la collaboration de **V. Barl**

INDEX